L'expatriation

Éditions d'Organisation
1, rue Thénard
75240 Paris Cedex 05
www.editions-organisation.com

Jean-Luc Cerdin
http://facutty.essec.fr/jl.cerdin

© Éditions d'Organisation, 1999, 2002
ISBN : 2-7081-2670-9

Jean-Luc Cerdin

L'expatriation

Préface de Jean-Marie PERETTI

Deuxième édition

Éditions
d'Organisation

À Nathalie
et à la mémoire de John

SOMMAIRE

REMERCIEMENTS

La publication de ce livre me donne l'occasion de renouveler mes remerciements à tous ceux qui ont contribué à la réalisation de l'important travail de recherche qui le sous-tend.

Mes premiers travaux de recherche, qui ont abouti à la première édition de cet ouvrage, ont été conduits sous la direction de Jean-Marie Peretti, professeur à l'université de Corte et à l'ESSEC, dans le cadre de ma thèse doctorale. Sa disponibilité, son aide et ses conseils ont grandement facilité l'avancée de la recherche sur la mobilité internationale des cadres français expatriés. J'associe à ces remerciements Jacques Igalens, professeur à l'université de Toulouse 1, pour l'intérêt qu'il a porté à mes travaux et sa participation à leur évaluation en tant que président du jury de soutenance. Je remercie ici également Franck Bournois, aujourd'hui professeur à l'université Paris II et directeur du CIFFOP et Philippe Hermel, professeur à l'université de Versailles Saint-Quentin-en-Yvelines. Leurs commentaires sur la thèse de doctorat m'ont été fort utiles. Je joins à ces remerciements les autres membres du jury, Jean-Pierre Neveu, professeur à l'université de Limoges et Bruno Sire, professeur à l'université de Toulouse I.

De nombreux échanges pendant l'avancée de la recherche ont permis des améliorations importantes. Par exemple, sur les problématiques de carrière, Michel Tremblay, professeur à HEC Montréal, m'a apporté son expertise. D'autres, comme Dominique Ballot, de l'Université de Toulouse 3, ont favorisé certains contacts avec les entreprises.

La participation des entreprises et les réponses des cadres ont permis de mener une recherche empirique approfondie sur les expatriés français. Aussi je renouvelle ici mes remerciements à toutes les organisations dont les responsables de mobilité internationale ont permis la distribution du questionnaire auprès de leurs expatriés. Les cadres expatriés qui ont pris le temps de répondre au questionnaire ont toute ma gratitude. Les mots chaleureux de certains d'entre eux ont été de véritables encouragements. Ceux que j'ai pu rencontrer lors de leur passage en France m'ont fait partager leur expérience et leur vécu de la mobilité internationale. Je remercie d'autant plus les répondants à l'enquête qu'une des difficultés des recherches en gestion des ressources humaines réside dans la collecte des données.

Mes recherches en cours s'appuient sur la collaboration des entreprises et de leurs expatriés ou anciens expatriés. J'aimerais remercier celles et ceux qui me permettent de progresser dans la compréhension d'un sujet qui me passionne.

Les échanges avec mes collègues, professeurs à l'ESSEC, Alain Bernard, Laurent Bibard, Marie-Laure Djelic, Alan Jenkins, Junko Takagi et Maurice Thévenet, enrichissent mes réflexions. Je tiens à les en remercier.

Je pense ne jamais oublier le soutien amical de John Murray et ses conseils avisés. Il n'est plus là pour me les rappeler, mais j'ai essayé de m'en inspirer dans la première et deuxième édition cet ouvrage

Ma reconnaissance va enfin à mon entourage familial et tout particulièrement à Nathalie, ma compagne. Son aide et son soutien affectueux, a rendu possible tout d'abord la recherche et ensuite la réalisation des deux éditions de cet ouvrage.

PRÉFACE

Au seuil des années 2000, les entreprises et les salariés sont confrontés à une accélération de l'internationalisation des activités et des carrières. L'unification technique et économique de la planète impose en très peu de temps et sous une pression externe maximale, un renouvellement des approches et des pratiques de mobilité internationale.

Sera-t-il possible demain de mener sa vie professionnelle de bout en bout dans un pays avec succès ? Cadres et non-cadres, jeunes et moins jeunes, doivent se poser la question et envisager des périodes d'expatriation plus ou moins longues et plus ou moins lointaines. Ceci ne concerne pas seulement les « cols d'or » de la « World Company ». Les salariés des PME et même des TPE qui travaillent, directement ou indirectement, pour les entreprises multinationales ou plus modestement internationalisées, sont aussi concernés. Suivre leurs clients dans leurs opérations au-delà des frontières est un avantage compétitif pour les entreprises de toutes tailles . Et la mobilité internationale est, dans ce contexte, une aventure non sans risques.

Sera-t-il possible demain d'être une entreprise dynamique, capable de s'adapter rapidement à tous les bouleversements, de se redéployer en permanence pour saisir les opportunités, de croître par acquisitions et/ou fusion, de bâtir des réseaux et développer des partenariats sans une forte mobilité internationale des salariés ? Les entreprises confrontées aux exigences de leurs actionnaires dans un contexte de mondialisation, prennent conscience de l'atout que représente une culture de mobilité internationale. Elles constatent que détacher, expatrier ou impatrier un salarié est une opération complexe, délicate, risquée et qui contribue de façon contrastée à la création de valeur. Le coût des échecs ou même des adaptations moyennes est un gaspillage peu compatible avec les exigences actuelles de performance.

L'ouvrage de Jean-Luc Cerdin paraît à un moment particulièrement opportun. Il apporte un éclairage nouveau et très actuel sur le sujet à fort enjeu de la mobilité internationale. Il répond à la fois aux besoins des entreprises et à ceux des salariés.

Les salariés qui envisagent une expatriation, ou qui savent qu'elle pourrait demain leur être proposée, et même imposée, y puiseront un grand nombre d'enseignements. Face à une étape peut-être incontournable de leur parcours professionnel, ils nourriront avec bonheur leur réflexion aussi bien sur la décision à prendre que sur les clés de la réussite de l'expatriation. Toutes les dimensions de la mobilité internationale sont analysées. Jean-Luc Cerdin ne laisse de côté aucun des aspects de l'expatriation. En quinze chapitres il approfondit toutes les dimensions et les étapes du processus. Les modalités du choix, les motifs et les ancres, les freins, les facettes de l'adaptation, son anticipation et son accompagnement, l'adaptation du conjoint et les facteurs de la réussite sont remarquablement présentés.

L'ouvrage intéressera aussi ceux qui, pour l'instant, ne se sentent pas directement concernés par l'expatriation. Il apporte un grand nombre de grilles de lecture pour mieux comprendre son parcours professionnel passé et orienter ses choix futurs. Le cadre soucieux de piloter sa carrière, de saisir les opportunités et éviter les chausse-trappes y fera son miel. Il ressortira de cette lecture mieux armé pour asseoir son employabilité, maîtriser le déroulement de sa carrière, définir son projet professionnel personnel.

Les dirigeants d'entreprise, les directeurs des ressources humaines, les responsables de la gestion des cadres, de la gestion des carrières, de la mobilité, les responsables de projets internationaux, les animateurs d'équipes internationales, les managers d'impatriés et, plus largement, tous ceux qui sont amenés à choisir, orienter, former, encadrer, motiver des salariés concernés par la mobilité internationale trouveront dans cet ouvrage des éléments cruciaux pour améliorer la qualité de leurs décisions et de leurs pratiques. Les implications pratiques seront particulièrement utiles pour les entreprises soucieuses d'améliorer la gestion de leurs expatriés. Donner un aperçu réaliste de l'affectation et une formation rigoureuse, sélectionner des managers à haut niveau d'adaptabilité, fournir une aide logistique, un suivi permanent et préparer avec réalisme le retour sont des conditions de succès.

Jean-Luc Cerdin souligne un élément déterminant : le choix de l'expatriation doit être positif. Partir ne doit pas être perçu comme le lot de consolation de ceux qui n'ont plus leur place au cœur de l'entreprise ou comme la seule possibilité de reclassement. Partir doit être une façon souhaitée de poursuivre son cheminement de carrière dans le cadre d'un projet professionnel. Ce sont donc les entreprises qui savent valoriser les expatriations et les intégrer dans une gestion des potentiels qui obtiennent les meilleurs taux de réussite. En suivant les recommandations dégagées par l'auteur les entreprises mettront en œuvre des politiques de mobilité internationale non seulement plus efficaces et plus efficientes mais aussi mieux intégrées dans leur gestion des cadres et dirigeants et dans l'ensemble de leur stratégie RH.

L'ouvrage de Jean-Luc Cerdin apporte des enseignements précieux. C'est le fruit de recherches menées avec rigueur, d'une expérience professionnelle réellement internationale et de contacts nombreux avec les entreprises et les cadres mobiles. Au-delà des qualités de l'enseignant chercheur, « L'expatriation » illustre l'apport irremplaçable que des travaux d'investigation représentent pour faire progresser la qualité des pratiques managériales.

Nourri par une revue de littérature très riche, l'ouvrage présente au lecteur les fruits d'un recensement, d'une analyse et d'une mise en perspective des travaux les plus intéressants menés ces dernières années aux Etats-Unis, au Canada ou en Europe sur ce thème. Appuyé par une enquête approfondie auprès d'un large échantillon de cadres français concernés par l'expatriation, l'ouvrage apporte des ouvertures intéressantes pour réussir l'internationalisation. Il faut féliciter l'auteur pour la richesse et la qualité de sa contribution au progrès de la mobilité internationale.

JEAN-MARIE PERETTI
Professeur à l'université de Corte
et à l'Essec

AVANT-PROPOS

Cet ouvrage a pour objectif de fournir un cadre conceptuel pour progresser dans la compréhension de la mobilité internationale. L'adaptation des expatriés en constitue le cœur. La définition d'une personne mobile comme « une personne qui accepte une affectation à l'étranger pour quelques années, s'adapte et réussit dans la mission que son organisation lui confie » sert de trame à l'ouvrage. La décision d'expatriation des personnes est examinée, notamment dans ses liens avec l'adaptation. D'autres déterminants comme les qualités individuelles (adaptabilité), les caractéristiques du travail, de l'organisation (soutien) et l'environnement (culture, conjoint) sont détaillés. Les conséquences de l'adaptation prolongent l'analyse. Chaque fois, le développement part du modèle théorique de l'adaptation pour déboucher sur les résultats tirés d'une recherche empirique concernant les cadres français expatriés.

Lorsqu'il reprend le corps et les résultats de la recherche[1] qui lui a servi de base, l'ouvrage fait référence à « notre recherche ».

Il s'adresse à différents publics :

1. Les professionnels concernés par la mobilité internationale.
   Les outils d'analyse utiles à la gestion de la mobilité internationale de leurs salariés sont développés tout au long de l'ouvrage ;

2. Les étudiants, enseignants, chercheurs.
   Ils trouveront dans cet ouvrage une approche théorique de l'adaptation des personnes mobiles ;

3. Les personnes intéressées par la mobilité internationale.
   Ce sont notamment les personnes qui envisagent une mobilité internationale dans leur parcours professionnel. L'ouvrage se propose de leur donner des éléments pour alimenter leurs réflexions sur leur projet de mobilité.

Notre ambition est de permettre l'accès de cet ouvrage à ces différents publics. Nous proposons, pour atteindre cet objectif, plusieurs niveaux de lecture :

- *L'ensemble de l'ouvrage destiné à un public averti.*

  Ces personnes trouveront notamment un intérêt dans les passages en plus petits caractères et en italique. Il s'agit surtout de textes « techniques » ou orientés « recherche ». Ces textes les inciteront parfois à remonter au texte original que constitue la thèse de doctorat. Elles pourront également se référer aux notes bibliographiques en fin de chaque chapitre et à la bibliographie à la fin de l'ouvrage. Elles fournissent des références incontournables dans l'étude de la mobilité internationale.

- *Les parties sélectionnées de l'ouvrage destinées à un public intéressé par une lecture plus rapide.*

  Les professionnels et tous ceux qui désirent effectuer une lecture rapide pourront privilégier les textes en gras encadrés et les points clés. Une lecture à un niveau intermédiaire s'attachera à l'ensemble de l'ouvrage à l'exception des textes à la fois en petits caractères et en italique.

Chaque lecteur, selon ses motivations, devrait donc trouver dans cet ouvrage les éléments utiles à l'approfondissement de ses connaissances de la mobilité internationale.

CHAPITRE 1

LES ENJEUX DE LA MOBILITÉ INTERNATIONALE

L'internationalisation des économies conduit les entreprises à prendre en compte la concurrence étrangère sur leur territoire national, et les pousse à exporter ou à s'implanter à l'étranger. Ce processus a plusieurs implications en termes de gestion des ressources humaines avec deux principales problématiques[1] :

1. L'exportation des personnes.

2. L'exportation de la fonction ressources humaines elle-même.

La deuxième approche, selon Weiss[2], se préoccupe « du transfert, pertinent ou non, des pratiques d'une entreprise dans ses filiales du pays d'accueil, qui peuvent revêtir une signification différente dans d'autres cultures ». Les recherches comparatives sur la gestion des ressources humaines, en particulier dans le sillon de l'ouverture des frontières en Europe, se multiplient.

Notre perspective dans cet ouvrage se positionne dans la première approche, celle des transferts de population au-delà des frontières.

Le terme de mobilité internationale s'impose de plus en plus dans la littérature professionnelle ou académique. Il a l'avantage d'englober l'expatriation et son corollaire l'impatriation. Il nécessite néanmoins d'être bien défini, avant que soient abordés les avantages et les inconvénients pour les organisations du recours aux expatriés. Cette présentation introductive débouchera sur le plan de l'ouvrage organisé autour de la décision d'expatriation et de l'adaptation.

1. La mobilité internationale parmi les différents types de mobilité

Au sens général, la mobilité désigne le passage d'une situation à une autre[3], mais nous nous centrons ici sur des situations de travail. La mobilité peut être appréhendée sous divers angles. Lorsque le changement de situation intègre une dimension géographique, il est alors question de mobilité géographique. C'est le lieu de travail et celui de résidence qui sont en jeu.

Nous pouvons distinguer deux types de mobilité géographique :

- la mobilité nationale ou transfert national : l'individu change de ville ou de région à l'intérieur d'un même pays ;
- la mobilité internationale : l'individu change de pays.

Les mobilités nationales et internationales sont deux cas particuliers de la mobilité géographique, ce qui suppose un certain nombre de caractéristiques communes mais aussi des différences majeures, développées ultérieurement.

La mobilité géographique se déroule dans le cadre d'une même organisation (qui peut avoir plusieurs unités) ou implique un changement d'organisation pour l'individu. Il s'agit respectivement de :

- la mobilité intra-entreprise (intra-organisationnelle) ;
- la mobilité inter-entreprises (inter-organisationnelles).

À l'intérieur d'une même organisation, Schein[4] définit trois types de mouvements qu'il place dans un cône organisationnel (figure 1.1) :

Figure 1.1 : Modèle tridimensionnel d'une organisation

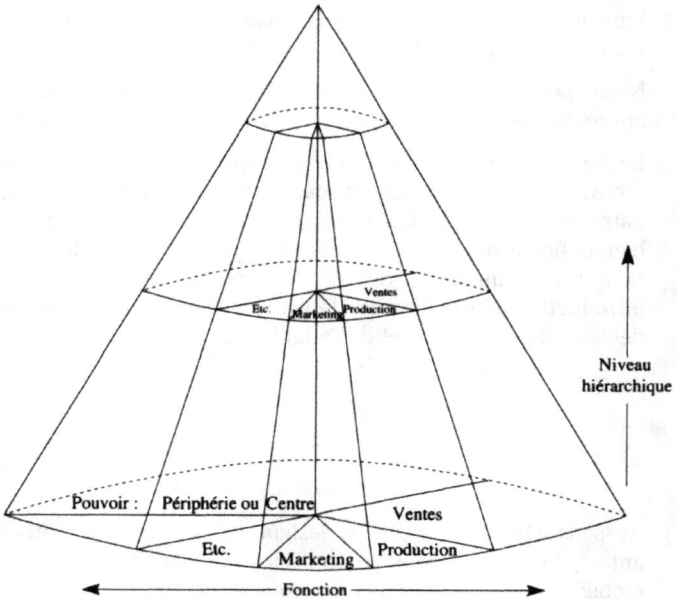

Source : d'après Schein, 1971, p. 404.

- *La mobilité inter fonctions ou mobilité horizontale*

  Il s'agit du passage de l'individu entre des domaines différents comme, par exemple, les domaines administratifs, commerciaux ou de la production. Il s'agit du déplacement, entre différentes fonctions, d'un individu qui conserve le même niveau dans l'organisation.

- *La mobilité hiérarchique (inter-niveaux) ou mobilité verticale*

  C'est généralement le passage d'un niveau N au niveau supérieur N + 1. La rétrogradation est le mouvement inverse.

- *La mobilité en termes de pouvoir informel ou mobilité radiale, latérale ou d'inclusion*

  Indépendamment du niveau hiérarchique, c'est le rapprochement du noyau décisionnel ou du cercle fermé d'influence de l'entreprise.

Ces mobilités peuvent également avoir lieu dans le contexte d'une mobilité inter-entreprises. En changeant d'entreprise, l'individu peut changer de fonction (ou de profession), de niveau hiérarchique ou gagner (ou perdre) en influence.

Écartant la mobilité inter-entreprises, nous nous plaçons d'emblée dans une perspective de mobilité internationale intra-entreprise.

La concomitance de ce type de mobilité avec tout ou partie des trois formes de mobilité décrites par Schein n'est évidemment pas exclue. Exprimé différemment, le cumul des mobilités est un cas de figure envisageable. Un type de mobilité en entraîne parfois un autre. Il n'est pas rare de voir une mobilité internationale accompagnée d'une promotion (mobilité verticale). La mobilité en termes d'influence se trouve également modifiée, pas toujours d'ailleurs dans un sens positif.

Ongaretti-Bastrentaz[5] suggère que « pour l'individu, la notion d'expatriation a laissé place à celle de mobilité ». Elle situe cette transformation au même niveau que celle qui s'est opérée dans l'organisation, marquée par le passage de l'exportation à l'internationalisation. La neutralité du terme mobilité ne semble pas étrangère à la préférence qu'il suscite.

Selon *Le Grand Robert*, s'expatrier, c'est « quitter sa patrie pour s'établir ailleurs ». Cette référence à la patrie, que la même source définit comme : « nation, communauté politique à laquelle on appartient ou à laquelle on a le sentiment d'appartenir » confère à l'expatriation une connotation « nationaliste ». Au contraire le terme « mobilité » donne l'impression d'une plus grande neutralité. Les définitions par extension ou métaphore du terme patrie, c'est-à-dire respectivement, « lieu, endroit où l'on est, où l'on se sent chez soi » et « milieu dans lequel on se sent à l'aise, avec lequel on est en harmonie » amoindrissent nettement l'impact de cet argument. S'expatrier consisterait alors à quitter le lieu de ses racines, de ses origines pour aller vers des ailleurs, chez les « autres ».

Nous employons le terme « expatrié » dans son acception large, c'est-à-dire hors définitions circonscrites par le droit fiscal et celui de la Sécurité sociale. Le droit de la Sécurité sociale distingue notamment l'expatrié du détaché sur la longueur du temps passé à l'étranger. La loi française a fixé la durée du détachement à six ans au maximum (trois ans renouvelables). Néanmoins cette durée maximale varie d'un pays à l'autre selon les conventions internationales de Sécurité sociale conclues par la France. Au-delà de cette durée, le détaché devient un expatrié. Cette distinction est donc surtout utile quant au rattachement de l'individu à un régime social.

Aussi, par expatrié, entendons-nous toute personne envoyée à l'étranger par son organisation pour une durée temporaire.

La durée de l'expatriation moyenne en Europe est de trois ans mais tendrait à s'allonger à quatre et cinq ans pour le confort et l'efficacité des salariés mobiles[6]. D'autres sources[7] avancent des chiffres variant de une à quatre années en fonction des objectifs assignés à l'expatriation.

Les termes d'expatriation, de transfert international ou de mobilité internationale seront utilisés de manière interchangeable pour représenter la mobilité internationale temporaire intra-entreprise qui est l'objet de notre attention.

2. Les différents acteurs de la mobilité internationale

Parmi les acteurs de la mobilité internationale, on distingue généralement les professionnels des occasionnels[8].

Dans la première catégorie, les professionnels, sont classés :

- les cadres de haut niveau (faisant l'essentiel de leur carrière à l'international),

- les immigrés (travailleurs souvent peu qualifiés),
- les frontaliers (qui passent quotidiennement une frontière pour travailler),
- les salariés dont la profession ou le secteur d'activité (par exemple les transports) les fait voyager dans plusieurs États.

La seconde catégorie, les occasionnels de l'expatriation, englobe une population composée elle aussi de manière disparate :

- les étudiants (stages de longue durée),
- les saisonniers (en général faiblement qualifiés),
- les expatriés des entreprises de travail temporaire,
- les missionnaires (généralement période inférieure à six mois),
- les expatriés plus « classiques ». Ils représentent des travailleurs qualifiés (ingénieurs, cadres, techniciens) envoyés par leur entreprise pour quelques années dans une filiale à l'étranger (généralement trois à cinq ans).

Les cadres expatriés, qui font partie du dernier type de population constituent le centre de notre attention.

Certaines recherches suggèrent que les problèmes concernant les cadres et les techniciens diffèrent[9]. La mobilité internationale semble primordiale pour les premiers.

En effet, au premier rang des exigences incontournables vis-à-vis du cadre de l'an 2000 annoncées comme « quasi certaines » par Godet[10], figurent la mobilité et l'expérience internationale. Le cadre sera donc un cadre mobile. Quant au dirigeant, il « devra avoir une longue expérience de postes à l'étranger et être à tout instant prêt à se déplacer pour de courtes ou de longues durées ». Cette mobilité réclame une gestion particulière reposant sur des connaissances théoriques et issues de l'expérience des professionnels. Des organisations participent activement au perfectionnement des pratiques. Par exemple, 45 entreprises se sont regroupées au sein du CINDEX (centre inter-entreprises de l'expatriation) afin de comparer leurs politiques respectives. Représentant la quasi-totalité des branches de l'industrie française, cette association regroupe environ 15 000 expatriés se répartissant dans quelque 130 pays. L'Office des Migrations Internationales (OMI) a développé un service « expatriation ». Ces deux organismes traitent notamment de l'expatriation des cadres.

Se focaliser sur la mobilité internationale des cadres exige quelques précisions sur le concept de « cadre ». Les cadres sont souvent considé-

rés comme une entité peu dispersée. Pourtant, selon Livian[11] « la catégorie « cadre » est aujourd'hui de plus en plus hétérogène, à supposer
qu'elle n'ait jamais eu la moindre homogénéité sociologique ». Le
premier chapitre de l'ouvrage de Bournois[12] sur la gestion des cadres,
consacré à la notion de cadre, exprime cette dernière en termes historiques, juridiques et sociologiques et fait apparaître différentes définitions. Le problème se corse encore plus lorsqu'il s'agit de « transférer »
cette notion dans les différents pays européens. Les Anglo-Saxons utilisent la notion de « manager ». Les nombreuses études anglo-saxonnes
sur la mobilité internationale sont principalement consacrées à cette
catégorie de salariés. Nous considérerons les notions de cadre et de
manager comme équivalentes. Elles sont aussi imprécises l'une que
l'autre et rarement définies dans les études portant sur la mobilité. Face
à la notion « relativement floue » de cadre, Pierre[13] précise :

> « Une première définition limite le titre de cadre aux membres du
> personnel qui exercent une fonction de commandement. Une autre
> définition, sans rejeter la première, englobe tous ceux qui remplis-
> sent une fonction demandant un niveau de formation supérieure
> ou une expérience équivalente. Ceci permet d'englober les fonc-
> tionnels parmi les cadres, en raison de leur implication dans l'éla-
> boration et le développement des politiques et stratégies, ainsi que
> de leur autorité de compétence ».

Avec l'auteur, nous retiendrons cette dernière acception et utiliserons
les termes de cadre ou manager (surtout en référence à une population
anglo-saxonne). Les cadres français n'ont pas la réputation d'être
mobiles géographiquement, notamment à l'international. Godet juge la
mobilité des cadres français plus faible que celle de leurs concurrents
étrangers. Les panels Europe de l'APEC, qui paraissent chaque année,
témoignent également de la faiblesse de l'expatriation dans les entreprises françaises (taux d'expatriation de 2,5 %). Selon le Ministère des
Affaires Étrangères, près de deux millions de Français vivent à l'étranger. Ce chiffre ne distingue pas les personnes qui partent à l'étranger
pour trouver un travail ou pour d'autres raisons de celles qui sont trans-
férées par leur organisation pour une période transitoire. Les expatriés
transférés par leur organisation représentent une petite proportion des
Français à l'étranger. Aucune statistique officielle n'existe, ce qui rend
difficile d'évaluer avec précision la réalité de cette population.

Le constat de la faiblesse de l'expatriation des Français par rapport à
d'autres nationalités conduit à examiner de plus près les raisons justifiant ou non le recours à l'expatriation.

3. La raison d'être de l'expatriation

Pourquoi avoir recours à l'expatriation ? La question mérite d'être posée car les obstacles sont nombreux, même si l'entreprise peut en retirer des avantages stratégiques.

3.1. Les obstacles de l'expatriation

Le contexte actuel peut s'avérer défavorable à l'expatriation[14] comme le développement des télécommunications, la rapidité des transports, les nombreuses restrictions sur l'emploi des managers expatriés. Les obstacles souvent cités sont d'ordre juridique ou les conditions de vie et de logement et « les petits aspects de la vie quotidienne ».

Au niveau de l'entreprise, Peretti[15] souligne que « un expatrié comme un impatrié coûte toujours plus cher qu'un local ». Rivoal[16] estime que le coût d'un expatrié est de une fois et demie à deux fois supérieur à celui d'un salarié en France. Ainsi, cela pourrait expliquer que l'expatriation est utilisée en dernier recours après examen des autres possibilités. L'entreprise a en effet le choix parmi trois types de populations lorsqu'elle s'implante à l'étranger :

- les nationaux du pays d'accueil (les « locaux ») ;
- les nationaux de pays tiers ;
- les nationaux du pays d'origine (l'expatrié au sens classique du terme).

Les coûts augmentent également en cas d'échec de l'expatrié. Aussi les entreprises ont-elles développé l'emploi du personnel local. Kobrin[17] s'alarmant de la diminution du nombre des expatriés américains reconnaît néanmoins que : « toutes choses égales, un local qui parle la langue, comprend la culture et le système politique, et qui est souvent un membre de l'élite locale devrait être plus efficace qu'un expatrié étranger ». La difficulté d'adaptation dans une culture différente, classée parmi les causes les plus importantes de l'échec, ne se pose pas. Il semble également plus facile, dans le court terme, de former des nationaux du pays d'accueil que de sélectionner des candidats à haut potentiel dans le pays d'origine et dépenser les ressources nécessaires à une adaptation réussie dans le pays d'affectation. Aussi, les managers locaux bien formés peuvent-ils être des candidats de premier choix pour les organisations basées dans leur pays.

Ce mouvement peut être renforcé par des pressions implicites ou explicites, dans de nombreux pays, pour « nationaliser » la gestion, selon les termes de Kobrin. Parfois, les pressions des gouvernements sur les entreprises multinationales poussent ces dernières à promouvoir les managers locaux à des positions de responsabilités. Les postes d'encadrement leur sont alors confiés, pas toujours avec des résultats positifs. Par exemple, lorsque les « locaux » sont trop impliqués au niveau local, ils ne comprennent pas forcément la stratégie globale de la société mère[18]. Si la majorité des salariés sont locaux, Kobrin estime que, généralement, peu d'entre eux ont une connaissance étendue des activités globales de l'organisation et ont la capacité de s'identifier à l'organisation ainsi qu'à ses objectifs. De plus, les recrutements et les promotions des « locaux » se font au détriment de la constitution d'un vivier de cadres internationaux.

Pourtant, la création de ce vivier de cadres internationaux et certaines stratégies de l'organisation telle que, par exemple, l'approche ethnocentrique (détaillée plus loin), impliquent le transfert international des managers. Les missions globales des entreprises sur le long terme exigent plus de cadres avec une formation et une expérience internationales[19]. En effet, les entreprises ont besoin de managers qui peuvent comprendre et travailler efficacement avec des personnes de cultures, de religions et de références éthiques différentes et gérer des équipes composées de membres de différentes cultures[20]. Néanmoins, les organisations peuvent penser à des manières alternatives d'incorporer des expériences internationales au niveau de leur management. Elles soupèsent le pour et le contre parmi plusieurs alternatives à l'expatriation comme des voyages fréquents, des missions temporaires, ou encore des nationaux de pays tiers employés avec des contrats locaux[21]. En ce qui concerne, par exemple, de longs voyages d'affaires pour l'internationalisation des managers, Derr et Oddou[22] signalent le risque pour le cadre de rester à la « surface des choses ».

Aussi, les affectations globales dans le cadre d'une expatriation peuvent-elles être un moyen très efficace de développer les capacités et les connaissances dont les futurs leaders auront besoin. Au demeurant, cette expérience internationale semble être la caractéristique du cadre du XXIe siècle[23].

Un dernier argument contre le recours aux expatriés par les entreprises est développé par Janssens et Brett[24]. S'appuyant sur les travaux de Brett et Stroh[25], sur la disposition à la mobilité internationale, ils mettent en avant la difficulté des entreprises à trouver un nombre suffisant de personnes disposées à être expatriées.

3.2. Les avantages stratégiques pour l'organisation

Kobrin rapporte une de ses études antérieures[26] dans laquelle il trouvait que la moitié des compagnies examinées indiquaient un taux important dans la réduction du nombre des expatriés par rapport à la décennie passée, 26 % n'indiquaient aucun changement et 23 % une augmentation. Quant à leurs projections sur les dix prochaines années, 41 % des entreprises interrogées prévoyaient encore une diminution, contre seulement 18 % une hausse. Toutefois, un certain nombre de secteurs semblaient toujours recourir à de nombreux expatriés. Parmi eux figuraient les banques, les entreprises de construction (BTP) et les firmes pétrolières. Une étude européenne plus récente semble indiquer que l'expatriation ne peut pas être vue comme un vestige du passé. Cette étude, conduite à l'IMD (Lausanne) et concernant 105 firmes européennes multinationales de premier plan, souligne que les entreprises envisagent l'expatriation des nationaux en plus grand nombre comme un moyen de faire face aux problèmes de globalisation[27].

Selon Ondrack[28], la mobilité internationale est justifiée du point de vue de l'entreprise par plusieurs éléments tels que :
* le besoin spécifique de personnel ;
* le développement des managers ;
* le développement de l'organisation.

Le besoin spécifique de personnel répond à des objectifs à court terme, souvent pour pallier un manque d'expertise technologique et managériale dans certains pays en voie de développement[29]. Ce sont généralement des managers seniors expérimentés qui sont envoyés dans ces postes. Cependant, la mobilité internationale peut avoir des objectifs stratégiques à plus long terme. Black, Gregersen et Mendenhall[30] attribuent trois principaux buts stratégiques aux affectations globales, correspondant au deuxième et troisième éléments de justification de la mobilité par Ondrack présentés ci-dessus :
* le développement des managers et la planification des successions ;
* la coordination et le contrôle ;
* le partage et l'échange d'informations.

3.2.1. LE DÉVELOPPEMENT DES MANAGERS ET LA PLANIFICATION DES SUCCESSIONS

Dans les entreprises tournées vers le futur, l'attribution des postes d'expatriés fait partie de la stratégie de développement des cadres (leaders) et les missions internationales sont considérées comme une étape dans la carrière[31].

L'expatriation des nationaux du pays d'origine vers des entités étrangères est une des méthodes les plus utilisées pour internationaliser les managers[32]. Elle devient notamment de plus en plus importante pour les jeunes managers dans une optique de développement. Ces jeunes managers (26-32 ans) sont considérés psychologiquement flexibles et libres pour les affectations à l'étranger (pas mariés ou mariés mais sans enfant ou avec de très jeunes enfants). Les managers les plus expérimentés peuvent, eux, être internationalisés par exemple par de longs voyages d'affaires. Certaines compagnies peuvent néanmoins juger l'expatriation comme un processus long et préférer d'autres méthodes plus rapides pour un certain nombre de cadres. Il semble en effet difficile d'assurer le développement des compétences de l'ensemble des cadres d'une organisation par le moyen de l'expatriation.

Les travaux de Prahalad et Doz[33] suggèrent que le développement des managers n'accroît pas seulement les capacités des managers mais également les capacités d'intégration des organisations. Vu sous cet angle, le développement des managers apparaît comme une forme de contrôle des organisations subtile et informelle. Il pourrait donc être partie intégrante du développement organisationnel.

3.2.2. LE DÉVELOPPEMENT DE L'ORGANISATION

Le développement de l'organisation concerne d'une part la coordination et le contrôle, d'autre part le partage et l'échange d'informations

A) *La coordination et le contrôle*

Le recours, déjà ancien, aux managers expatriés et leur nombre dans les multinationales a conduit à la conclusion que les transferts internationaux des managers remplissent des fonctions organisationnelles de contrôle[34].

D'ailleurs, la question du contrôle et de la coordination d'opérations internationales, via le recours au transfert de personnel, n'est pas nouvelle (des armées coloniales aux transnationales).

La définition du contrôle donnée par Welch et ses collègues[35] saisit bien son double aspect :

« *C'est un processus dynamique, utilisant à la fois des mécanismes directs et indirects pour assurer une performance organisationnelle efficace. C'est également une des fonctions clés du management. Elle couvre aussi bien la mise en œuvre d'une stratégie que la surveillance managériale* ».

Malgré le taux d'échec et le coût associé au maintien d'un personnel expatrié, il pourrait sembler, d'après une vue d'ensemble de la littérature selon Welch, que le transfert de personnel est toujours considéré comme une réponse stratégique à la question compliquée de contrôle, question à laquelle doivent faire face les organisations multinationales. Une multinationale est un paradoxe en ce que même la stratégie la plus intégrée doit être exécutée par des sous-unités locales. Ces unités sont des parties inhérentes d'un système économique, politique, culturel et social donné. Un noyau de managers expatriés peut compenser cette tendance centrifuge dans la mesure où leur première identification est la société mère et non l'unité locale d'affectation[36]. Évaluer les intérêts locaux dans le contexte d'une stratégie globale plutôt que de s'identifier au pays d'origine au détriment de l'unité locale est le principe du contrôle au travers du transfert de personnel. La sensibilité locale et la loyauté envers la société mère sont donc toutes deux souhaitables.

Evans[37] et ses collègues précisent que le contrôle « corporate » est naturel aux premiers stades de l'internationalisation, étant donné que les filiales dépendent du siège social pour les ressources – capital, savoir-faire technique, compétences managériales et ressources techniques. Comme les filiales deviennent « bien établies », elles développent elles-mêmes ces capacités, et la tâche pour le contrôle stratégique « corporate » devient plus difficile. Les auteurs mettent en évidence deux types d'outils d'intégration et de contrôle :

- les outils « hard » : par exemple la gestion des systèmes d'information ;
- les outils « soft » : du domaine de la gestion des ressources humaines.

Ainsi, un des aspects « soft » de l'intégration est l'utilisation des affectations internationales comme un mécanisme pour transférer des connaissances, en particulier la culture organisationnelle dans l'ensemble de l'organisation multinationale. Les politiques de transfert de quatre entreprises internationales examinées par Edstrom et Galbraith[38] ont fait ressortir qu'un nombre conséquent de transferts permet de créer « un réseau informel d'informations, un degré supérieur de communication et une compréhension mutuelle entre le siège social et les filiales, entre les filiales elles-mêmes, aussi bien qu'une plus forte identification avec la culture organisationnelle, sans mettre en péril les cultures des filiales locales »[39]. Il s'agit, selon les termes de Edstrom et Galbraith d'un « contrôle par la socialisation ».

Historiquement, comme le rappellent Janssens et Brett[40], la coordination d'une compagnie globale repose sur trois approches connues comme :
1. La centralisation (prise de décision par un noyau de top managers).

2. La formalisation (prise de décision par référence à des règles et procédures).
3. La socialisation (prise de décision par référence à des normes et valeurs d'entreprise).

Bartlett et Ghoshal[41] conseillent de se fier à la socialisation pour la coordination dans les compagnies globales. Ces recommandations reposent sur les résultats des recherches de techniques de coordination les plus efficaces utilisées dans les compagnies globales au milieu des années 80. La socialisation, comme mécanisme de coordination, est également recommandée par d'autres auteurs comme le remarquent Janssens et Brett. Ils préconisent l'organisation informelle, c'est-à-dire les normes et valeurs plutôt que les règles (formalisation) et la supervision (centralisation), pour fournir la cohésion nécessaire pour donner la direction et atteindre la coordination parmi des équipes autonomes. Ils avancent qu'une forte culture et un réseau d'individus qui utilisent leurs capacités de leaders seront les principaux moyens de contrôle dans les organisations diffuses. La culture est alors abordée comme un « contrôle normatif », enraciné dans les valeurs et normes partagées, plus subtil que les mécanismes de contrôle administratif. L'étude exploratoire de deux organisations australiennes par Janssens et Brett semble aller dans le sens de l'utilisation de la culture organisationnelle comme un mécanisme de contrôle par les organisations. Les expatriés dans les deux organisations consacrent une grande partie de leur temps à la formation et au développement de leurs propres remplaçants. La « manière de faire les choses » de la société mère est ainsi prolongée dans les unités locales dispersées dans le monde.

B) Le partage et l'échange d'informations

L'information remplit une fonction stratégique, qui peut évidemment être en partie remplie par les moyens de communication, comme les conférences intra-compagnies ou les journaux internes. Cependant, Black, Gregersen et Mendenhall[42] confèrent deux avantages uniques à l'affectation globale par rapport à l'échange d'informations :

1. La durée des affectations, de deux à cinq ans, permet de rassembler et de véhiculer des informations complexes.
2. L'échange d'informations s'effectue à la fois pendant et après la période à l'étranger. Les liens personnels qui se sont créés entre les expatriés et les « locaux » peuvent s'avérer utiles lorsque le cadre expatrié est rentré dans son pays d'origine. En effet, son organisation peut bénéficier de ses connaissances des unités locales étrangères et les intégrer dans l'élaboration des plans stratégiques ou dans les prises de décision.

3.3. Les éléments du choix au recours à l'expatriation

Le tableau 1.1 récapitule un nombre d'éléments qui peuvent inciter ou au contraire ne pas encourager les organisations à recourir à l'expatriation dans une proportion plus ou moins grande.

Tableau 1.1 : Éléments du choix des organisations concernant l'expatriation

ÉLÉMENTS QUI N'ENCOURAGENT PAS L'EXPATRIATION	ÉLÉMENTS QUI INCITENT À L'EXPATRIATION
Coût pour les entreprises : • expatriation chère en tant que telle ; • coût augmenté en cas d'échec (Problèmes d'adaptation).	Importance stratégique pour l'entreprise : • développement des cadres (vivier de cadres internationaux) ; • développement de l'organisation.
Alternatives en termes de : • Nationaux pays d'accueil / pays tiers (marché du travail local) ; • Autres formes de mobilité (facilitées par le développement des communications, rapidité des transports).	Besoin spécifique de personnel (Faiblesse du marché du travail local).
Problème de disposition des cadres à être expatriés.	Récompense / Punition (domaine du passé ?).

Le positionnement des éléments dans le tableau n'indique pas leur importance respective.

Dans la réalité, les affectations à l'étranger semblent plutôt correspondre à un besoin pour un poste spécifique (apporter par exemple à une filiale l'assistance technique dont elle a besoin) et à l'incapacité à le remplir avec un salarié du pays d'accueil[43]. Elles sont le plus souvent utilisées pour « éteindre l'incendie », plutôt que dans une perspective stratégique. Les entreprises ont fréquemment besoin de déplacer des cadres de haut niveau pour faire face à des situations d'urgence[44]. Au côté de l'action destinée à éteindre un incendie, Ettorre[45] note que, il y a dix ou vingt ans, un salarié était envoyé à l'étranger pour le récompenser de ses réalisations passées ou pour l'éloigner de la maison mère dans laquelle il était jugé mal intégré et inadapté. Les coûts associés à la mobilité ont probablement réduit le poids de ces deux derniers mobiles.

L'importance de l'utilisation des expatriés peut être aussi fonction du stade d'internationalisation de l'organisation. Généralement, quatre étapes sont mises en lumière[46] :
1. Étape d'exportation.
2. Entreprises multi-domestiques (faible utilisation de managers internationaux).

3. Les multinationales (nombre élevé de managers internationaux).
4. Les entreprises globales (besoin en managers internationaux inférieur à celui des multinationales).

Ce sont les multinationales qui semblent recourir le plus à l'utilisation de managers internationaux. Néanmoins, elles peuvent avoir le choix entre quatre approches d'affectation du personnel.

4. Les quatre politiques d'affectation du personnel

Perlmutter[47] est à l'origine d'une classification des multinationales selon leurs attitudes envers le management. Sa distinction entre les différentes approches de management international a été affinée par la suite[48]. Devenues classiques, elles sont reprises dans les principaux ouvrages sur le management international des ressources humaines[49]. Elles sont connues sous le nom d'approches ethnocentriques, polycentriques, géocentriques et régiocentriques.

• *L'approche ethnocentrique*

Dans cette approche, les décisions stratégiques sont prises au siège de l'organisation (pays d'origine). Les filiales ont peu, voire pas d'autonomie. Les postes clés, dans le pays d'origine ou dans les filiales à l'étranger, sont tenus essentiellement par des managers issus du siège. Les filiales étrangères sont donc gérées par les expatriés. Pour les cadres du siège, l'expatriation peut s'avérer payante en termes de carrière. Leur développement est privilégié par rapport à celui des cadres locaux.

• *L'approche polycentrique*

Contrairement à l'approche précédente, l'expatriation n'est plus au cœur du développement international. Ce sont les cadres locaux qui occupent en général les postes importants dans les filiales avec une faible possibilité de promotion au siège[50]. Les « locaux » et les « nationaux du pays d'origine » ont alors peu de chances d'acquérir une expérience internationale. D'un côté l'organisation évite les problèmes liés à l'expatriation comme les difficultés d'adaptation mais elle risque de se heurter à un certain « fédéralisme » d'unités nationales indépendantes. En effet, chaque filiale est considérée comme une entité nationale distincte avec une certaine autonomie de décision. Le contrôle du siège est faible. L'accent étant alors mis sur le particularisme local, la diversité des situations entre les filiales en est une résultante, ce qui a pour principal inconvénient de rendre l'intégration des activités internationales assez difficile.

- ### L'approche géocentrique

La stratégie de l'entreprise est conçue immédiatement au niveau international, transcendant les frontières. Pour l'organisation transnationale, les différences de nationalité deviennent secondaires. En effet, les postes sont attribués au regard de l'expérience et de la compétence sans tenir compte de la nationalité. La compétence prime sur la nationalité. Les nationaux du pays d'origine, les locaux et les nationaux des pays tiers sont tous impliqués dans la mobilité internationale. Cependant Phatak[51] a posé quelques hypothèses relatives à l'adoption d'une telle approche dont la disposition constante des managers à être transférés n'est pas la moindre. Composer une équipe de direction internationale n'est pas chose simple. Les coûts impliqués et les éventuelles restrictions destinées à favoriser l'emploi des « locaux » sont autant de limites au développement d'une telle approche.

- ### L'approche régiocentrique

Selon Perlmutter, l'entreprise régiocentrique gère les cadres par rapport à un bassin géographique. Cette approche s'apparente à la précédente mais se confine à des régions géographiques. La politique d'affectation du personnel, quant à la nationalité des cadres, est régionale dans le sens où les individus issus d'une région sont transférés à l'intérieur de cette même région. Par exemple, la mobilité des cadres européens s'effectue en Europe. Les carrières des individus s'envisagent donc dans une perspective régionale. Leur transfert dans les autres régions du monde comme l'Asie ou l'Amérique revêt un caractère exceptionnel. Le développement d'un « fédéralisme » au niveau régional peut entraver la marche vers la globalisation alors même que cette approche peut être envisagée comme une étape vers l'approche géocentrique[52].

Nous proposons un résumé de ces approches selon trois caractéristiques :
- les rapports siège/filiales (filiale ou unité à l'étranger) ;
- les particularités du management international des ressources humaines (MIRH) ;
- la gestion des carrières qui « représente la synthèse d'une politique de MIRH car elle s'appuie sur l'ensemble des autres pratiques de ressources humaines »[53].

Tableau 1.2 : Résumé de quatre politiques d'affectation du personnel

APPROCHES DE MANAGEMENT INTERNATIONAL				
	Ethnocentrique	**Polycentrique**	**Géocentrique**	**Régiocentrique**
Siège/ Filiales	Siège : décisions stratégiques Filiales : pas ou peu d'autonomie	Filiales : traitées par le siège comme des entités nationales distinctes	Interdépendance globale	Interdépendance régionale
MIRH	Celui du pays d'origine	Basé sur le particularisme local	Transnational	Régional
Gestion des Carrières	Centralisée Carrière des cadres du siège privilégiée	Décentralisée (localement) Expatriation : mot sans contenu, Locaux : postes clés des filiales	Globale Indépendante de la nationalité	Régionale Mobilité des cadres dans les limites d'une région. Rares transferts des régions au siège social.

Les choix de ces politiques dépendent d'un certain nombre de facteurs autant internes qu'externes. Le choix approprié d'une politique des cadres tend en fait à refléter le besoin des organisations[54]. Une approche ethnocentrique sera adoptée par une entreprise qui mettra l'accent sur le contrôle organisationnel[55]. Commune dans les premières étapes de l'internationalisation, elle est également retenue pour ces raisons de contrôle dans des stades plus avancés. Une entreprise s'orientant vers une dimension globale devrait préférer une approche géocentrique. Chaque approche a ses avantages et ses inconvénients. Une approche contingente suivant les régions du monde peut être envisagée. L'approche ethnocentrique est adoptée quand elle correspond mieux aux conditions de certains pays tandis que l'organisation peut préférer l'approche géocentrique pour un autre groupe de pays.

Pour aborder les questions de transferts internationaux des individus, la littérature académique se réfère fortement à la théorie des organisations[56]. L'optique adoptée est celle de l'organisation. La psychologie et plus particulièrement la psychologie sociale sert également de référence quelle que soit la perspective – organisation ou individu – retenue. L'objet de cet ouvrage est le cadre mobile, celui transféré par son organisation. Il fera alors fortement référence au domaine psychologique qui domine les travaux sur le personnel expatrié. Son cœur sera l'adaptation de l'expatrié en relation avec la décision de mobilité internationale.

5. La mobilité internationale temporaire intra-entreprise

La littérature sur l'expatriation laisse émerger trois domaines distincts :

- le recrutement et la sélection ;
- l'adaptation aux cultures étrangères ;
- le retour des cadres expatriés.

Ces trois étapes dans un cycle de carrière d'une mission à l'étranger[57] ont un dénominateur commun, l'adaptation.

L'adaptation a donné lieu à bon nombre de travaux de recherche alors que la décision d'expatriation a jusqu'ici été négligée. Or dans la perspective de l'individu, la mobilité peut aussi bien présenter d'importantes opportunités pour la progression de carrière qu'une menace sérieuse pour la satisfaction et le bonheur hors de la sphère du travail[58]. La décision du cadre d'accepter une mobilité internationale ou de la refuser met en jeu des phénomènes complexes que nous tenterons d'éclairer.

Cet ouvrage traite de la mobilité internationale temporaire intra-entreprise.
Le cadre « mobile » (mobile : étymologiquement vient du latin *mobilis* : « qui se meut ou peut être mû ») serait celui qui accepte une affectation à l'étranger pour quelques années, qui s'adapte et qui réussit dans la mission que son organisation lui confie.
Cette définition constitue le socle sur lequel repose cet ouvrage.

▼ Points clés

La mobilité internationale constitue un enjeu primordial à la fois pour l'organisation et pour les cadres :
- Le développement international de l'organisation repose notamment sur des questions de contrôle, de coordination et d'échanges d'informations.
- L'expérience internationale s'avère être une étape incontournable dans la carrière du cadre du XXIe siècle.

L'ouvrage est centré sur une recherche consacrée à la mobilité temporaire intra-entreprise.

Un cadre mobile serait un cadre qui accepte une mobilité internationale pour quelques années, qui s'adapte et qui réussit sa mission.

L'adaptation de ce cadre mobile est au cœur de l'ouvrage. Aussi, sa décision d'expatriation, son adaptation et sa réussite font-elles l'objet des différents chapitres qui suivent.

▼ Fil d'Ariane

L'adaptation internationale des expatriés est au cœur de notre réflexion sur la mobilité internationale. Aussi, après ce premier chapitre d'introduction, notre second chapitre se focalise-t-il sur le processus de l'adaptation internationale. Dans un troisième chapitre nous présentons le modèle théorique de l'adaptation des expatriés. Ce modèle, centré sur l'adaptation internationale, s'organise autour des déterminants et des conséquences de l'adaptation. Il s'appuie sur le modèle proposé par Black, Mendenhall et Oddou[59] tout en le dépassant. Son originalité consiste à prendre en compte la décision d'expatriation dans la tentative de mieux comprendre l'adaptation internationale. Ce chapitre aborde également les éléments méthodologiques retenus pour confronter le modèle de l'adaptation à la réalité vécue par les expatriés français[60].

Les cinq chapitres suivants examinent différents aspects de la décision qui peuvent s'inscrire plus ou moins directement au rang des déterminants de l'adaptation. C'est le cas des motivations d'expatriation détaillées dans le quatrième chapitre. L'apport des études sur la mobilité nationale éclaire, dans un cinquième chapitre, la disposition des personnes envers la mobilité internationale. Ensuite, deux aspects fondamentaux de la décision d'expatriation relatifs à la carrière font chacun l'objet d'un chapitre. Il s'agit respectivement de la situation de carrière des cadres au moment de la décision d'expatriation et de leur choix de carrière. Enfin, le chapitre 8 clôt l'étude des déterminants de l'adaptation relatifs à la décision d'expatriation avec l'examen d'une question essentielle, celle de la liberté de choix de l'individu par rapport à la mobilité internationale.

Le chapitre 9 établit une relation entre les déterminants de l'expatriation et l'adaptabilité des expatriés. Ensuite, les deux chapitres suivants se focalisent respectivement d'une part sur les variables de travail et d'organisation et d'autre part sur la culture. Le chapitre 12 développe les déterminants de l'adaptation anticipée, qui à son tour influence l'adaptation dans le pays. Enfin, l'adaptation du conjoint est la dernière variable présentée supposée influencer l'adaptation dans le pays du cadre expatrié. C'est l'objet du chapitre 13.

Les conséquences de l'adaptation nourrissent le chapitre 14 sous le terme générique de réussite de la mobilité internationale.

Pour chacun des chapitres consacrés aux déterminants et aux conséquences de l'expatriation, nous procédons d'abord à la revue des principaux travaux existants, le plus souvent anglo-saxons. Dans un second temps, nous présentons les résultats de notre propre recherche sur les expatriés français, en comparaison avec les travaux théoriques ou empiriques consacrés pour la plupart à des expatriés anglo-saxons.

En guise de conclusion, le dernier chapitre de cet ouvrage invite à passer aux recommandations pratiques, à la fois pour les entreprises et les individus intéressés par la mobilité internationale.

Pistes d'action

Les entreprises

Accorder la politique de mobilité internationale avec l'approche internationale de l'entreprise.

Retenir l'expatriation notamment pour des raisons de contrôle et de coordination des activités internationales.

Utiliser la mobilité internationale pour développer internationalement les cadres.

Composer les équipes internationales d'expatriés traditionnels, mais aussi d'expatriés d'autres pays, les nationaux de pays tiers, les talents n'étant pas une question de nationalité.

Développer internationalement les managers locaux, en particulier par l'impatriation avant de leur confier ou d'élargir des responsabilités dans leur pays d'origine ou dans d'autres entités, comme la connaissance de la culture et des savoir-faire de l'organisation d'origine s'avère fondamentale.

Les salariés

Identifier les objectifs de votre organisation quant à la mobilité internationale proposée.

Comprendre la politique d'affectation internationale de votre entreprise car elle influence sa gestion des carrières.

Notes

1. Weiss, 1990, Recherche sur la fonction de la recherche en GRH.

2. Weiss, 1990, p. 27, Recherche sur la fonction de la recherche en GRH.

3. Brémond et Gélédan, 1990, Dictionnaire économique et social.

4. Schein, 1971, The Individual, the Organization, and the Career : A Conceptual Scheme.

5. Ongaretti-Bastrentaz, 1991, Le management des équipes dirigeantes pratiqué par les grands groupes français.

6. Deroure, 1992, Mobilité professionnelle en Europe : dimension familiale et pratiques d'entreprise.

7. Welch *et al.*, 1994, Staff transfers as a control strategy : an exploratory study of two Australian organizations.

8. Cazal, Peretti et Quicandon, 1991, Vers le management international des ressources humaines ; OMI, 1989

9. Black et Gregersen, 1991, Antecedents to Cross-Cultural Adjustment for Expatriates in Pacific Rim Assignments.

10. Godet, 1985, p. 271, Prospective et planification stratégique.

11. Livian, 1990, p. 448, La gestion des carrières des cadres dans les grandes entreprises françaises.

12. Bournois, 1991, La gestion des cadres en Europe.

13. Pierre, 1994, p. 41, La carrière dans la tourmente de la crise.

14. Borg, 1988, International Transfers of Managers in Multinational Corporations.

15. Peretti, 1991, p. 362, Recrutement et carrière des cadres en Europe.

16. Rivoal, 1992, Le guide de l'emploi à l'étranger.

17. Kobrin, 1988, p. 65, Expatriate reduction and strategic control in American Multinational Corporations.

18. Black *et al.*, 1992, Global Assignments.

19. Wederspahn, 1992, Costing failures in Expatriate Human Resource Management.

20. Black *et al.*, 1992, Global Assignments.

21. Janssens et Brett, 1994, Coordinating Global Companies : The effects of Electronic Communication, Organisational Commitment, and a Multi-Cultural Managerial Workforce.

22. Derr et Oddou, 1993, Internationalizing Managers : Speeding Up the Process.

23. Godet, 1985, Prospective et planification stratégique ; Howard, 1992, Profile of the 21st-century expatriate manager.

24. Janssens et Brett, 1994, Coordinating Global Companies : The effects of Electronic Communication, Organisational Commitment, and a Multi-Cultural Managerial Workforce.

25. Brett et Stroh, 1993, Willingness to relocate internationally.

26. Kobrin, 1984, International expertise in American Business.

27. Derr et Oddou, 1993, Internationalizing Managers : Speeding Up the Process.

28. Ondrack, 1985, International Transfers in North American and European MNEs.

29. Adler, 1986, International Dimensions of Organizational Behavior.

30. Black, Gregersen et Mendenhall, 1992, p. 4, Global Assignments.

31. Ettorre, 1993, A brave new world : Managing international careers.

32. Derr et Oddou, 1993, Internationalizing Managers : Speeding Up the Process.

33. Prahalad et Doz, 1987, The Multinational Mission : Balancing Local Demands and Global Vision (mentionnés par Evans *et al.*, 1989, Managing Human Resources in the International Firm : Lessons From Practice).

34. Borg, 1988, p.22, International Transfers of Managers in Multinational Corporations.

35. Welch *et al.* 1994, p. 476, Staff transfers as a control strategy : an exploratory study of two Australian organizations.

36. Kobrin, 1988, Expatriate reduction and strategic control in American Multinational Corporations.

37. Evans *et al.*, 1989, p. 116, Managing Human Resources in the International Firm : Lessons From Practice.

38. Edstrom et Galbraith, 1977, Transfer of managers as a coordination and control strategy in multinational firms.

39. Evans *et al.*, 1989, p. 123, Managing Human Resources in the International Firm : Lessons From Practice.

40. Janssens et Brett, 1994, Coordinating Global Companies : The effects of Electronic Communication, Organisational Commitment, and a Multi-Cultural Managerial Workforce.

41. Bartlett et Ghoshal, 1989, Managing Across Borders : The Transnational Solution.

42. Black, Gregersen et Mendenhall, 1992, Global Assignments.

43. Black Gregersen et Mendenhall, 1992, Global Assignments.

44. Deroure, 1992, Mobilité professionnelle en Europe : Dimension familiale et pratiques d'entreprise.

45. Ettorre, 1993, A brave new world : Managing international careers.

46. Dowling, Schuler et Welch, 1994, International dimensions of human resources management.

47. Perlmutter, 1969, The tortuous evolution of the multinational corporation.

48. Perlmutter et Heenan, 1979, Multinational organization development.

49. Ondrack, 1985, International Transfers in North American and European MNEs ; Phatak, 1989, International Dimensions of Management ; Dowling, Schuler et Welch, 1994, International dimensions of human resources management.

50. Dowling, Schuler et Welch, 1994, International dimensions of human resources management.

51. Phatak, 1989, International Dimensions of Management

52. Dowling, Schuler et Welch, 1994, International dimensions of human resources management.

53. Besseyre des Horts, 1991, La gestion internationale des carrières dans le contexte européen.

54. Dowling, Schuler et Welch, 1994, International dimensions of human resources management.

55. Borg, 1988, International Transfers of Managers in Multinational Corporations.

56. Borg, 1988, International Transfers of Managers in Multinational Corporations.

57. Adler, 1986, International Dimensions of Organizational Behavior ; Borg, 1988, International Transfers of Managers in Multinational Corporations.

58. Brett, 1982, Job transfer and well-being ; Pinder, 1977, Multiple predictors of post transfer satisfaction : The role of urban factors.

59. Black, Mendenhall et Oddou, 1991, Toward a Comprehensive Model of International Adjustment : An Integration of Multiple Theoretical Perspectives.

60. Cerdin, 1996, Mobilité internationale des cadres : adaptation et décision d'expatriation.

LE PROCESSUS DE L'ADAPTATION DANS LA MOBILITÉ INTERNATIONALE

▼ Repère

Le premier chapitre introductif nous a donné l'occasion de présenter les enjeux de la mobilité internationale, ses acteurs, son évolution et sa justification du point de vue organisationnel.

Ce second chapitre a pour objet d'analyser le processus de l'adaptation internationale, condition incontournable de la réussite d'une affectation globale. Nous examinons successivement l'adaptation dans le pays d'accueil et l'adaptation anticipée.

L'influence de la langue anglo-saxonne sur les travaux de gestion en France incite à justifier la traduction du terme « adjustment » par celui d'adaptation. Le concept de l'adaptation retenu est à facettes multiples. Quand nous utilisons le mot adaptation seul, il s'agit de l'adaptation dans le pays d'affectation. Cependant, l'adaptation commence dans le pays d'origine, avant même l'expatriation. Les termes utilisés sont alors indifféremment adaptation anticipée ou préadaptation. Chacune de ces adaptations, dans le pays d'accueil et avant le départ, fait l'objet d'un développement particulier pour déboucher sur leurs liens.

1. L'adaptation dans le pays d'affectation

1.1. Définition de la notion d'adaptation

Les travaux sur l'adaptation étant principalement en langue anglo-saxonne, la traduction même du terme « adjustment » peut poser problème. Lorsque les Anglo-Saxons utilisent le terme « adjustment », ils se réfèrent à un état d'harmonie entre des besoins internes et des exigences externes et les processus utilisés pour atteindre cette condition. Le terme anglais « adaptation » est plus étroit dans la mesure où il concerne principalement un environnement physique. Le terme français ajustement comme il est défini par le Grand Robert, bien qu'employé par certains auteurs français, ne correspond pas au terme anglais « adjustment ». L'équivalent de ce qui est exprimé par « adjustment » serait alors le terme français adaptation.

Dans son acception psychologique, l'adaptation est, selon le Grand Robert, « l'état de relation harmonieuse avec le milieu dans lequel l'individu peut satisfaire la plupart de ses besoins et répondre aux demandes de ce milieu ». Dans la littérature académique anglo-saxonne, c'est cette acception qui est retenue. En effet, l'adaptation est définie comme « le degré de confort psychologique d'une personne avec plusieurs aspects d'un nouvel environnement »[1].

1.2. Un concept à facettes multiples

Les auteurs des premières études dans le domaine de l'adaptation, en particulier deux chercheurs, Oberg[2] et Torbiörn[3], conceptualisent l'adaptation comme un construit unitaire.

Dans une deuxième période, un ensemble d'études nord-américaines[4] ont réuni des preuves pour suggérer que l'adaptation de l'expatrié présente trois facettes :

---

1. Adaptation générale (aux conditions générales de vie comme le logement ou la nourriture).
2. Adaptation à l'interaction (aux contacts avec les membres de la communauté d'accueil).
3. Adaptation au travail (encadrement, responsabilités, performances).

■ *Ces trois facettes sont mesurées par quatorze items. Black et Stephens[5] proposent ces items à 220 cadres américains expatriés au Japon, en Corée, à Hong Kong et à Taiwan. Les travaux de Black et Gregersen[6] reposent sur un échantillon similaire. Parker et McEvoy[7] exploitent le même questionnaire auprès de 169 expatriés vivant et travaillant dans douze pays différents. Pour notre part, nous avons exploité les réponses des 293 cadres français expatriés dans 44 pays. Il est demandé aux expatriés d'indiquer, sur une échelle de type Likert à sept points (1 = pas du tout adapté à 7 = complètement adapté), leur degré d'adaptation perçu aux quatorze items. Comme dans les études anglo-saxonnes, les réponses aux quatorze items subissent une analyse factorielle afin de tester le nombre de facettes de l'adaptation. Nous rappelons qu'un des buts de l'analyse factorielle est d'évaluer dans quelle mesure des items saisissent un même concept. Aussi, les résultats nous conduisent-ils à retenir trois facettes de l'adaptation. ■*

À l'instar de l'adaptation des cadres anglo-saxons, l'adaptation des cadres français peut se décliner comme suit :

1. Adaptation générale.
   Elle regroupe les sept items suivants :
   Conditions de vie en général.
   Conditions de logement.
   Nourriture.
   Shopping.
   Coût de la vie.
   Facilités et opportunités pour se détendre.
   Facilités pour se faire soigner.

2. Adaptation à l'interaction.
   Elle englobe les quatre items suivants :
   Socialisation avec les nationaux hôtes.
   Contacts avec les nationaux hôtes en général.
   Contacts avec les nationaux hôtes en dehors du travail.
   Parler avec les nationaux hôtes.

3. Adaptation au travail.
   Elle comprend les trois items ci-après :
   Responsabilités spécifiques dans le travail.
   Niveau et attente de performance.
   Responsabilités d'encadrement.

Chacune de ces échelles, c'est-à-dire l'ensemble des items représentant chacune des trois facettes, possède une forte cohérence interne. L'indicateur de fiabilité utilisé est l'alpha de Cronbach. Rappelons que plus ce dernier est proche de 1, plus l'échelle a une bonne cohérence interne. Dans notre recherche, l'alpha de Cronbach est égal à 0,83 pour l'adaptation générale, à 0,91 pour l'adaptation à l'interaction et à 0,86 pour l'adaptation au travail. Ces résultats sont comparables aux études précédentes consacrées aux expatriés anglo-saxons.

La mesure de l'adaptation retenue ici est une mesure directe. Néanmoins, l'adaptation n'est pas toujours mesurée aussi directement. Certains auteurs ont vu la satisfaction comme un substitut approprié à l'adaptation[8]. La satisfaction est une conséquence possible mais pas automatique de l'adaptation. En d'autres termes, un individu peut se sentir adapté à une situation, c'est-à-dire penser répondre correctement aux demandes du milieu et en éprouver un certain confort, sans ressentir de la satisfaction. L'adaptation renvoie à l'acclimatation, au mimétisme ou à la transformation alors que la satisfaction se réfère au contentement, à la joie ou au plaisir. Ces concepts n'appartiennent pas au même registre. Ils ne saisissent pas la même réalité. Ils ne sont donc pas interchangeables. Par contre, l'existence d'une influence mutuelle entre ces deux concepts est envisageable.

1.3. La réduction de l'incertitude

Quand une personne entre dans un nouveau pays et une nouvelle culture, elle découvre que de nombreux comportements acceptables dans son pays d'origine ne le sont plus dans le pays d'accueil. Weissman et Furnham[9] affirment que tous les auteurs mettent l'accent sur cette notion et que « le choc de culture est une réaction de stress où les récompenses psychologiques et physiques importantes sont généralement incertaines ». L'adaptation s'avère ainsi facilitée par les facteurs qui tendent à réduire l'incertitude ayant trait à la détermination des comportements appropriés et impropres dans la culture du pays d'accueil. L'adaptation est inhibée par les facteurs qui augmentent cette incertitude.

Les principaux théoriciens de l'adaptation[10] ont avancé que se déplacer dans un nouvel environnement crée un niveau significatif d'incertitude. Selon Black, Gregersen et Mendenhall[11], à cause du besoin d'un certain niveau de prévisibilité dans la vie, les individus établissent des routines. Avec la certitude qu'elles leur apportent se crée une sorte « d'économie psychologique ». Ces auteurs mentionnent que la sévérité des perturbations de ces routines est fonction de trois dimensions :

1. L'étendue (nombre total de routines dérangées).
2. L'ampleur (allant de la faible altération à la destruction totale).
3. L'importance (certaines routines sont fondamentales, d'autres triviales).

Plus les perturbations des routines sont importantes, ce qui développe le niveau d'incertitude, plus elles sont supposées entraîner chez l'individu des frustrations et de l'anxiété. Un des principaux processus théoriques reliés à l'adaptation est donc la réduction de l'incertitude[12]. L'étude de Gao et Gudykunst[13] soutient l'hypothèse stipulant que la réduction de l'incertitude et de l'anxiété sont des conditions nécessaires et suffisantes pour l'adaptation interculturelle[14].

1.4. La courbe en U

Le processus d'adaptation interculturelle a été décrit depuis quelques décennies comme une courbe en U[15]. Torbiörn[16] et Adler[17] se font, entre autres, les interprètes de cette approche.

1.4.1. PRÉSENTATION DE LA COURBE

La courbe en U présente quatre phases. Dans une première phase, *la phase du spectateur*, l'individu est un étranger par rapport à la nouvelle culture et aux problèmes qui l'accompagnent. Les expatriés sont fascinés par la découverte de la nouvelle culture. On peut s'attendre à ce qu'ils vivent la première phase d'une façon positive étant donné que les motifs pour aller à l'étranger sont supposés pour la plupart positifs. À ce niveau, l'individu a seulement un contact superficiel avec son environnement. Les personnes effectuant un voyage d'affaires ne dépassent générale-ment pas cette étape. L'individu, à l'instar d'un touriste, constate un déca-lage entre les comportements de sa culture d'origine et d'accueil sans remettre en question son propre système de valeurs.

Cette phase initiale, sorte de lune de miel, est suivie par une période de désillusion, amorcée par la descente de la courbe (voir figures 2.1 et 2.2), durant laquelle il faut surmonter un certain nombre de difficultés (taxis, courriers, langue, etc.). Au cours de cette *phase d'implication*, l'individu commence à comprendre la nouvelle culture, son nouveau travail et les difficultés qui y sont attachées. Cependant il doute de ses capacités à faire face à ces nouvelles circonstances et adopte temporai-rement une attitude négative par rapport à ce qui l'entoure.

La troisième phase, la partie inférieure de la courbe, a été nommée *le choc de culture* – la frustration et la confusion qui résultent du fait d'être bombardé de signes non interprétables. Le choc de culture, terme inventé par Oberg[18], peut être défini comme la réaction de l'expatrié à un environnement nouveau, imprévisible, et donc incertain. Ce choc résulte d'une cassure dans la perception sélective du salarié. Les expa-triés posent la question suivante : À quoi dois-je prêter attention ? Et qu'est-ce que cela signifie ? Des millions de vues, sons, odeurs, etc. bombardent les expatriés qui identifient difficilement ceux qui sont significatifs et ceux sans importance afin de les écarter. Durant la période initiale dans une nouvelle culture, les expatriés trouvent que le comportement des personnes n'a pas de sens et, ce qui est encore plus déconcertant, que leur propre comportement ne produit pas les résul-tats attendus. Aussi, leur vision du monde se brouille-t-elle.

La croissance de la courbe après la phase du choc de culture correspond au début de l'adaptation véritable de l'individu. Cette dernière phase le verra revenir à une attitude plus positive pendant laquelle il améliore ses connaissances locales et s'efforce de comprendre son travail. Il sera plus efficace dans ces domaines. S'adaptant, il devient en quelque sorte « naturalisé »[19] et a une vie « plus normale ».

Black et Mendenhall[20] résument les quatre étapes de la courbe en U de manière légèrement différente de celle de Adler[21]. Les quatre étapes sont les suivantes :

1. Lune de miel (fascination, excitation, engouement).

2. Désillusion et frustration (étape du choc de culture).

3. Étape d'adaptation (adaptation graduelle à la nouvelle culture).

4. Maîtrise (croissance pas à pas dans la capacité de l'individu à fonctionner efficacement dans la nouvelle culture).

La différence dans la présentation et la segmentation des étapes est légère dans le sens où elle n'altère pas véritablement la forme de la courbe comme le montrent les deux représentations graphiques suivantes. Plus discutable est la différence de l'ordonnée choisie. Black et Mendenhall se réfèrent au degré d'adaptation (figure 2.1). Adler utilise l'humeur (figure 2.2), qui en exprimant plutôt une disposition à la gaieté et à l'optimisme, s'éloigne de la définition de l'adaptation que nous avons retenue.

Figure 2.1 : Courbe en U et degré d'adaptation

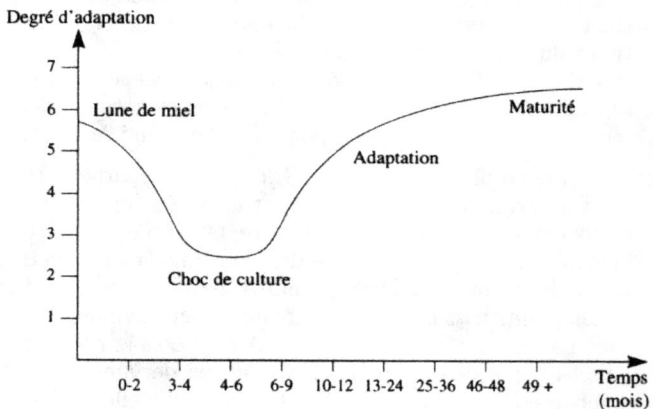

Source : d'après Black et Mendenhall, 1991, p. 227. Reproduit avec autorisation.

Figure 2.2 : Courbe en U et Humeur

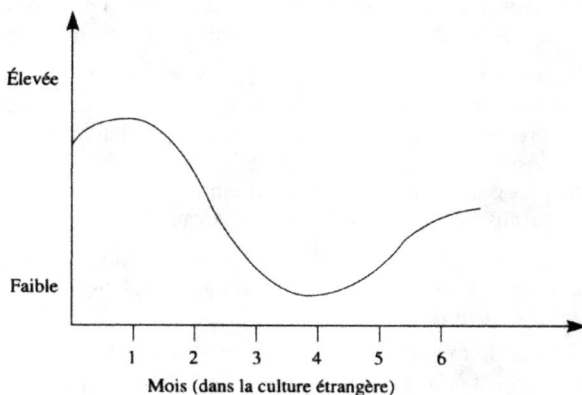

Source : d'après Adler, 1986, p. 193.

Ces différences dans l'ordonnée de la courbe amènent à discuter la théorie de la courbe en U.

1.4.2. DISCUSSION DE LA THÉORIE DE LA COURBE EN U

Les études portant sur l'adaptation opérationalisent ce concept de façon différente. C'est une des critiques que font Black et Mendenhall dans leur revue de la littérature sur la théorie de la courbe en U, faite avec le double objectif :

1. de déterminer dans quelle mesure les preuves empiriques supportent ou réfutent cette théorie,

2. d'examiner la rigueur méthodologique des différentes études (pour déterminer la confiance qui peut être placée dans ces résultats empiriques).

Cette revue de la littérature a été conduite à partir de bases de données en sciences de gestion, en sciences sociales et psychologiques et à partir des travaux de Church[22]. Dix-huit études empiriques consacrées à des individus en train de s'adapter à la vie et au travail dans une culture étrangère ont été retenues.

Or, il est possible de dénombrer au moins huit façons d'opérationaliser l'adaptation. En effet, celle-ci est abordée en tant que :

- moral académique ;
- humeur psychologique ;
- opinion favorable envers les nationaux du pays d'accueil ;
- satisfaction ;
- attitudes ;
- degré de contacts avec les nationaux du pays d'accueil ;
- confort avec le nouvel environnement ;
- difficultés avec divers aspects du nouvel environnement.

Cette opérationalisation multiple de l'adaptation peut expliquer les écarts dans les résultats des différentes études et rend difficiles les comparaisons. Une autre difficulté réside dans la diversité des populations étudiées. L'adaptation des étudiants, de loin la plus étudiée, n'adopte pas forcément la même forme que celle des managers. La période des examens n'est pas propice à l'adaptation des étudiants mesurée par le moral académique. L'adaptation d'un manager diffère en nature. L'environnement professionnel, les variables démographiques (âge, situation maritale), l'aspect matériel fourni par l'aide logistique de l'organisation sont autant d'éléments qui éloignent les managers des étudiants. La spécificité de l'adaptation des expatriés managers réclame plus d'études sur ce type de population.

■ *Les approches méthodologiques des différentes études, revues par Black et Mendenhall, ne se distinguent pas par leur rigueur. Par exemple, parmi les six études faisant appel rétrospectivement à la mémoire, trois ne donnent aucune indication sur le temps qui s'est écoulé entre la période où l'étude a été réalisée et l'adaptation dont devaient se rappeler les sujets. Ces études n'ont pas toujours recouru à des échantillons dans lesquels l'intervalle de temps entre le moment de l'étude et le niveau d'adaptation, dont il était demandé aux sujets de se rappeler, était le même d'un individu à l'autre. Ainsi, le manque de rigueur méthodologique dans ces études rend problématique la généralisation de leurs résultats. De plus, bien que douze des dix-huit études supportent l'hypothèse de l'adaptation suivant une courbe en U, dix d'entre elles n'ont pas d'analyses statistiques ou rapportent des résultats statistiquement non significatifs. Une autre critique avancée est le manque d'études longitudinales (seulement deux) alors que la théorie de la courbe en U est une description de l'adaptation sur une période de temps.* ■

Black et Mendenhall tentent de dépasser l'aspect purement descriptif de cette théorie au travers de la théorie de l'apprentissage social. Ils se placent alors dans la perspective suivante : dans une situation d'adaptation interculturelle, l'individu doit en premier lieu apprendre les comportements appropriés et acceptés dans la nouvelle culture.

Selon Swenson[23], la théorie de l'apprentissage est vue comme un consensus sur la plupart des aspects de l'apprentissage. Elle intègre les deux théories concurrentes que sont :

- *les théories cognitives de l'apprentissage*

  Elles avancent que l'apprentissage se produit à travers le traitement de l'information et la détermination ultérieure du comportement à exécuter ;

- *les théories comportementales*

  Elles avancent que l'apprentissage est déterminé par le comportement, ses conséquences, et les associations que les individus font entre les deux.

Black et Mendenhall considèrent que l'utilisation de cette théorie est raisonnable dans l'examen du processus d'apprentissage interculturel. Un des principaux auteurs de cette théorie, Bandura[24], remarque qu'en plus de l'apprentissage individuel fondé sur les conséquences de leurs actions, les individus peuvent aussi apprendre et se comporter à partir de leurs observations des comportements des autres et de leurs conséquences. De ce fait, ils imitent le comportement qu'ils retiennent comme modèle. Bandura suggère que les individus, en s'appuyant sur des expériences véritables ou indirectes, sont capables de contrôles anticipés, c'est-à-dire de choisir la manière dont ils répondront dans des situations futures diverses.

La théorie décrite par Bandura et reprise par Black et Mendenhall, se décline en quatre éléments centraux : l'attention, la rétention (le fait de retenir), la reproduction et l'encouragement.

- *L'attention*

  Pour que quelqu'un ou quelque chose puisse servir de modèle, il doit d'abord être remarqué. C'est le processus d'attention, influencé par plusieurs facteurs incluant selon Bandura : 1) le statut du modèle, 2) l'attraction du modèle, 3) la similitude du modèle, 4) la disponibilité répétée du modèle et 5) l'influence de l'expérience passée pour faire attention au modèle ;

- *La rétention (le fait de retenir)*

  C'est le processus par lequel le comportement qui sert de modèle devient codé (encodé) comme une mémoire par l'observateur. Un ensemble d'images sont stockées, formant des cartes cognitives qui servent de guide à l'observateur dans le processus d'imitation. L'autre système en jeu est le système verbal ;

- *La reproduction*

  C'est la traduction des représentations symboliques des stimuli « modèles » en des actions déclarées ;

- *L'encouragement et les processus motivationnels*

  La théorie cognitive sociale distingue l'acquisition de l'exécution[25]. Les divergences entre l'apprentissage et l'exécution sont plus probables quand les comportements acquis risquent d'entraîner des punitions. Bandura[26] a avancé sur la base d'un travail empirique que les encouragements vont influencer plus fortement les comportements qui sont exécutés que ceux qui sont appris.

Chacune des phases décrites par la courbe en U, peut être expliquée au travers de la grille de lecture fournie par la théorie de l'apprentissage comme le font Black et Mendenhall. À titre d'illustration, nous reprenons la phase du choc de culture.

Dans la perspective de la théorie de l'apprentissage, le choc de culture peut s'expliquer par un taux élevé de rétroactions montrant des comportements impropres, relativement aux comportements nouveaux et corrects que les individus ont appris, couplés avec une faible utilisation des comportements « modèles » et des comportements observés qui sont corrects dans la nouvelle culture. L'individu sait que certains de ses comportements sont incorrects mais ne sait pas par quels comportements les remplacer.

L'apprentissage, à travers le processus des modèles (verbal et visuel), de plusieurs comportements nouveaux utiles pour s'adapter à la nouvelle culture, prend un certain temps, même si un modèle est disponible de façon répétée. Ces obstacles au processus d'attention, relatifs à l'apprentissage indirect à partir de modèles, ont un impact ultérieur négatif sur la rétention des comportements modèles appropriés, qui à leur tour conduisent à une faible reproduction des comportements appropriés. Cette faible reproduction conduit à un taux élevé de conséquences et rétroactions négatives envers les comportements nouvellement appris et appropriés dans la seconde étape de l'adaptation. Tout cela augmente le choc de culture.

La courbe en U apparaît dès lors surtout comme un modèle heuristique.

1.4.3. MODÈLE HEURISTIQUE

Tous les individus ne semblent pas suivre un modèle d'adaptation en forme de U. Ceci est évident pour les expatriés qui rentrent prématurément dans leur pays d'origine, ne pouvant s'adapter. Pour d'autres, la courbe peut être plus étirée ou tronquée. En effet, certaines recherches ont abouti à présenter une courbe en forme de J ou encore un modèle linéaire d'adaptation. Les théories des étapes de l'adaptation sont seulement des généralisations. Pour reprendre les propos de Munton[27], « ce n'est pas une formule magique pour prédire le comportement de tous les expatriés ».

■ *Une autre critique peut être adressée. Présenter une courbe unique, quelle que soit sa forme, revient à occulter la multidimensionnalité de l'adaptation. Rien n'indique que les courbes correspondant à chacune des facettes de l'adaptation se superposent, exactement ou non. L'adaptation au travail, à l'interaction avec les nationaux du pays d'accueil ou à l'environnement général n'ont aucune raison logique de suivre exactement les mêmes courbes. Chacune de ces dimensions devrait faire l'objet d'une étude particulière. Janssens[28] montre la voie en se focalisant sur l'interaction interculturelle. Sur cette dimension, l'hypothèse du choc de culture n'est pas vérifiée. L'auteur trouve plutôt une relation linéaire entre l'adaptation à l'interaction et le temps passé dans le pays d'affectation. D'ailleurs, les résultats ne sont pas plus probants pour l'adaptation au travail. En effet, une analyse de la régression n'indique aucune relation entre ce type d'adaptation et le temps passé dans le pays. Poursuivre dans la voie des recherches, dont l'objectif principal est de vérifier la réalité de la théorie en U, serait d'un apport limité.* ■

L'intérêt principal de la courbe en U et de ses variantes figure dans leur caractère heuristique. Elle permet alors de présenter l'adaptation comme un processus à plusieurs étapes plus ou moins longues et marquées suivant les individus. À partir de cette description, des explications peuvent être élaborées sur le passage entre les quatre phases. Chacune des phases peut être aussi analysée en termes différentiels pour la population étudiée. Il ne s'agit plus alors d'obtenir une « courbe moyenne » pour une population donnée (les managers ou les étudiants) mais de proposer des explications sur des variations constatées au sein de cette même population.

Le choc de culture qui concernerait surtout l'adaptation hors travail des managers, selon l'étude de Briody et Chrisman[29], est de nouveau la phase choisie pour illustrer cette approche différentielle.

Le choc de culture n'est pas vécu aussi fortement par tous les managers[30]. Par rapport à la théorie de la courbe en U, ni les hauteurs de la phase initiale, ni le bas marquant la phase du choc de culture ne caractérisent la phase d'adaptation positive. Néanmoins, et de façon surprenante, nombreux sont les managers internationaux jugés efficaces souffrant du choc de culture de façon aiguë[31]. Par contraste, les managers évalués comme faiblement efficaces par leurs collègues se décrivent comme ne souffrant que très peu de ce choc. Le choc de culture correspondrait à un processus d'apprentissage positif[32]. Ce choc serait en quelque sorte la réponse « naturelle » à l'immersion dans un nouvel environnement. Sa force (ou intensité) est alors interprétée comme un signe positif indiquant que l'expatrié s'implique dans la nouvelle culture au lieu de rester isolé dans un ghetto[33]. Les expatriés doivent donc voir le choc de culture comme le signe que ce qu'ils font est approprié. En effet, les meilleurs comportements vers une adaptation culturelle réussie, incluant les attitudes de non jugement et de tolérance envers l'ambiguïté, sont également ceux qui amènent le choc de culture[34].

Les différences individuelles ne sont pas les seules à suggérer des formes d'adaptation différentes de celles proposées par la théorie de la courbe en U. Selon Black et Mendenhall[35], il y a également l'adaptation anticipée. Une des étapes initiales dans le processus de réduction de l'incertitude est la formation d'attentes au sujet de la nouvelle situation. Dans le contexte de la mobilité internationale, cette étape se déroule dans le pays d'origine. Il s'agit de l'adaptation anticipée ou préadaptation.

2. L'adaptation anticipée

2.1. Définition de l'adaptation anticipée

L'adaptation anticipée correspond à l'écart entre la perception qu'a l'individu du pays de l'affectation avant le départ et la situation qu'il va réellement rencontrer dans le pays. L'adaptation anticipée est supposée influencer l'adaptation dans le pays d'accueil. En fait, plus petit sera l'écart entre ce que l'individu perçoit de sa nouvelle situation à l'étranger et ce qu'il va réellement vivre une fois affecté à l'étranger, plus il s'adaptera facilement lors de l'affectation. L'adaptation anticipée est une mesure du réalisme des attentes à la veille du départ à l'étranger.

2.2. Un concept à multiples facettes

À notre connaissance, l'adaptation anticipée n'a pas été mesurée directement avant notre recherche. Elle est généralement approchée par la formation interculturelle et l'existence d'une expérience internationale antérieure.

Les quatorze items utilisés pour l'adaptation ont été repris pour l'adaptation anticipée. Les cadres se prononcent sur une échelle de sept points sur leur niveau de réalisme avant le départ pour chacun des quatorze items retenus pour l'adaptation dans le pays (1 = pas du tout réaliste à 7 = complètement réaliste). L'adaptation anticipée est ainsi dégagée par confrontation avec l'expérience effective.

Les résultats de notre recherche indiquent que, à l'instar de l'adaptation dans le pays d'accueil, l'adaptation anticipée peut être conceptualisée en trois dimensions qui correspondent à chacune des dimensions de l'adaptation dans le pays :
1. Adaptation anticipée au travail.
2. Adaptation anticipée à l'interaction.
3. Adaptation anticipée générale.

Chacune des échelles formées a une forte cohérence interne. L'adaptation anticipée au travail correspond au réalisme de l'expatrié avant le départ concernant :
- les responsabilités spécifiques dans le travail ;
- le niveau de performance ;
- les responsabilités d'encadrement.

L'adaptation anticipée à l'interaction se rapporte au degré de réalisme avant le départ envers :
- la socialisation avec les nationaux hôtes ;
- les contacts avec les nationaux hôtes en général ;
- les contacts avec les nationaux hôtes en dehors du travail ;
- le fait de parler avec les nationaux hôtes.

Enfin, l'adaptation anticipée générale représente le degré de réalisme avant le départ envers :

- les conditions de vie en général ;
- les conditions de logement ;
- la nourriture ;
- le shopping ;
- le coût de la vie ;
- les facilités et opportunités pour se détendre ;
- les facilités pour se faire soigner.

En se fondant sur les prémisses de la réduction de l'incertitude, les théoriciens[36] ont avancé qu'avant d'entrer dans la nouvelle culture se produit chez l'individu une adaptation anticipée à la culture étrangère. L'individu génère des anticipations sur une situation future et donc par définition incertaine. Ces anticipations se matérialisent sous forme d'attentes. Il semble raisonnable d'imaginer que le réalisme de ces attentes formées par l'individu avant le départ peut influencer son adaptation dans le pays.

2.3. Cadre théorique

Le cadre théorique qui semble pertinent pour aborder l'adaptation anticipée est alors celui proposé par Louis[37]. Il est issu de la littérature consacrée aux transitions de carrière. Il s'articule autour de deux axes principaux :

- les attentes ;
- les surprises.

L'adaptation anticipée repose alors sur l'aperçu réaliste de la situation d'expatriation avant le départ.

2.3.1. LES ATTENTES

Louis a fourni un large cadre théorique concernant le rôle des attentes dans la phase d'entrée dans une organisation. Bien que ce cadre théorique soit destiné aux nouveaux embauchés entrant dans une organisation pour la première fois, il est également pertinent pour des salariés entrant dans une filiale étrangère de leur société mère. Dans les deux cas, il s'agit d'une transition de carrière que l'auteur[38] définit comme :
« *Une période durant laquelle un individu soit change de rôle (prenant un rôle objectif différent) soit change l'orientation d'un rôle déjà tenu (changeant un état subjectif)* ».

Par rôle, l'auteur comprend la tâche ou autres comportements associés à une position dans une organisation ou un système social. Quant au terme transition, il suggère à la fois un changement et une période pendant laquelle le changement a lieu.

Le cadre théorique des attentes comporte trois dimensions :

- *le « centre des attentes »*

  Louis affirme que les individus peuvent concentrer leurs attentes soit sur le travail ou l'organisation, soit sur eux-mêmes. Black[39] estime raisonnable que les individus puissent centrer leurs attentes sur l'environnement hors travail comme les conditions de vie ou le logement ;

- *la conscience que les individus ont de ces attentes*

  Elle se décline en trois niveaux, « émergent », « tacite » et « conscience ». Bien que les niveaux d'attente « émergent » et « tacite » peuvent avoir d'importants effets intra-psychologiques sur les individus, le niveau d'attente « conscience » semble le plus raisonnable pour l'étude des sciences organisationnelles[40] ;

- *l'exactitude des attentes*

  Louis distingue les attentes :
  – non complètement satisfaites ;
  – satisfaites exactement ;
  – plus que satisfaites.

Les individus dont les attentes ont été satisfaites pourraient avoir plus de réactions affectives positives que ceux dont les attentes étaient soit non complètement satisfaites, soit plus que satisfaites. Un certain nombre de recherches fournissent quelques supports empiriques à cet argument[41]. Si les attentes sont satisfaites, c'est-à-dire si elles s'avèrent exactes, alors l'adaptation anticipée (préadaptation) est appropriée pour la situation. La conséquence en est alors, par exemple, une plus grande satisfaction, implication ou adaptation à la situation.

2.3.2. LES SURPRISES

Une autre notion, les surprises, liée à celle des attentes, permet de mieux comprendre le processus de transition.

Louis distingue les anciens et nouveaux rôles et l'ancien et le nouvel environnement par trois concepts, les changements, les contrastes et les surprises.

- *Les changements*

  Il y a des différences entre les caractéristiques objectives des anciens et nouveaux rôles et environnements.

Ces différences objectives, appelées changements, « sont publique-ment notables et connaissables, et sont souvent connaissables à l'avance (quand l'individu accepte une nouvelle position) »[42]. Ces types de changements peuvent être représentés, par exemple, par des différences fonctionnelles ou hiérarchiques entre l'ancien et le nouveau rôle ;

- *Les contrastes*

D'autres différences sont plutôt subjectives en nature (elles sont notées de manière interne). Nommées contrastes, elles « sont des produits perceptuels de l'expérience de l'individu dans le nouveau rôle et environnement (caractéristiques identifiées comme images contre l'arrière plan d'un champ total) »[43]. Ces contrastes sont spéci-fiques à la personne. Les contrastes, à la différence des changements objectifs, ne sont pas généralement connaissables à l'avance ;

- *Les surprises*

D'autres différences proviennent des divergences entre les anticipa-tions d'un individu (tacites et explicites) des situations et expé-riences futures, et ce qui arrive par la suite. « Ces différences entre les anticipations et les expériences sont appelées « surprises. » Elles stimulent à la fois des réactions affectives et cognitives »[44]. Les contrastes et les surprises sont tous deux des appréciations subjec-tives mais elles diffèrent à la fois en sujet (par exemple, caractéris-tiques du monde réel contre anticipations d'expériences) et en source (par exemple, générées extérieurement mais personnelle-ment observées contre auto-générées). En effet, les contrastes sont « des appréciations subjectives des différences entre les caractéris-tiques de deux mondes objectifs et externes, c'est-à-dire les anciens et nouveaux rôles et environnement ». Quant aux surprises, elles sont « des appréciations subjectives de différences entre un monde d'expériences prévues personnellement et les expériences ulté-rieures de soi dans le rôle et l'environnement »[45]. Les surprises peuvent résulter d'anticipations conscientes ou tacites sous ou sur-réalisées sur le travail et l'organisation, et sur soi-même dans le travail et l'environnement.

Ces trois « construits » sont essentiels pour la compréhension du processus de transition. Cependant, au niveau de l'adaptation anticipée, le construit de surprise s'avère le plus utile puisqu'il représente les diffé-rences entre les attentes d'une personne et ce qui arrive véritablement.

Louis avance plusieurs raisons expliquant pourquoi il est difficile pour les individus de s'adapter aux différences qui représentent un écart entre les anticipations et les expériences dans le rôle (c'est-à-dire les surprises). Une anticipation est, d'après le Petit Robert, un « mouve-ment de la pensée qui imagine ou vit d'avance un événement ». Divergente de l'expérience, elle indique alors une erreur dans la repré-sentation d'une situation par l'individu. Les anticipations jouent le rôle de croyances guidant la sélection de comportements et d'interprétation d'événements. S'avérant fausses, elles ne peuvent plus servir de guide. Or, en termes d'adaptation, les erreurs ne sont pas gratuites.

Lorsqu'il y a surprises, c'est-à-dire attentes non rencontrées ou antici-pations non confirmées, il peut se produire une dissonance que l'indi-vidu va chercher à réduire selon la théorie de la dissonance cognitive de Festinger[46]. Les individus doivent rationaliser à travers une nouvelle analyse de la situation, ce que Louis[47] exprime en se référant aux travaux de Lewin[48] par « un quasi-besoin... pour un retour à l'équilibre ». Cela déclenche un « processus de signification » au travers duquel l'in-dividu révise la carte cognitive qu'il utilise pour interpréter et décrire les expériences dans le nouveau rôle et environnement. L'attribution de sens aux différences permet de sélectionner les comportements appro-priés ou de réviser les cartes et les anticipations. Ce processus est influencé par un certain nombre d'événements comme le montre la figure suivante :

Figure 2.3 : Processus de signification

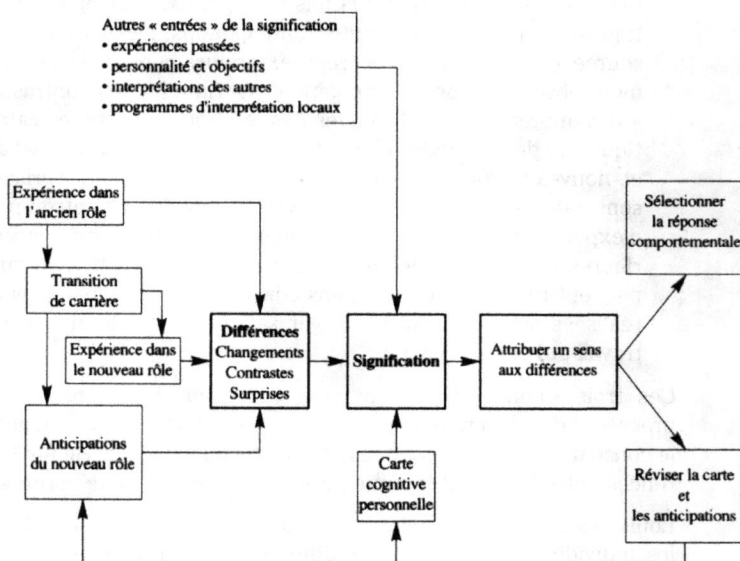

Source : d'après Louis, 1980b, p. 337.

Pour résumer, la transition est complexifiée ou simplifiée par le nombre et l'importance d'éléments nouveaux et inattendus dans la nouvelle situation et par la réaction interne de la personne face aux surprises. Ces surprises exigent des explications et une attribution de signification fondée sur la familiarité de l'individu avec les événements passés et ses attentes envers la situation actuelle. Les modifications dans les attentes des personnes sont alors faites pour les événements futurs et le cycle peut continuer. Il semble donc raisonnable d'avancer que moins les surprises seront importantes, plus l'adaptation devrait être facile.

2.3.3. L'APERÇU RÉALISTE DE LA MISSION

Dans la perspective des travaux de Wanous[49] sur l'aperçu réaliste du travail (realistic job preview), un aperçu réaliste de la mission et du pays (realistic international setting preview) dans lequel l'individu est affecté devrait faciliter l'adaptation. Les attentes de l'individu seront alors plus proches de la réalité qui l'attend. « Vaccinés » contre les déceptions initiales, les managers auront plus de facilité à s'adapter et à faire face aux difficultés des affectations internationales[50]. Les surprises (différences entre anticipations et réalité future) seront donc moindres en nombre et amplitude.

Dans notre recherche, le réalisme des attentes des futurs expatriés envers leur travail, leurs interactions avec les membres de la culture d'accueil et les conditions générales de vie à la veille du départ à l'étranger semble saisir la réalité de l'adaptation anticipée.

3. Le lien entre l'adaptation anticipée et l'adaptation dans le pays d'accueil

Notre recherche établit une forte relation entre l'adaptation anticipée et l'adaptation dans le pays d'accueil pour les expatriés français. Ainsi, l'adaptation anticipée facilite l'adaptation dans le pays d'accueil.

L'analyse de la régression indique que l'adaptation anticipée au travail est reliée de manière significative et positive à l'adaptation au travail dans le pays d'accueil. Il en est de même pour les deux autres formes d'adaptation anticipée reliées chacune au type d'adaptation correspondante dans le pays. On peut ici inférer une relation de causalité entre ces deux variables dans la mesure où :

1. Leur évolution est liée.

2. Le degré de réalisme avant le départ précède l'adaptation une fois dans le pays.

3. Les autres variables du modèle sont contrôlées. Néanmoins, des variables non prises en compte dans l'étude peuvent être à l'origine de cette relation. ■

En résumé, le degré de réalisme au niveau du travail favorise l'adaptation au travail, celui au niveau de l'interaction favorise l'adaptation à l'interaction et enfin le degré de réalisme concernant les conditions générales de vie favorise l'adaptation générale. Avoir un aperçu réaliste de l'affectation avant le départ, sur le modèle du « realistic job preview » prôné par Wanous, pourrait alors servir l'objectif qui vise à réduire l'incertitude autour de l'affectation. En conséquence, l'adaptation s'en trouverait facilitée.

▼ Points clés

🌐   Tout ce qui réduit l'incertitude facilite l'adaptation.

🌐   L'adaptation dans le pays d'accueil se décline en trois facettes :
   1. Adaptation au travail.
   2. Adaptation à l'interaction.
   3. Adaptation générale.

🌐   L'adaptation dans le pays d'accueil peut être décrite selon une courbe en U.

🌐   L'adaptation commence dans le pays d'origine. C'est l'adaptation anticipée, elle-même déclinée en trois facettes. Elle contribue fortement à la réduction de l'incertitude et donc à l'adaptation dans le pays d'affection.

▼ Fil d'Ariane

L'adaptation anticipée est un des facteurs qui influence l'adaptation dans le pays d'accueil. D'autres variables l'influencent aussi comme celles relatives à la décision d'expatriation des individus.

L'adaptation occupe une place centrale dans les recherches sur la mobilité internationale et dans les préoccupations de tous ceux qui s'intéressent à cette question car elle est rattachée au succès de l'expatriation. Les conséquences de l'adaptation ou réussite de l'expatriation méritent alors d'être examinées. Le chapitre suivant propose d'examiner de manière synoptique les déterminants et les conséquences de l'adaptation dans un modèle théorique de l'adaptation des expatriés.

Pistes d'action

Les entreprises

Placer l'adaptation au centre de la définition d'une politique de mobilité internationale.

Prendre en compte le processus d'adaptation qui s'inscrit sur la durée et comprend différentes étapes comme l'indique la courbe en U.

Donner un aperçu réaliste de l'affectation internationale aux futurs expatriés, aussi bien au niveau du travail que de la vie dans le pays d'accueil.

Les salariés

Réduire le plus possible les incertitudes entourant votre prochaine affectation internationale.

Comprendre que l'adaptation ne va pas de soi, qu'elle nécessite du temps et que vous pouvez connaître des périodes difficiles comme le choc de culture.

Chercher à avoir un aperçu réaliste de votre prochaine affectation afin de faciliter votre adaptation une fois dans le pays d'accueil.

Notes

1. Black et Gregersen, 1991, Antecedents to Cross-Cultural Adjustment for Expatriates in Pacific Rim Assignments ; Black, 1988, Workrole transition : A study of American expatriate managers in Japan ; Oberg, 1960, Culture shock : adjustment to new cultural environment ; Nicholson, 1984, A theory of work role transitions.

2. Oberg, 1960, Culture shock : adjustment to new cultural environment.

3. Torbiörn, 1982, Living Abroad : Personal Adjustment and Personnel Policy in the Overseas Setting.

4. En particulier Black, 1988, Workrole transition : A study of American expatriate managers in Japan ; Black et Stephens, 1989, The influence of the spouse

on American expatriate adjustment in overseas assignments ; Black et Gregersen, 1991, Antecedents to Cross-Cultural Adjustment for Expatriates in Pacific Rim Assignments ; Parker et McEvoy, 1993, Initial examination of a model of intercultural adjustment.

5. Black et Stephens, 1989, The influence of the spouse on American expatriate adjustment in overseas assignments.

6. Black et Gregersen, 1991, Antecedents to Cross-Cultural Adjustment for Expatriates in Pacific Rim Assignments.

7. Parker et McEvoy , 1993, Initial examination of a model of intercultural adjustment.

8. Torbiörn, 1982, Living Abroad : Personal Adjustment and Personnel Policy in the Overseas Setting ; Janssens, 1995, Intercultural interaction : A burden on international managers ?

9. Weissman et Furnham, 1987, p. 314, The expectations and experiences of a sojourning temporary resident abroad : A preliminary study.

10. Black et Mendenhall, 1990, Cross-cultural training effectiveness : A review and theoretical framework for future research ; Dawis et Lofquist, 1984, A psychological theory of work adjustment ; Gao et Gudykunt, 1990, Uncertainty, anxiety, and adaptation ; Nicholson, 1984, A theory of work role transitions ; Torbiörn, 1982, Living Abroad : Personal Adjustment and Personnel Policy in the Overseas Setting, entre autres.

11. Black *et al.*, 1992, Global Assignments.

12. Black, 1988, Workrole transition : A study of American expatriate managers in Japan ; Gao et Gudykunst, 1990, Uncertainty, anxiety, and adaptation ; Louis, 1980a, Surprise and sense making : What newcomers experience in entering in unfamiliar organizational settings ; etc.

13. Gao et Gudykunst, 1990, Uncertainty, anxiety, and adaptation.

14. Gudykunst et Hammer, 1988, Strangers and Hosts : An Uncertainty Reduction Based Theory of Intercultural Adaptation.

15. Gullahorn et Gullahorn, 1963, An Extension of the U-Curve Hypothethis.

16. Torbiörn, 1982, Living Abroad : Personal Adjustment and Personnel Policy in the Overseas Setting.

17. Adler 1986, International Dimensions of Organizational Behavior.

18. Oberg 1960, Culture shock : adjustment to new cultural environment.

19. Borg, 1988, p. 32, International Transfers of Managers in Multinational Corporations.

20. Black et Mendenhall, 1991, The U-Curve adjustment hypothesis revisited : A review and theoretical framework.

21. Adler, 1986, International Dimensions of Organizational Behavior.

22. Church, 1982, Sojourner adjustment.

23. Swenson, 1980, Theories of learning.

24. Bandura, 1977, Social learning theory ; 1986, Social foundations of thought and action.

25. Bandura, 1986, Social foundations of thought and action.

26. Bandura, 1977, Social learning theory.

27. Munton *et al.*, 1993, p. 126, Job relocation : Managing people on the move.

28. Janssens, 1995, Intercultural interaction : A burden on international managers ?

29. Briody et Chrisman, 1991, Cultural Adaptation on Overseas Assignments.

30. Ratiu, 1983, Thinking Internationally : A Comparison of How International Executives Learn.

31. Ratiu, 1983, Thinking Internationally : A Comparison of How International Executives Learn.

32. Adler, 1975, The Transitional Experience : An Alternative View of Culture-shock.

33. Adler, 1986, International Dimensions of Organizational Behavior.

34. Kealey, 1989, A study of cross-cultural effectiveness : Theoretical issues, practical applications.

35. Black et Mendenhall, 1991, The U-Curve adjustment hypothesis revisited : A review and theoretical framework.

36. Oberg, 1960, Culture shock : adjustment to new cultural environment ; Torbiörn, 1982, Living Abroad : Personal Adjustment and Personnel Policy in the Overseas Setting ; notamment.

37. Louis, 1980a, Surprise and sense making : What newcomers experience in entering in unfamiliar organizational settings ; 1980b, Career Transitions : Varieties and Commonalities.

38. Louis, 1980b, p. 330, Career Transitions : Varieties and Commonalities.

39. Black, 1992, Coming Home : The Relationship of Expatriate Expectations with Repatriations Adjustment and Job Performance.

40. Black, 1992, Coming Home : The Relationship of Expatriate Expectations with Repatriations Adjustment and Job Performance.

41. Comme celle de Dean, Ferris et Konstan, 1988, Occupational reality shock and organizational commitment : Evidence from the accounting profession ; auteurs cités par Black, 1992, Coming Home : The Relationship of Expatriate Expectations with Repatriations Adjustment and Job Performance.

42. Louis, 1980b, p. 331, Career Transitions : Varieties and Commonalities.

43. Louis, 1980b, p. 331, Career Transitions : Varieties and Commonalities.

44. Louis, 1980b, p. 332, Career Transitions : Varieties and Commonalities.

45. Louis, 1980b, p. 332, Career Transitions : Varieties and Commonalities.

46. Festinger, 1957, A theory of cognitive dissonance.

47. Louis, 1980b, p. 337, Career Transitions : Varieties and Commonalities.

48. Lewin, 1951, Field theory in social science.

49. Wanous, 1980, Organizational entry : Recruitment, selection and socialization of newcomers.

50. Feldman et Thomas, 1992, Career management issues facing expatriates.

CHAPITRE 3

L'ADAPTATION DES CADRES EXPATRIÉS

▼ Repère

Dans le chapitre précédent, nous avons défini l'adaptation dans le pays d'accueil et l'adaptation anticipée. L'adaptation s'est avérée centrale pour la réussite d'une affectation globale.

Maintenant, nous allons présenter le modèle de l'adaptation des cadres expatriés. Il expose les principaux déterminants et conséquences de l'adaptation dans le pays d'accueil.

Dans ce chapitre, nous proposons un modèle de l'adaptation des expatriés. Il comporte l'avantage de regrouper, de manière synoptique, un ensemble d'hypothèses sur l'adaptation internationale. Ce modèle s'appuie en partie sur celui d'auteurs anglo-saxons[1], Black, Mendenhall et Oddou, qui ont été les premiers, au début des années 1990, à définir un cadre théorique de l'adaptation. Notre modèle théorique de l'adaptation se fonde sur ce modèle nord-américain tout en le complétant. Nous verrons qu'il est en effet essentiel d'intégrer la décision d'expatriation pour mieux cerner les facteurs qui influencent l'adaptation. Cet apport constitue l'originalité du modèle d'adaptation présenté ici. Il semble également pertinent de prolonger l'analyse de l'adaptation en examinant ses conséquences. Ensuite, nous exposons les méthodes retenues pour tester le modèle puisque les chapitres suivants s'efforcent de passer du modèle théorique de l'adaptation à sa vérification empirique à partir d'une étude sur 293 cadres expatriés français. Enfin, nous soulignons les difficultés liées à l'étude de la décision des expatriés, non pas dans la relation décision-adaptation, mais dans la perspective dichotomique acceptation/refus d'une expatriation.

1. Vers un modèle théorique de l'adaptation des cadres expatriés

Le modèle théorique de référence est celui de Black, Mendenhall et Oddou. Il se divise (figure 3.1) en deux groupes de variables. Le premier concerne l'expatrié avant son départ et le second pendant son affectation à l'étranger.

Les premiers travaux sur les expatriés datent du début des années 60. Ils portent notamment sur le choc subi par les expatriés lorsqu'ils sont confrontés à une nouvelle culture[2]. Il a fallu attendre le début des années 90 pour voir apparaître un cadre théorique essentiel à la compréhension de l'adaptation des expatriés avec le modèle ci-dessous. À partir de la synthèse des travaux sur la mobilité géographique internationale et nationale, les auteurs américains construisent un des tout premiers cadres théoriques afin d'orienter de futures recherches sur l'adaptation. Leur objectif est de déterminer les antécédents de l'adaptation.

Figure 3.1 : Cadre théorique de l'adaptation internationale

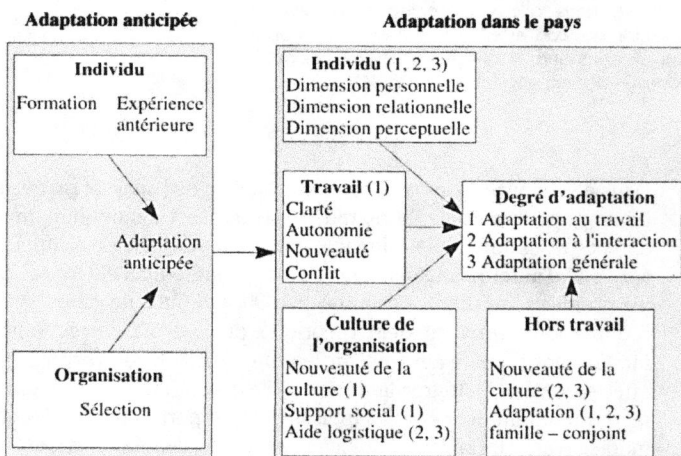

Les nombres entre parenthèses indiquent les facettes de l'adaptation auxquelles les variables sont supposées être reliées.

Source : adapté de Black, Mendenhall et Oddou, 1991, p. 303.

Notre démarche consiste à nous appuyer sur le cadre théorique de l'adaptation internationale proposé par les trois chercheurs américains tout en le dépassant. En effet, ce cadre ne prend pas en compte la décision d'expatriation. Notre modèle de l'adaptation des expatriés, au contraire, l'intègre. D'ailleurs, la littérature sur les carrières nous invite à suivre cette voie. La relation décision-adaptation revêt de multiples aspects. Par exemple, la question du libre choix semble difficile à occulter à la suite des travaux de Feldman et Thomas[3]. Ils suggèrent qu'une mobilité voulue (libre choix) serait plus favorable en termes d'adaptation qu'une mobilité subie (absence de libre choix). Un autre aspect, celui des motifs d'expatriation[4], semble tout aussi incontournable. Dès lors, la pertinence d'un modèle d'adaptation, qui inclut la décision d'expatriation des cadres, s'impose.

Notre modèle de l'adaptation des cadres expatriés se focalise fortement sur les facteurs qui influencent l'adaptation. S'il accorde une place prépondérante à ce qui se passe en amont de l'adaptation, il examine également l'aval. En effet, il intègre deux conséquences de l'adaptation qui semblent particulièrement bien définir la réussite d'une expatriation dans une perspective organisationnelle :
• la performance au travail ;
• la réalisation de la mission dans sa totalité.

Le modèle théorique de l'adaptation des cadres expatriés est représenté par la figure 3.2.

Nous proposons de présenter brièvement les différentes parties du modèle puisque chacun de ses éléments sera repris en détail dans les chapitres suivants. Quatre parties sont distinguées, qui correspondent aux quatre couleurs de la figure 3.2 page suivante.

La partie noire, au cœur du modèle, représente les trois variables à expliquer, à savoir les trois facettes de l'adaptation dont nous voulons connaître les déterminants :
1. Adaptation au travail.
2. Adaptation à l'interaction.
3. Adaptation générale.

Ces trois variables, à leur tour, sont supposées expliquer la performance au travail et la réalisation de la mission dans sa totalité, ce qui correspond à la partie anthracite du modèle, les conséquences de l'adaptation. Ces conséquences correspondent à la réussite de la mission dans une perspective organisationnelle.

Les variables explicatives des trois facettes de l'adaptation sont représentées par les couleurs gris clair et gris foncé.

La partie gris clair du modèle correspond aux variables explicatives des différentes facettes de l'adaptation proposées par le modèle théorique de Black, Mendenhall et Oddou. Elle est divisée en deux groupes de variables :
• avant le départ ;
• dans le pays d'accueil.

Figure 3.2. Modèle théorique de l'adaptation des cadres expatriés*

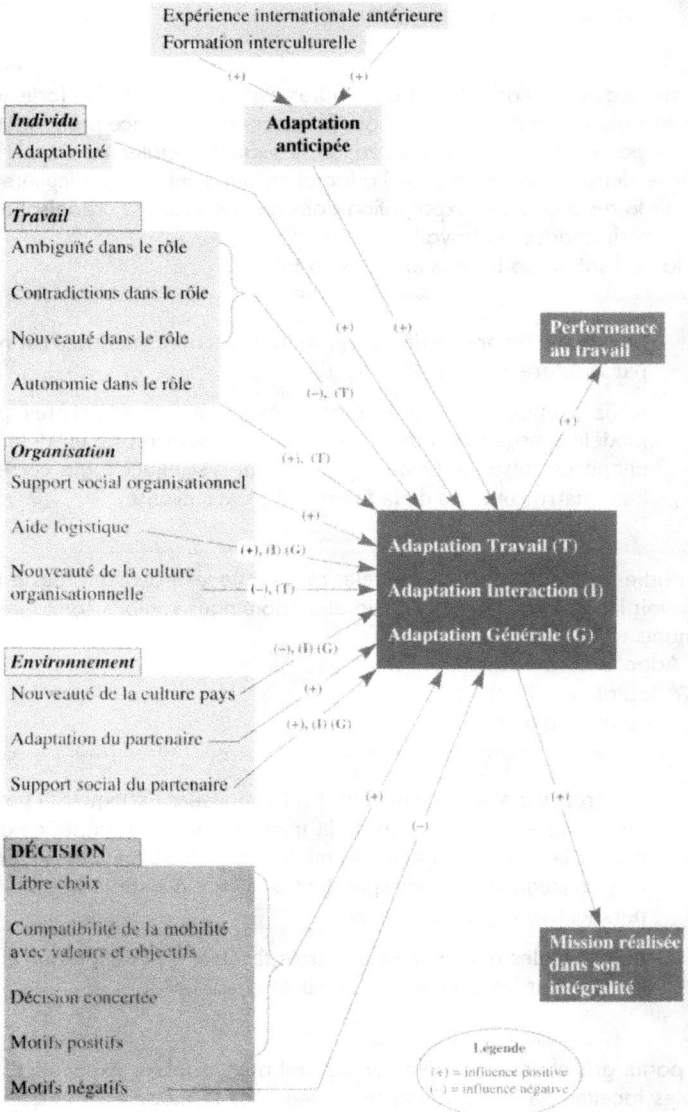

NOTE : * Les figures 15.1, 15.2 et 15.3 en fin d'ouvrage (pages 262, 265 et 268), confrontent ce modèle théorique aux résultats des recherches effectuées à partir de celui-ci.

Avant le départ de l'expatrié, l'existence d'une expérience internationale et la formation interculturelle sont supposées influencer positivement l'adaptation anticipée. Cette adaptation anticipée influence directement les trois facettes de l'adaptation.

Dans le pays d'accueil, quatre ensembles de variables sont examinés :

1. Les variables individuelles. Ce sont des qualités propres à l'individu regroupées sous le terme d'adaptabilité.
   Ces qualités sont reliées positivement aux trois facettes de l'adaptation.

2. Les variables relatives au travail. Ce sont des caractéristiques propres au travail comme l'autonomie.
   Ces variables sont supposées influencer uniquement l'adaptation au travail.

3. Les variables organisationnelles. Par exemple, l'aide logistique (soutien matériel apporté par l'organisation à l'expatrié) est reliée positivement à l'adaptation à l'interaction et à l'adaptation générale.

4. Les variables d'environnement. Par exemple, l'adaptation du partenaire qui est reliée positivement aux trois facettes de l'adaptation.

Enfin, la partie gris foncé du modèle représente les variables de la décision d'expatriation, variables explicatives des trois facettes de l'adaptation.

Trois variables sont rattachées à la question du libre choix. Une l'est de manière directe avec le libre choix qui examine dans quelle mesure l'expatrié a le sentiment d'avoir la liberté de choisir entre l'acceptation ou le refus d'une expatriation. Les deux autres sont rattachées de manière plus indirecte. En effet la théorie des images développée par Beach[5] suggère une autre façon d'aborder le libre choix. Une décision d'expatriation compatible avec les valeurs, les buts et les plans de l'individu au niveau des différents domaines que sont la famille, les amis, le travail et les loisirs devrait conduire à une bonne adaptation ; une décision concertée pour les expatriés en couple devrait être favorable à l'adaptation de l'expatrié et de son conjoint.

Le modèle sous-tend également des hypothèses sur les liens entre des motifs d'expatriation et l'adaptation :

1. Les motifs positifs (rechercher quelque chose de positif dans la mobilité comme la découverte d'une autre culture) sont associés positivement à l'adaptation.

2. Les motifs négatifs (fuir quelque chose dans son pays comme des problèmes personnels ou une situation de plafonnement avec un sentiment de carrière bloquée, une absence intrinsèque de stimulation dans son travail ou un blocage salarial) sont associés négativement à l'adaptation.

Au-delà des motivationss positives et négatives, la mobilité internationale s'insère dans les décisions majeures qu'un individu peut être amené à considérer lors de sa carrière. Le concept d'« ancre de carrière » de Schein[6] donne un éclairage supplémentaire sur le lien décision-adaptation. Une ancre de carrière correspond à ce que l'individu considère fondamental et non négociable dans sa carrière. Elle guide et contraint les décisions majeures de sa carrière.

Ce modèle composé de quatre parties est testé à la lumière d'une étude empirique. Elle s'appuie sur les réponses de 293 cadres expatriés répartis sur 44 pays. Les résultats sont exposés tout au long des chapitres suivants. Ils feront chaque fois référence à « notre recherche ». Aussi, nous semble-t-il pertinent de détailler ici la méthode adoptée pour tester ce modèle.

2. La confrontation du modèle aux réalités

La méthode adoptée pour tester le modèle revêt deux aspects particuliers, qui sont développés tour à tour :
- la méthode retenue pour collecter les données ;
- les méthodes utilisées pour analyser les données.

Elle n'est pas exempte de limites, ce que nous précisons dans une troisième section.

2.1. La méthode de collecte des données

Afin de pouvoir tester le modèle de l'adaptation des cadres expatriés, nous avons adopté une démarche quantitative avec l'envoi d'un questionnaire aux cadres expatriés. Même si l'approche quantitative prédomine, les expatriés sont invités, dès la lettre d'introduction au questionnaire et de nouveau à la fin de ce dernier, à faire part de tout commentaire utile à la compréhension de leur situation particulière ou au sujet des questions soulevées par le questionnaire. Quelques entretiens ont également été réalisés. Douze organisations ont montré un grand intérêt pour la recherche en acceptant de distribuer les questionnaires à leurs expatriés.

Généralement, les recherches empiriques reposant sur le modèle de l'adaptation de Black, Mendenhall et Oddou concernent principalement les expatriés anglo-saxons. Notre recherche se différencie dans la mesure où elle s'adresse à des expatriés français.

Au total, 293 cadres expatriés français ont complété le questionnaire pour 620 qui l'ont reçu. Le taux de réponse de 47 % constitue une bonne performance compte tenu au moins de trois éléments :
- *les taux obtenus dans les recherches qui s'adressent aux expatriés sont souvent plus faibles ;*
- *l'absence d'incitation matérielle pour répondre (pas d'enveloppes timbrées et pas de proposition d'envoyer la synthèse des résultats pour les répondants).*
- *la longueur du questionnaire avec onze pages et 267 items.*

Ces items sont en grande majorité tirés de la littérature mais le questionnaire inclut d'autres items particuliers à cette recherche, items considérés comme nécessaires pour mieux comprendre l'adaptation.

Parmi les répondants, 91,5 % sont des hommes. Les femmes, comme dans la plupart des enquêtes sur l'expatriation, constituent un faible pourcentage des répondants. En effet, les expatriés sont, dans la majorité des cas, des hommes. Environ 62 % des femmes expatriées, dans notre échantillon, sont célibataires pour 12 % des hommes expatriés. Au total, les célibataires représentent 13 % des répondants. L'échantillon total comprend 41 % d'expatriés mariés ou cohabitants avec un partenaire ne travaillant pas au moment de la décision. Les couples dont les partenaires travaillaient au moment de la décision constituent 42,3 % de l'échantillon. Un peu plus de 64 % des couples ont au moins deux enfants au moment de la décision de partir alors que 16 % n'en ont aucun. Les couples qui ont des enfants ont, en majorité (50,7 %), des enfants en bas âge ou pré-adolescents. Un quart des couples ont des enfants adolescents. Nous avions proposé aux cadres, pour mieux connaître leur type de famille, la catégorie « autre ». Les personnes (3,8 %) qui ont choisi cette catégorie ont parfois précisé qu'elles étaient séparées, divorcées, en cours de divorce ou veuves. Sur ces onze personnes, deux étant remariées localement ont répondu sur l'adaptation du conjoint.

La moyenne d'âge des cadres lorsqu'ils ont accepté leur mission est de 38,1 ans (médiane = 37). L'âge moyen au moment de leur réponse est de 40,8 ans (médiane = 40,3). La moyenne de l'ancienneté des cadres dans leur organisation, avant l'expatriation sur laquelle ils répondent, est de 11,3 ans (médiane = 9). La majorité des répondants (53,1 %) travaillent dans le secteur « Fabrication/Production ». Le secteur d'activité « Communication/Transports/Secteur chargé d'assurer un service public » est le deuxième avec 27,6 % des répondants. Enfin, 19,3 % des expatriés de l'enquête appartiennent au secteur « Services ».

Pour 28,3 % des cadres de l'échantillon, l'expatriation constitue la première expérience internationale. Pour 54,9 % des répondants à l'enquête, il s'agit d'une première expatriation.

La première expatriation se produit en moyenne après 9,8 années d'ancienneté dans l'organisation. Globalement, huit personnes, soit 3,2 % des répondants, n'avaient aucune ancienneté dans l'organisation. Parmi ces personnes embauchées et expatriées pour leur premier poste, six n'avaient aucune expérience d'une expatriation antérieure. L'ancienneté moyenne dans le poste précédant l'expatriation est 3,4 années (médiane = 3). Seulement trois personnes occupaient à l'occasion de l'expatriation leur premier poste (jeunes diplômés). Les cadres ont vécu en moyenne 7,6 ans (médiane = 6) dans leur communauté avant l'expatriation.

Les expatriés se répartissent sur 44 pays. Un quart des répondants sont expatriés en Europe, l'Allemagne et le Benelux étant les principales destinations. Un peu moins du quart (22,2 %) sont en Asie. L'Amérique latine réunit 21 % des répondants. L'Amérique du Nord, principalement les États-Unis, constitue 14,6 % des répondants devant l'Afrique avec un pourcentage de 11,1 %. Le Moyen-Orient est faiblement représenté (4,8 %). Enfin trois personnes affectées dans les DOM-TOM ont complété le questionnaire. Plusieurs expatriés ont également compté la Guyane parmi leurs expériences internationales antérieures. L'un d'entre eux résume bien le fait de considérer une affectation dans les DOM TOM comme une expatriation :

> « *Bien qu'étant un département français la Guyane est très différente de la France (climat, culture, conditions de vie, loisirs...).* » ▦

La carte (figure 3.3) détaille le nombre de personnes par pays et par zones d'expatriation.

2.2. Les méthodes d'analyse des données

Les résultats relatifs aux Français expatriés, exposés dans les chapitres suivants, reposent sur deux techniques principales d'analyse de données :

1. Des analyses factorielles en composantes principales pour réduire les données et composer des mesures synthétiques.

▦ *L'indicateur de fiabilité utilisé est l'alpha de Cronbach. Quand les questions que nous posons aux expatriés ont un alpha qui se rapproche de 1, l'échelle (c'est-à-dire l'ensemble des items) a une bonne cohérence interne. Ainsi, comme le précisent Evrard et al.[7], « ... les questions censées mesurer la même chose mesurent effectivement la même chose ». Dans ce cas, la somme des scores des items peut être prise comme mesure synthétique. Les mêmes auteurs rappellent qu'il n'existe pas de distribution statistique permettant de fixer des seuils d'acceptabilité de l'alpha. Pour une étude confirmatoire, une valeur supérieure à 0,8 est recommandée. Pour une étude exploratoire, l'alpha est acceptable selon Nunnally[8], généralement considéré comme une source autorisée, s'il est compris entre 0,6 et 0,8. Dans les chapitres suivants, pour faciliter la lecture des personnes non spécialistes en statistiques, nous les mentionnerons le plus rarement possible. Néanmoins, toutes les échelles de mesures que nous utilisons dans notre recherche ont un alpha qui indique une bonne cohérence interne.* ▦

2. Des analyses de la régression pour étudier les liens entre les trois facettes de l'adaptation et les autres variables du modèle.

▦ *Notre recherche a utilisé, comme la grande majorité des études fondées sur le modèle de Black, Mendenhall et Oddou, la régression multiple. Cette méthode statistique a cependant plusieurs limites parmi lesquelles nous pouvons noter :*
- *les hypothèses de linéarité sont difficiles à apprécier ;*
- *l'estimation des paramètres de la régression est très sensible à la présence d'« observations extrêmes » ;*
- *un bon ajustement statistique n'est pas une démonstration de causalité.* ▦

Les choix méthodologiques conduisent à signaler quelques limites à prendre en considération au moment d'examiner les résultats de la recherche.

Figure 3.3. : Répartition géographique des expatriés participant à l'étude.

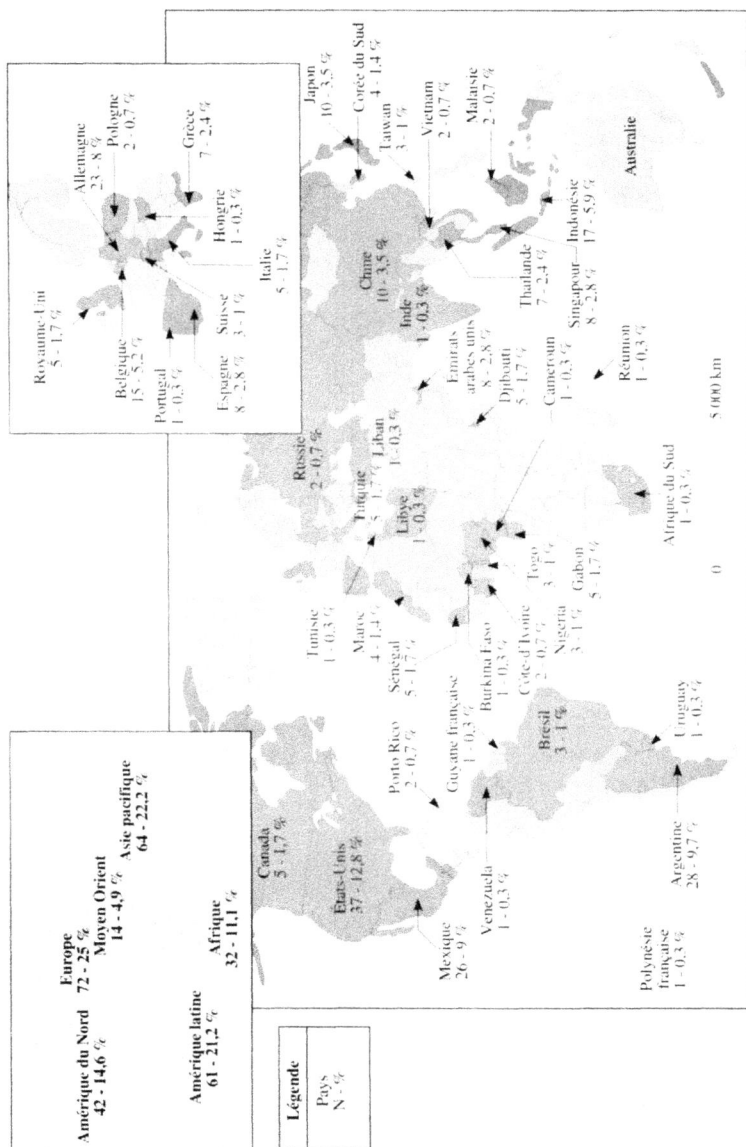

2.3. Les limites

Comme nombre de recherches en sciences sociales, les résultats doivent être appréciés avec les limites inhérentes à toute forme d'étude.

▨ *Ces limites sont de plusieurs types.*
En premier lieu, les études transversales sont limitées dans leur capacité de distinguer les causes et les effets. Ce sont pourtant les plus répandues dans l'étude des expatriés contrairement aux études longitudinales presque inexistantes. Les études longitudinales exigent en effet la coopération et l'implication de plusieurs firmes sur quelques années, ce qui est loin d'être acquis.
Le problème de représentativité de l'échantillon doit également être souligné car la constitution des échantillons est à la charge des entreprises. D'une part le choix des organisations participantes n'a pas été fait au hasard dans le sens où toutes les entreprises expatriant des cadres en France n'ont pas été recensées afin d'en tirer un certain nombre de manière aléatoire (mais lorsqu'une telle méthode est utilisée, elle échoue dans sa tentative de représentativité[9]). D'autre part, lorsque la totalité des expatriés d'une organisation reçoivent le questionnaire (ce qui a été encouragé), l'échantillon semble représentatif, au moins au niveau de l'organisation. Dans le cas contraire, les personnes n'ont peut-être pas toujours été sélectionnées de manière aléatoire. Ces réserves incitent à la prudence quant à la généralisation des résultats à l'ensemble des cadres français expatriés par leur organisation.
Pour éviter le problème de variance commune dû aux réponses des expatriés, à la fois sur les variables à expliquer et les variables explicatives, les items potentiellement reliés aux mêmes questions ont été, dans la mesure du possible, dispersés dans le questionnaire. Cependant, les données sont recueillies auprès des expatriés en poste alors que plusieurs questions portent sur les décisions d'expatriation. L'individu peut donner à cette dernière un nouvel éclairage, riche de l'expérience de l'adaptation. Les problèmes de rationalisation a posteriori ne sont donc pas à exclure.
Les études sur les expatriés, surtout celles fondées complètement ou en partie sur le modèle de Black, Mendenhall et Oddou présentent généralement ces limites. ▨

La comparaison de nos résultats sur des cadres expatriés français avec ceux des études concernant des managers souvent anglo-saxons peut se faire sans problèmes majeurs. En effet, les méthodologies adoptées sont très proches.

Notre recherche a voulu approcher empiriquement la décision d'expatriation sous l'angle acceptation/refus d'expatriation en plus de son lien avec l'adaptation. Cette tentative s'est heurtée à des difficultés majeures que nous analysons dans la section suivante.

3. La décision d'expatriation

Notre objectif est d'étudier les facteurs qui influencent l'adaptation des expatriés lors de leur affectation à l'étranger. Parmi ces facteurs, le modèle d'adaptation que nous proposons est original dans le sens où il inclut des variables relatives à la décision d'expatriation du point de vue de l'expatrié. Une autre originalité était de vouloir étudier la décision d'une personne lorsqu'une possibilité concrète de mobilité internationale se présente. La personne doit faire face alors à l'alternative :

- accepter l'expatriation ;
- refuser l'expatriation.

Autrement dit, elle accepte la proposition qui lui est faite ou elle la rejette. La personne peut évidemment poser sa candidature pour partir ou faire savoir qu'elle est disposée à partir lorsqu'une opportunité se présentera. Néanmoins, c'est la décision de l'individu envers une possibilité concrète de départ qui nous intéresse. En ce sens, notre perspective diffère des études sur les dispositions des managers envers la mobilité qui se concentrent plutôt sur des intentions. Ces études apportent cependant des éclairages utiles sur la mobilité internationale, et à ce titre ne seront pas occultées. Par exemple, Brett et Stroh[10] étudient la disposition envers la mobilité internationale de 405 managers et de leur conjoint. Les auteurs reconnaissent que leur étude analyse l'intention du manager mais ne cherche pas à être prédictive de sa décision quand il sera confronté au choix. Ils expriment très bien les limites d'une telle recherche[11] :

« Être disposé envers un transfert international ne signifie pas qu'un manager est qualifié pour une affectation internationale, que le manager acceptera une offre de transfert, ou que le manager réussira en tant qu'expatrié ».

C'est justement à ces différentes questions que nous tentons de répondre.

Les déterminants théoriques de l'adaptation et les conséquences de l'adaptation (réussite de la mission) ont pu être examinés empiriquement dans notre recherche. Aussi, le modèle de l'adaptation des expatriés peut-il être testé complètement. Ce n'est pas le cas de l'examen empirique de la décision comme variable dichotomique (acceptation - refus de l'expatriation). En effet, dans notre recherche, il a fallu abandonner une comparaison entre les personnes qui acceptent et celles qui refusent une expatriation. Cette comparaison aurait pu permettre de comprendre les raisons qui font qu'une personne va accepter ou refuser une expatriation. Mais il s'est avéré très difficile de collecter les données nécessaires.
En effet, la diffusion des questionnaires aux personnes qui ont refusé une expatriation s'est heurtée à trois obstacles :
- *l'absence de « traces » ou de documents sur les personnes qui ont refusé ;*
- *la volonté de la part des organisations de ne pas vouloir « remuer le couteau dans la plaie » de personnes qui par leur refus ont pu avoir l'impression d'exprimer un comportement déviant et auraient pu se sentir menacées par la diffusion du questionnaire ;*
- *l'absence totale de refus de s'expatrier dans l'organisation.*

Ainsi donc, le modèle de la décision d'expatriation (figure 3.4) qui analyse la décision en termes dichotomiques, accepter ou refuser une expatriation, ne sera pas testé ici.

Figure 3.4 : Modèle de la décision d'expatriation

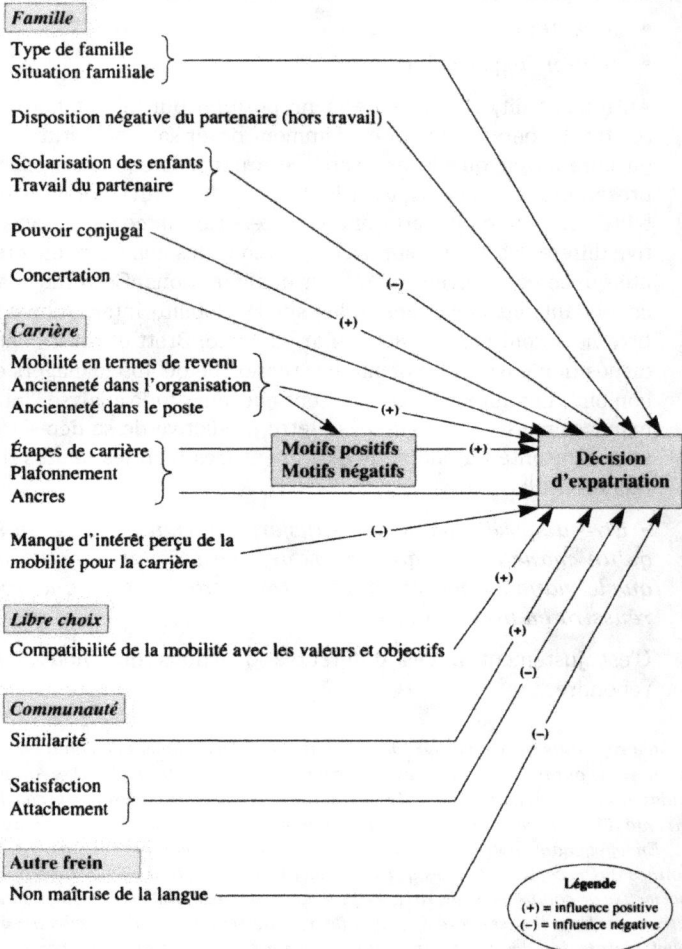

Les variables qu'inclut le modèle de la décision ont évidemment été recueillies pour les expatriés. Certaines d'entre elles apparaissent dans le modèle de l'adaptation des cadres. En premier lieu figurent les motifs positifs et négatifs qui sont supposés être influencés par des éléments de carrière. Sont analysés l'influence du plafonnement et des ancres sur l'adaptation. Les autres éléments de carrière du modèle de décision dont les répercussions sur l'adaptation ne sont pas étudiées sont les étapes de carrière et quelques caractéristiques telles que l'ancienneté dans l'organisation, dans le poste et la mobilité appréciée en termes de revenu. Le lien motifs-carrière peut être testé car notre recherche dispose des données nécessaires.

La question des carrières conduit à examiner la question du libre choix. Dans le modèle de la décision d'expatriation, le fait que les personnes pensent que la mobilité internationale est compatible ou non avec leurs valeurs et leurs objectifs, au niveau des différents domaines que sont la famille, les amis, le travail et les loisirs, est supposé influencer la décision. La compatibilité est incluse dans la partie consacrée à la décision du modèle de l'adaptation internationale (*cf.* figure 3.2).

Le modèle de la décision d'expatriation consacre une place importante à la famille. La décision concerne le destin des deux protagonistes du couple. L'expatrié potentiel, *in fine*, est le porteur de la décision dans le sens où il donne la réponse à son employeur. C'est donc de son point de vue que la décision est examinée, tout en intégrant les éléments inhérents à son type de famille (célibataire, famille traditionnelle, famille à double carrière) et à sa situation familiale (enfants, pas d'enfant). Brett, Stroh et Reilly[12] définissent le couple à double carrière comme un « couple composé d'un homme et d'une femme qui sont mariés ou cohabitent et qui sont tous deux employés actuellement à l'extérieur du foyer. » Le type de famille « traditionnelle » correspond à la situation dans laquelle l'homme travaille et la femme reste à la maison s'occupant des enfants. Le pouvoir conjugal compare les revenus et le statut des deux membres du couple. Si le revenu de l'expatrié potentiel est nettement plus important que celui de son conjoint accompagnateur, ce dernier peut ne pas avoir beaucoup de pouvoir dans la décision. Sa disposition comptera alors peu dans une décision qui ne sera que faiblement concertée. Enfin, la scolarisation des enfants peut faire hésiter entre l'acceptation et le refus d'expatriation.

La communauté dans laquelle vit l'individu devrait également influencer sa décision. Le concept de communauté est développé en détail dans le chapitre sur la disposition des personnes envers la mobilité internationale. Enfin, un dernier facteur, que nous abordons dans le chapitre des motifs et des freins envers la mobilité internationale est celui de la non maîtrise des langues.

▼ Points clés

🌐 Le modèle d'adaptation est centré sur les trois facettes de l'adaptation.

🌐 Le modèle explique l'adaptation et examine ses conséquences (la réussite).

🌐 La réussite de la mobilité internationale englobe la performance au travail et la réalisation de la mission dans sa totalité.

🌐 L'originalité du modèle de l'adaptation s'exprime notamment par :
- L'intégration de la réussite comme conséquence de l'adaptation.
- L'introduction de la décision de mobilité internationale des personnes comme déterminant de l'adaptation.

🌐 Pour expliquer l'adaptation dans le pays d'accueil, il faut alors prendre en compte :
1. L'adaptation avant le départ (adaptation anticipée).
2. Les qualités de l'individu (adaptabilité).
3. Les caractéristiques du travail comme l'autonomie.
4. Les caractéristiques organisationnelles comme le soutien apporté à l'expatrié.
5. L'environnement comme la nouveauté culturelle ou le rôle du conjoint.
6. La décision comme la liberté de choix face à une mobilité internationale.

▼ Fil d'Ariane

Le modèle de la décision que nous présentons reste théorique dans la mesure où il s'avère difficile de comparer les personnes qui acceptent et celles qui refusent une expatriation. En revanche, le modèle de l'adaptation se prête mieux aux études empiriques. Obtenir les réponses de 293 expatriés est un bon score. En effet, les études empiriques récentes reposant sur le modèle de Black, Mendenhall et Oddou dépassent rarement 200 répondants. Notre modèle de l'adaptation des expatriés va servir de trame à l'organisation des chapitres qui suivent. Tout d'abord, la décision est examinée sous l'angle des motifs, de la disposition envers la mobilité, des situations de carrière, des choix de carrière et de la liberté de choix avec la théorie des images. Les principaux éléments du modèle de la décision seront précisés et développés soit de manière théorique, soit de manière plus empirique, et alors en relation avec l'adaptation, dans ces différents chapitres. Les chapitres liés à la décision ont pour objectif d'étudier les liens entre la décision d'expatriation de l'individu et son adaptation dans le pays. Ils correspondent à la partie gris foncé du modèle de l'adaptation des expatriés. Ensuite, cinq chapitres qui traitent respectivement de l'adaptabilité des expatriés, du travail et de l'organisation, de la culture, des déterminants de l'adaptation anticipée et enfin de l'adaptation du conjoint concernent la partie gris clair du modèle. Finalement, la partie anthracite du modèle fait l'objet d'un chapitre analysant la réussite de l'expatriation (figure 3.2 page 48).

Pistes d'action

Les entreprises

Réussir une mobilité internationale, c'est prendre en compte tous les déterminants de l'adaptation exposés dans le modèle de l'adaptation des expatriés.

Conduire des « enquêtes » pour mieux connaître vos expatriés, en particulier leur processus d'adaptation et leur perception des différents aspects d'une mobilité internationale.

Travailler en collaboration avec des chercheurs pour collecter des données auprès de vos expatriés ou anciens expatriés. Ils vous aideront à prendre du recul par rapport aux enjeux de la mobilité internationale. Leur « extériorité » et « distanciation » facilitent la collecte de données.

Les salariés

Connaître les déterminants de l'adaptation afin de pouvoir réduire l'incertitude associée à une situation de mobilité internationale.

Répondre aux différentes enquêtes concernant les expatriés, car elles permettent de mieux connaître votre situation de mobilité internationale. Elle peut conduire à la mise en place d'actions contribuant à votre réussite, à la fois avant, pendant et après une mobilité internationale.

Notes

1. Black, Mendenhall et Oddou, 1991, Toward a Comprehensive Model of International Adjustment : An Integration of Multiple Theoretical Perspectives.

2. Oberg, 1960, Culture shock : adjustment to new cultural environment.

3. Feldman et Thomas, 1992, Career management issues facing expatriates.

4. Bournois, 1991, La gestion des cadres en Europe ; Peretti, 1991, Recrutement et carrière des cadres en Europe ; Borg, 1988, International Transfers of Managers in Multinational Corporations ; Torbiörn, 1982, Living Abroad : Personal Adjustment and Personnel Policy in the Overseas Setting.

5. Beach, 1990, Image Theory : Decision Making in Personal and Organizational Contexts ; 1993b, Making the right decision.

6. Schein, 1978, Career dynamics : matching individual and organisational needs.

7. Evrard *et al.*, 1993, p. 281, MARKET : Études et recherches en marketing – Fondements Méthodes.

8. Nunnally, 1967, Psychometric Theory.

9. Par exemple, Arthur et Bennett, 1995, The international assignee : The relative importance of factors perceived to contribute to success.

10. Brett et Stroh, 1995, Willingness to relocate internationally.

11. Brett et Stroh, 1995, p.406, Willingness to relocate internationally.

12. Brett, Stroh et Reilly, 1992, p. 138, What is it like being a dual-career manager in the 1990s ?

CHAPITRE 4

LES MOTIVATIONS ET LES FREINS À LA MOBILITÉ INTERNATIONALE

▼ Repère

Le chapitre 3 a décrit un modèle d'adaptation internationale en indiquant l'importance des éléments de la décision d'expatriation pour l'adaptation.

Dans ce chapitre, nous développons un des aspects de la décision d'expatriation qui peut être résumé par la question suivante : Quelles sont les motivations des personnes quant à la perspective d'une mobilité internationale et quels sont les freins à cette mobilité ?

Pourquoi les cadres vont-ils à l'étranger ? Afin d'avoir une idée générale, Borg[1] suggère de s'intéresser aux motifs qui incitent les cadres à poser leur candidature à l'étranger ou à accepter un poste à l'étranger. La connaissance de ces motifs ajoute également une dimension subjective au profil de carrière de ces cadres. Nous commençons alors à examiner dans une première partie de ce chapitre les principaux motifs mis en lumière par la littérature académique et professionnelle sur la mobilité internationale. Nous présentons la notion de motifs positifs et motifs négatifs avant de nous focaliser sur les motifs des cadres français expatriés, puis sur les principaux freins. Pourtant des cadres acceptent l'expatriation bien que certains de ces freins les concernent directement. Il semble dès lors utile d'examiner s'il existe un lien entre l'existence de freins chez des personnes qui ont néanmoins accepté une expatriation et les trois facettes de l'adaptation.

1. Les motivations de la mobilité internationale

1.1. Les principales motivations

Les motivations du cadre sont parfois exprimées indirectement au travers de la perception qu'en ont les responsables des ressources humaines ou directement par les cadres eux-mêmes. Torbiörn[2] examine les perceptions des responsables des ressources humaines aux sièges sociaux quant aux raisons des personnes d'accepter ou de poser leur candidature pour une affectation à l'étranger. Borg utilise la même méthode que celle de Torbiörn au niveau des motifs proposés mais dirige son étude vers la perception des cadres.

Pour avoir une idée générale des motifs de la décision des cadres, Borg, à l'instar de Torbiörn, propose une liste comprenant neuf éléments. Il demande aux managers d'indiquer les trois raisons les plus importantes qui les ont incités à accepter ou à poser leur candidature pour une affectation à l'étranger. Il ne fait pas la distinction entre les cadres qui posent leur candidature et ceux qui acceptent de partir car en pratique, selon l'auteur, il est impossible de séparer les deux. Un manager, par exemple, peut avoir montré de l'intérêt pour l'étranger à un moment donné et on peut lui proposer plus tard une affectation à l'étranger.

Borg compare, dans le tableau suivant, les motifs exprimés par les managers (son étude) avec les résultats établis quelques années plus tôt par Torbiörn donnant la perception de l'organisation par l'intermédiaire de son responsable des ressources humaines.

Tableau 4.1 : Les motifs des managers pour aller à l'étranger.

Motifs	Borg (1988) %	Borg (1988) Classement	Torbiörn (1976) Classement
Désir pour de nouvelles expériences	96	1	3
Meilleures conditions économiques à l'étranger	84	2	1
Augmenter les perspectives de promotions futures avec le « bagage étranger »	82	3	2
L'emploi à l'étranger signifiait une promotion immédiate	70	4	4
L'emploi à l'étranger donne des possibilités de progresser dans son domaine	48	5	6
Désir d'échapper à ses problèmes personnels dans le pays d'origine	21	6	8
Insatisfaction avec les conditions en vigueur dans le pays d'origine	19	7	5
Possibilités de carrière réduites dans la société mère	15	8	7
Autres	25	–	–

Source : d'après Borg, 1988, p. 58.

Pour leur première affectation, Borg relève que les trois motifs principaux des cadres sont un désir de nouvelles expériences (exprimés par 96 % des personnes), de meilleures conditions financières (84 %) et l'évolution de carrière (82 %). Bien que sensiblement différent, le classement obtenu par Torbiörn fait apparaître les trois mêmes motifs principaux. Mais son échantillon inclut d'autres catégories que les managers, et la différence de perspective peut contribuer à la divergence des résultats.

Ces résultats sont obtenus à partir de cadres qui ont vécu la mobilité internationale. D'autres auteurs se sont plutôt intéressés aux motifs potentiels des cadres. Bournois[3] a analysé les perceptions des cadres du groupe Rhône-Poulenc dont la stratégie européenne est fortement marquée. Il a cherché à connaître les raisons qui poussent les cadres à la mobilité en Europe (tableau 4.2).

Tableau 4.2 : Les premières raisons poussant les cadres à la mobilité en Europe.

Premières raisons poussant les cadres à la mobilité en Europe	
La rémunération	10 %
La promotion immédiate	**14 %**
L'espoir d'une promotion future ou d'une meilleure évolution de carrière à terme	**52 %**
La possibilité de pouvoir quitter l'entreprise après avoir valorisé une expérience à l'étranger	2 %
L'expérience personnelle et/ou familiale dans une autre culture	**21 %**
Aucune de ces motivations ; autres	1 %

Source : d'après Bournois, 1991, p. 221.

La mobilité verticale (promotion) constitue la motivation première, avant le désir d'avoir une expérience personnelle à l'international, dont le poids est loin d'être négligeable. Constatant que « le réservoir de candidats potentiels pour des postes en Europe semble très important », Bournois[4] se demande, à la vue des résultats, si l'effet de mode de 1993 avec l'avènement de l'Union européenne, ne transforme pas en candidats à l'européanisation (expatriation d'un cadre en Europe vers un autre pays européen) des cadres qui sont en fait peu mobiles.

Les études de Borg et de Bournois donnent des résultats sensiblement différents tout en adoptant la même perspective, celle du cadre lui-même. Les destinations proposées (monde entier et Europe) et les populations examinées (population qui a été réellement mobile et population potentiellement mobile) pourraient expliquer ces différences. Autre difficulté dans la comparaison, les motifs soumis aux cadres ne sont pas exactement superposables.

Néanmoins, en se référant à ces différentes recherches, les trois grandes stratégies des cadres sembleraient être, sans préjuger de leur classement :
• la carrière (mobilité verticale) ;

- la rémunération ;
- le projet personnel (par exemple, découverte d'une autre culture).

1.2. Les motivations négatives

L'intérêt des recherches des auteurs suédois est d'introduire des motifs négatifs. En effet, les trois derniers motifs présentés dans le tableau 4.1 sont des motifs négatifs dans le sens où il s'agit de fuir quelque chose. Selon Phatak[5], c'est également le point de vue des Directeurs des Ressources Humaines (DRH) et des experts[6], la fuite n'est pas supposée augurer le succès à l'étranger. Les auteurs parlent de motivations négatives telles que :

- un souhait pour le changement, seulement pour le changement ;
- la poursuite de gains élevés.

Les compagnies s'efforcent de sélectionner des individus avec des motifs positifs puisqu'ils sont associés avec le succès à l'étranger. Quant aux candidats, ils devraient réfléchir sur les raisons profondes de leur désir et de leur acceptation de s'expatrier. Aussi, aux côtés de la sélection de l'entreprise, l'auto-sélection du cadre intervient-elle lors de sa propre décision.

1.3. Les motivations des cadres français expatriés

Contrairement aux études précitées, notre étude sur les expatriés français ne demande pas aux personnes de classer un certain nombre d'items. Elle leur demande plutôt d'indiquer dans quelle mesure les sept éléments suivants ont influencé positivement leur décision de partir sur une échelle de Likert en cinq points (1 = pas du tout à 5 = très fortement) :
1. Expérience personnelle dans une autre culture.
2. Promotion immédiate.
3. Promotion future espérée ou meilleure évolution de carrière.
4. Rémunération.
5. Désir de changement.
6. S'éloigner d'un contexte économique ou social lié au pays d'origine.
7. Prendre ses distances avec certains problèmes personnels.
Ces items sont issus des trois recherches précédentes, celles de Torbiörn, Borg et Bournois. Nous avons seulement retenu les principaux motifs émergeant de leurs résultats. L'ambition de cette liste n'est bien évidemment pas l'exhaustivité. Elle conserve les motivations les plus courantes, ou du moins les plus exprimées. Parmi elles se trouvent les motifs négatifs. Néanmoins, leur formulation s'efforce d'apparaître moins négative que celle proposée par les auteurs suédois. Le sentiment de carrière bloquée n'est pas repris. En effet, il sera examiné dans la section sur l'apport des théories des carrières se focalisant sur le plafon-

nement de carrière. Les items 6 et 7 sont résolument négatifs. Les items 1, 2 et 3 sont quant à eux présentés comme des motifs positifs. La rémunération et le désir de changement sont plus délicats à interpréter. La rémunération pourrait constituer un motif négatif si elle représentait l'unique motivation pour le départ. Il pourrait en être de même pour le désir de changement. Ces situations correspondraient alors aux motifs négatifs mis en lumière par Holmes et Piker[7] et Copeland et Griggs[8]. ▨

Notre démarche présente deux objectifs :

1. Établir les motifs les plus importants des cadres français qui acceptent une expatriation, et les comparer avec les travaux précités ;

2. Tester l'hypothèse selon laquelle les motifs négatifs pour partir seraient reliés à des degrés d'adaptation faible et à un échec dans le pays alors que les motifs positifs seraient reliés à des degrés d'adaptation élevés et à une réussite dans le pays.

Dans une première étape, nous proposons, à la suite des réponses de 293 cadres expatriés dans 44 pays, un classement des principaux motifs des expatriés. Dans une seconde étape, nous tentons d'expliquer ces différents motifs. Enfin, nous examinons les liens potentiels entre ces différents motifs et les trois facettes de l'adaptation des expatriés.

1.3.1. CLASSEMENT DES DIFFÉRENTES MOTIVATIONS

Les recherches précédentes ont classé par ordre d'importance les différents motifs des cadres quant à la décision de mobilité internationale. Le tableau 4.3 expose le classement des sept motifs proposés aux cadres français selon leur fréquence.

▨ *Nous avons demandé aux expatriés français dans quelle mesure (de pas du tout à très fortement) ces sept éléments les ont incités à partir. Nous avons analysé ensuite leurs résultats en termes dichotomiques. Chacun des motifs est alors considéré présent ou absent. Par exemple, le motif « désir de changement » est présent chez 77,7 % des cadres français qui ont répondu à notre questionnaire.* ▨

**Tableau 4.3 : Classement des motivations des cadres pour aller
à l'étranger**

Motifs	Ordre	%
Désir de changement	1	77,7
Expérience personnelle dans une autre culture	2	75,3
Promotion future espérée ou meilleure évolution de carrière	3	49,8
Rémunération	4	37,8
Promotion immédiate	5	18,3
S'éloigner d'un contexte économique ou social lié au pays d'origine	6	16,2
Prendre ses distances avec certains problèmes personnels	7	6,2

Ce tableau suscite quelques commentaires. Comme dans les études de Borg et Torbiörn, le désir de changement et le désir d'expériences nouvelles dans une autre culture sont les premières motivations. Dans une certaine mesure, le désir de changement, par son caractère général, recouvre les autres motifs, ce qui peut expliquer son classement en première position. Comme dans les études précitées, une meilleure évolution de carrière apparaît en troisième position. Les motifs négatifs arrivent également en dernière position. La volonté de s'éloigner d'un contexte économique ou social lié au pays d'origine est avancée par 16,2 % des répondants, presque au même niveau que la promotion immédiate. Bien qu'étant en dernière position, « fuir ses problèmes personnels » est un motif pour 6,2 % des personnes, ce qui est non négligeable. Enfin, la rémunération occupe une position médiane. Ainsi, la rémunération n'apparaît pas comme le motif principal de l'expatriation. Il faut noter que l'expatriation correspond à une augmentation de revenu plutôt forte pour 47,2 % des répondants et à une augmentation très forte pour 6,2 % d'entre eux.

Ces classements comportent une limite. Laroche et Nioche[9] rappellent l'épineuse question de la distinction entre les « théories affichées » et les « théories effectivement utilisées » par les individus. En d'autres termes, les personnes peuvent travestir les motifs de leurs actions pour des raisons de conformité ou de désirabilité sociale. Ainsi, parmi les sept motifs soumis aux cadres, l'expérience personnelle dans une autre culture peut sembler une réponse plus attractive que la fuite de problèmes personnels.

Un dernier commentaire concerne la comparaison entre les motifs des hommes et des femmes expatriés. Notre recherche montre que parmi les sept motifs proposés aux cadres, l'expérience personnelle dans une autre culture, les promotions (immédiates ou futures), le désir de changement et le fait de prendre ses distances avec certains problèmes personnels influencent en moyenne les hommes et les femmes de manière semblable. En revanche, la rémunération et le désir de s'éloigner d'un contexte économique ou social lié au pays d'origine constituent des motifs plus forts pour les hommes que pour les femmes.

Après avoir établi un classement des différents motifs, nous proposons de les éclairer dans la section suivante selon :

• les « ancres de carrière » ;

• les situations de plafonnement.

Ces deux concepts seront détaillés dans les chapitres consacrés à la carrière. Précisons simplement ici qu'une ancre de carrière correspond à ce qu'un individu choisit de ne pas abandonner lors d'un choix de carrière important comme la mobilité internationale. Nous verrons que les cadres expatriés français se répartissent selon cinq ancres de carrière. Trois d'entre elles sont utiles pour expliquer les motifs. La situation de plafonnement correspond à une situation de carrière bloquée, aussi bien en termes de contenu, qu'en termes structurels ou de rémunération.

1.3.2. EXPLICATION DES MOTIVATIONS

Comme nous le verrons plus en détail dans les chapitres consacrés respectivement au lien entre la situation de carrière et la mobilité internationale et entre les choix de carrière et la mobilité internationale, le fait d'être plafonné ou d'avoir certaines ancres explique certains motifs.

■ *Chacun des motifs constitue une variable dichotomique (présence = 1 ; absence = 0). La méthode retenue pour les expliquer est la régression logistique. Elle a pour objet de déterminer les facteurs qui peuvent expliquer le fait qu'un événement se produise ou pas[10]. Ici sont examinés deux facteurs pour chacun des motifs, à savoir les ancres de carrière et les situations de plafonnement. Seuls les motifs expliqués sont mentionnés.*

Expérience personnelle
Les personnes qui n'expriment pas le motif relatif à l'expérience personnelle sont en général plafonnées en termes de contenu (situation d'impasse) avant leur départ pour une affectation internationale. Leur probabilité d'être ancrées « progression de carrière » est également moindre. En revanche, les personnes, pour qui le motif d'expérience personnelle est présent, ont une plus forte probabilité de mettre en avant dans leurs choix de carrière le désir de travailler sur des projets importants (ancre projet).

Promotion immédiate
Plus une personne est ancrée « progression de carrière », c'est-à-dire plus elle met en avant dans ses choix de carrière le désir de progresser hiérarchiquement, plus elle exprimera pour la mobilité internationale le motif « promotion immédiate ».

Promotion future
Les personnes qui n'expriment pas le motif de promotion future sont en général plafonnées en termes de contenu.
Comme pour la promotion immédiate, plus une personne est ancrée « progression de carrière », plus elle exprimera pour la mobilité internationale le motif « promotion future ».

Rémunération
Le motif rémunération est plus exprimé par les personnes en situation de plafonnement salarial (faible probabilité perçue par l'individu d'avoir une augmentation de salaire) que par celles qui ne sont pas dans cette situation de plafonnement. Ce même motif, au contraire, est associé négativement au plafonnement structurel (absence de promotion en perspective). En effet, le motif rémunération a une probabilité plus faible d'être exprimé par les personnes qui ont une perspective de promotion faible (plafonné structurel) que par celles qui ont une perspective élevée.
Plus une personne est ancrée progression de carrière, plus elle exprimera le motif rémunération pour la mobilité internationale. Au contraire, plus elle est ancrée leadership, c'est-à-dire plus ses choix de carrière seront orientés par le désir de se trouver dans une position de leadership et d'influence, moins elle aura de probabilité d'avancer le motif de rémunération pour la mobilité internationale.

Désir de changement
Le désir de changement a une probabilité plus forte d'apparaître pour les personnes en situation de plafonnement structurel. À l'inverse, la probabilité que ce motif soit présent est plus faible pour les personnes en situation de plafonnement salarial.

Fuite de problèmes personnels
Les personnes qui partent pour fuir des problèmes personnels ont une plus grande proba-
bilité d'être des personnes qui sont plafonnées en termes de contenu avant leur départ à l'in-
ternational. Enfin, la probabilité d'exprimer le motif de fuite de problèmes personnels dimi-
nue en fonction de l'ancrage leadership. ▨

1.3.3. LIEN ENTRE MOTIVATIONS ET ADAPTATION

Deux motifs apparaissent saillants pour l'adaptation au travail de l'expatrié. L'absence totale du motif négatif « s'éloigner d'un contexte économique ou social lié au pays d'origine » est favorable à l'adaptation au
travail. En revanche, l'absence totale du motif positif relatif à une
meilleure évolution de carrière est associée négativement à l'adaptation
au travail.

**Autrement dit, les personnes qui partent pour des raisons étrangères à des
problèmes liés à leur pays d'origine et celles qui partent plutôt dans la perspective d'une meilleure évolution de carrière ont plus de chance de s'adapter
au travail.**

Ces résultats vont dans le sens de l'hypothèse qui stipule que :

Les motifs positifs pour partir (expérience personnelle dans une autre
culture et meilleure évolution de carrière) seront reliés à des degrés
d'adaptation élevés alors que les motifs négatifs pour partir (fuite de
problèmes, sentiment de carrière bloquée – plafonnement) seront reliés
à des degrés d'adaptation faibles.

Néanmoins, ces résultats se limitent à l'adaptation au travail. Aucun lien
n'a été mis en évidence dans notre recherche entre la nature des motifs
et les deux autres formes d'adaptation, l'adaptation à l'interaction et
l'adaptation générale.

2. Les freins à la mobilité internationale

Un individu peut accepter une mobilité internationale, en surmontant
certains freins qui devraient le retenir. En effet, les freins, comme les
motifs de la mobilité internationale, sont multiples. Surmonter certains
freins ne signifie pas qu'ils n'aient aucune influence sur la suite du
parcours de l'expatrié. Aussi, considérons-nous le lien entre les principaux freins étudiés dans notre recherche et les trois facettes de l'adaptation.

2.1. Les principaux freins

Si la carrière peut être rangée parmi les facteurs favorisant la mobilité, elle peut également être un frein. Weeks[11] rapporte une étude du « Conference Board », dans laquelle 68 % des DRH (128 compagnies multinationales répondant à l'enquête) notent le doute général des salariés au sujet de la valeur d'une expatriation sur leur carrière.

Les réticences des cadres, comme le souligne Peretti[12], proviennent en partie de leur perception « ... d'un décalage entre le discours officiel de l'entreprise (carrière internationale = réussite) et la réalité (loin du pouvoir, pas de salut) ». Le fameux adage exprimé en français par « loin des yeux, loin du cœur » ou en anglais par « out of sight, out of mind » fait craindre la phase de réintégration dans le pays d'origine à la fin de l'affectation à l'étranger. L'oubli pendant l'affectation à l'étranger peut freiner la progression ultérieure de la carrière, surtout si l'organisation ne valorise pas l'expérience acquise à l'étranger. Selon Peretti[13], « l'expatriation est proclamée comme un atout et, dans la réalité des faits, constitue souvent un handicap ».

Si le cadre perçoit un décalage entre le discours et l'évolution de carrière réelle des cadres qui ont été mobiles, il sera réticent à partir à son tour. La question du retour et les difficultés qui lui sont rattachées semble être un frein puissant à la mobilité.

D'autres contraintes rendent les cadres réticents. Selon l'étude de Bournois[14] les personnes indiquent en obstacle numéro 1 à la mobilité européenne le refus du conjoint ou le travail du conjoint (54 %) et les langues (17 %). Comme obstacles numéro 2, viennent presque à égalité l'incertitude de retrouver un emploi dans le pays d'origine (38 %) et la scolarité des enfants (37 %). L'enquête conduite en 1990 en Europe par le CESMA MBA du groupe ESC Lyon[15] fournit des résultats analogues. Elle souligne que la famille est l'un des premiers freins à la mobilité du cadre expérimenté pour l'ensemble des pays européens. Ainsi, le travail du conjoint est la première raison qui dissuade, suivie de près par la scolarisation des enfants. Le rapport de Deroure[16] sur la mobilité en Europe, destiné à la Commission des Communautés européennes, repère des freins similaires. Les préoccupations concernant les régimes de retraite et fiscaux ne semblent pas être des obstacles décisifs[17]. Ces résultats, dans leur ensemble, sont cohérents avec les travaux américains. Ceux mentionnés par Weeks[18] constatent, dans les organisations, la montée du refus de la mobilité internationale pour cause d'incapacité ou non-désir du conjoint d'abandonner sa carrière. Le style de vie des familles (conditions de vie, éducation des enfants, soin des parents âgés) fournit la principale source d'objection à la mobilité internationale. Les résultats d'un rapport de l'Organisation Japonaise des Entreprises à l'étranger[19] sont similaires à ceux auxquels se réfère Weeks.

Le non-désir du personnel d'aller à l'étranger s'explique par les inquiétudes liées à la famille et les craintes qu'un poste à l'étranger puisse être préjudiciable à la carrière.

Les principales entraves à la mobilité peuvent être regroupées dans un tableau (tableau 4.4), sans préjuger ici de leur classement.

Tableau 4.4 : Les principaux freins à la mobilité

Types	Caractéristiques
Famille	Non désir du conjoint (raisons hors travail) Travail ou carrière du conjoint Scolarisation des enfants
Carrière	Peur du retour Absence d'intérêt perçu
Communauté	Refus de rompre les liens affectifs (amis, famille, maison, etc.)
Langues	Absence de maîtrise

Certes, le sentiment de ne pas maîtriser la langue du pays d'affectation devrait avoir un impact négatif sur la décision de partir d'après les résultats des recherches précédemment mentionnées. Cependant, la seule connaissance du niveau de la langue au moment du départ semble insuffisante pour déterminer dans quelle mesure il peut constituer un frein. Or, notre recherche, qui s'adresse à des personnes qui ont accepté l'expatriation, montre que plus le niveau de langue est bon, plus la langue a une influence sur la décision d'expatriation. En revanche, les personnes dont le niveau varie de moyen à très faible (56 %) n'ont pas été freinées par ce handicap. Elles sont cependant défavorisées en termes d'adaptation comme l'expose la section suivante.

2.2. Les freins ne sont pas des obstacles insurmontables

La présence de freins n'empêche pas forcément un individu de partir.

Il semble toutefois intéressant d'examiner si cette présence influence l'adaptation des personnes.

2.2.1. LA LANGUE

Un faible niveau en langue au départ de l'expatriation est associé négativement à l'adaptation à l'interaction.

Ce résultat n'est pas surprenant dans la mesure où l'interaction avec les membres de la culture d'accueil repose en grande partie sur la maîtrise de leur langue. Il faut noter que la langue dans notre étude influence peu la décision de mobilité internationale comme le montre la figure 4.1.

Figure 4.1 : Influence de la langue sur la décision

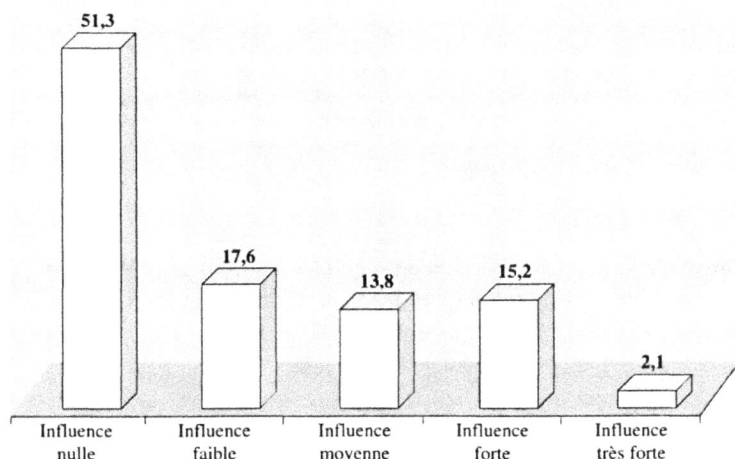

L'influence de la langue est corrélée au niveau de la langue. Ainsi, ceux qui affirment avoir été influencés par leur niveau de langue au moment de la décision sont ceux qui ont un bon niveau dans la langue du pays d'affectation. Ceux qui ont un faible niveau de langue, n'en tiennent pas compte dans leur prise de décision. La langue n'est peut-être donc pas un frein très puissant.

2.2.2. LA CARRIÈRE

Les problèmes relatifs à la carrière comprennent les inquiétudes liées au retour et le manque d'intérêt perçu d'une mobilité internationale par rapport à la carrière. D'après les travaux de Feldman et Thomas[20], le manque de connexion perçue entre la mobilité internationale et le développement de carrière devrait avoir un impact négatif sur l'adaptation des expatriés.

▧ Dans notre recherche, les cadres expatriés indiquent dans quelle mesure ils sont en accord ou en désaccord avec chacune des affirmations suivantes (1 = tout à fait en désaccord à 5 = tout à fait d'accord) :

1. Dans les faits, l'expérience internationale ne favorise pas la carrière.

2. L'adage « loin des yeux, loin du cœur » s'applique à mon organisation envers les expatriés.

3. Les personnes qui ont été mobiles internationalement n'ont pas une progression de carrière plus rapide que les autres.

4. Il y a un décalage entre le discours de l'entreprise (mobilité internationale = réussite) et la réalité vécue dans l'entreprise.

5. Dans les faits, l'expatriation constitue souvent un handicap pour la carrière.

L'unidimensionnalité de cette échelle est vérifiée par une analyse en composantes principales. L'alpha de Cronbach (0,85) indique une très bonne cohérence interne de l'ensemble des cinq items. Nous prenons donc la somme des scores des cinq items comme mesure synthétique, rapportée au nombre d'items. Le score maximum de 5 correspond alors à un manque total d'intérêt de la mobilité internationale en termes de carrière. Le cadre est mobile bien qu'il ne perçoive aucun lien positif entre sa carrière et la mobilité. Les cadres français expatriés avec un score supérieur à 3 représentent 32 % des répondants à notre questionnaire. La mobilité internationale est alors loin d'être considérée comme un avantage en termes de carrière. Cet aspect rejoint l'absence du motif se rapportant à une meilleure évolution de carrière. ▧

Percevoir la mobilité internationale comme un frein pour la carrière est associé négativement à l'adaptation pour les cadres français expatriés.

Ce résultat rejoint les conclusions de Feldman et Thomas selon lesquelles un expatrié qui voit une forte connexion entre l'affectation à l'étranger et son cheminement de carrière à long terme a plus de chance de réussir son affectation que celui qui ne fait pas une telle connexion. Dans notre recherche, l'absence de connexion perçue par l'individu entre la mobilité internationale et son développement explique un seul aspect de l'adaptation, l'adaptation au travail.

2.2.3. LE CONJOINT

Les réticences personnelles du conjoint par rapport à la mobilité peuvent se traduire par des différences d'adaptation. En moyenne, l'adaptation générale est inférieure pour les partenaires qui avaient des réticences personnelles (hors travail) envers la mobilité internationale en comparaison avec ceux qui n'en avaient pas. En moyenne, l'adaptation à l'interaction est également plus faible pour les partenaires qui avaient des réticences personnelles envers la mobilité internationale. Ce résultat est important dans la mesure où l'adaptation de l'expatrié et de son conjoint qui l'accompagne sont fortement associées. La question du conjoint étant importante, nous lui consacrons plus loin un chapitre entier.

▼ Points clés

- Les principaux motifs qui influencent la décision d'expatriation des personnes sont la découverte d'une autre culture, la carrière et la rémunération.

- Les motifs « positifs » (découverte) favorisent l'adaptation au travail.

- Les motifs « négatifs » (fuite) ne sont pas favorables à l'adaptation.

- Les principaux freins quant à la décision d'expatriation sont la langue, le conjoint (notamment la question des doubles carrières) et la réintégration dans l'entreprise d'origine.

- L'existence de ces freins, sans empêcher forcément la mobilité, peut entraver l'adaptation.

▼ Fil d'Ariane

Dans la mise en évidence des facteurs influençant la mobilité internationale, les études se limitent le plus souvent à l'exposé des principaux motifs et freins. Cependant, le recours à des études sur la mobilité nationale fournit également des éléments utiles à la compréhension de la décision d'expatriation. En fait, c'est la complémentarité entre les études portant sur les transferts à un niveau national et international qui est riche d'enseignements. Notre modèle de l'adaptation des expatriés, fondé sur celui proposé par Black, Mendenhall et Oddou[21], repose pleinement sur cette complémentarité. Plus récemment, Fisher et Shaw[22] recourent aux deux approches, nationale et internationale, pour étudier l'adaptation et les attitudes envers le transfert, examinant à la fois les transferts nationaux et internationaux. Cette voie permet de faire bénéficier la recherche sur la mobilité internationale des apports de la recherche sur la mobilité nationale, sans doute plus conséquente, particulièrement dans le domaine des attitudes envers la mobilité. C'est cette perpective qui est retenue pour l'analyse de la disposition des personnes envers la mobilité internationale, préoccupation du prochain chapitre.

Pistes d'action

Les entreprises

Examiner, lors du processus de sélection des futurs expatriés, leurs motivations par rapport à la mobilité internationale.

Favoriser les personnes porteuses de « motifs positifs » par opposition aux « motifs négatifs ».

Envoyer des messages favorables sur la mobilité internationale pour lever les freins envers la mobilité comme la peur du retour. Ces messages passent par une bonne gestion des retours, où les anciens expatriés deviennent des exemples de réussite prêts à être suivis.

Les salariés

Analyser vos motivations pour partir travailler dans un autre pays afin de vous « auto-sélectionner ».

Ne pas partir pour fuir des problèmes personnels ou des conditions que vous jugez défavorables dans votre pays d'origine.

Vérifier si la mobilité est un accélérateur de carrière en comparant les parcours des « mobiles » et des « non mobiles ».

Interroger les anciens expatriés afin de savoir comment ils ont surmonté différents freins à leur mobilité.

Notes

1. Borg, 1988, International Transfers of Managers in Multinational Corporations.

2. Torbiörn, 1976, Att leva utomlands – En studie av utlandssvenskars anpassning, trivsel och levnadsvanor (Living Abroad – A Study of the Adjustment of Swedish Overseas Personnel).

3. Bournois, 1991, La gestion des cadres en Europe.

4. Bournois, 1991, p. 222, La gestion des cadres en Europe.

5. Phatak, 1989, International Dimensions of Management.

6. Holmes et Piker, 1980, Expatriate failure – prevention rather than cure ; Copeland et Griggs, 1988, The internationable employee.

7. Holmes et Piker, 1980, Expatriate failure – prevention rather than cure.

8. Copeland et Griggs, 1988, The internationable employee.

9. Laroche et Nioche, 1994, p. 67, L'approche cognitive de la stratégie d'entreprise.

10. Hosmer et Lemeshow, 1989, Applied Logistic Regression.

11. Weeks, 1993, Reluctant Expatriates. Across the Board.

12. Peretti, 1991, p. 362, Recrutement et carrière des cadres en Europe.

13. Peretti, 1991, p. 363, Recrutement et carrière des cadres en Europe.

14. Bournois, 1991, p. 222, La gestion des cadres en Europe.

15. OMI, 1991, Expatriation Actualité.

16. Deroure, 1992, Mobilité professionnelle en Europe : dimension familiale et pratiques d'entreprise.

17. Deroure, 1992, p. 50, Mobilité professionnelle en Europe : dimension familiale et pratiques d'entreprise.

18. Weeks, 1993, Reluctant Expatriates. Across the Board.

19. Nihon Zaigai Kigyo Kyokai, 1989 cité par Kopp, 1994, International Human Resource Policies and Practices in Japanese, European, and United States Multinationals.

20. Feldman et Thomas, 1992, Career management issues facing expatriates.

21. Black, Mendenhall et Oddou, 1991, Toward a Comprehensive Model of International Adjustment : An Integration of Multiple Theoretical Perspectives.

22. Fisher et Shaw, 1994, Relocation attitudes and adjustment : A longitudinal study.

CHAPITRE 5

LA DISPOSITION DES PERSONNES ENVERS LA MOBILITÉ INTERNATIONALE

▼ Repère

Notre étude de la décision d'expatriation des personnes a débuté par celle des motivations et des freins à la mobilité internationale.

Nous poursuivons ici par l'examen de la disposition des personnes envers la mobilité, en termes absolus et relatifs.

Les responsables des politiques de mobilité et les chercheurs sont probablement plus intéressés par les véritables décisions des cadres d'accepter ou de rejeter les opportunités de mobilité que par leur disposition envers celles-ci. Néanmoins, Noe et Barber[1] avancent, comme preuve que la disposition est prédictive des véritables décisions de transfert, les résultats de deux études. La première[2] montre une forte corrélation entre la disposition et la décision finale de bouger sur une période de cinq ans et la seconde[3] en trouve une entre la disposition et le transfert véritable l'année suivante. Aussi, la recherche sur la disposition des individus envers la mobilité contribue-t-elle pleinement à la compréhension des facteurs influençant leur décision d'accepter ou non un transfert.

Ce chapitre s'appuie sur des résultats des études sur la disposition envers la mobilité nationale afin d'examiner leur pertinence à propos de la mobilité internationale.

La recherche sur la disposition envers la mobilité nationale apparaît plutôt fragmentée. Un premier courant[4] relie l'attitude des salariés face à l'expérience du transfert aux caractéristiques de leur nouvelle affectation. Un second courant[5], plus dense en production, se concentre sur la disposition des salariés face à la mobilité géographique intra-entreprise, indifféremment du lieu du transfert. Cela peut sembler une limite dans la mesure où la variable géographique est abstraite. En effet, les véritables décisions d'un transfert sont prises en tenant compte du lieu ainsi

d'ailleurs que du travail spécifique impliqué dans la nouvelle affectation[6]. Néanmoins ce type de recherche a l'avantage de mettre l'accent
sur les principaux déterminants influençant la mobilité géographique. Il
s'agit de l'examen de la disposition envers la mobilité dans l'absolu.

1. Disposition « dans l'absolu » à la mobilité

Trois auteurs, Brett, Stroh et Reilly[7] définissent, à partir de la revue de
dix-sept études, quatre catégories de facteurs prédisant la disposition
des salariés à être mobiles, signalant par là même certains freins à la
mobilité géographique.

Ces catégories de facteurs qui influencent la disposition envers la mobilité, à
un niveau national, sans référence à une destination précise, comprennent :
- des variables démographiques (âge, sexe, formation, etc.) ;
- des caractéristiques de la carrière (fonction, mobilité antérieure, ancienneté, etc.) ;
- des attitudes et des attentes envers la carrière (ambition) ;
- des situations de double carrière dans un couple.

Nous reprenons ces différents facteurs et présentons les principaux
résultats de l'étude fondée sur un échantillon de 827 salariés, provenant
de 20 organisations de Fortune 500, salariés qui ont tous été mobiles
géographiquement au moins une fois pour leur employeur actuel.

1.1. Les « facteurs absolus » de la mobilité « nationale »

1.1.1. LES VARIABLES DÉMOGRAPHIQUES

Ces variables sont scindées en deux groupes : le sexe et le nombre d'enfants d'une part, l'âge, la formation et la situation de famille, d'autre part.
Les résultats des études apparaissent souvent contradictoires.

• *Sexe et nombre d'enfants*

■ *Quelques études concluent que les femmes sont moins disposées à être mobiles que les
hommes[8]. De plus, la disposition envers la mobilité diminue en fonction du nombre d'enfants[9].* ■

Les résultats de Brett, Stroh et Reilly ne montrent aucun lien entre la
disposition envers la mobilité et respectivement le sexe ou le nombre
d'enfants.

- ### Âge, formation et situation de famille

Anderson et al.[10] et Veiga[11] suggèrent que la mobilité géographique est d'autant plus forte que les individus sont jeunes. D'autres auteurs montrent l'absence de lien entre l'âge et la mobilité[12].

Certaines études associent le niveau de formation et l'aptitude à la mobilité[13] alors que d'autres n'y parviennent pas[14].

Des résultats contradictoires se manifestent également en ce qui concerne la situation de famille. Markham et al.[15] suggèrent que les célibataires sont plus aptes à être mobiles alors que d'autres chercheurs[16] ne détectent pas de divergences significatives entre les salariés mariés et les célibataires. Selon les deux études[17], le fait d'avoir une épouse ou un époux travaillant se révèle comme un frein à la mobilité. Néanmoins, une autre étude[18] parvient exactement au résultat opposé.

Examinant ces trois variables, Brett, Stroh et Reilly trouvent que l'âge est la seule variable significative pour prédire la disposition envers la mobilité.

1.1.2. LES CARACTÉRISTIQUES DE LA CARRIÈRE

Dans les caractéristiques de la carrière sont pris en compte six éléments :

1. Fonction des cadres.

2. Expérience d'une mobilité antérieure.

3. Temps de présence dans l'entreprise.

4. Temps d'occupation d'un emploi.

5. Position de l'individu.

6. La rémunération.

Nous détaillons ci-dessous la relation de chacun de ces éléments envers la mobilité géographique nationale.

- ### Fonction des cadres

Brett et Reilly[19] suggèrent que les cheminements de carrière dans des domaines fonctionnels comme la vente ou le marketing impliquent clairement une mobilité géographique. Les individus travaillant dans ces domaines semblent avoir des attentes réalistes au sujet de la relation entre la progression de carrière et la mobilité géographique. Ainsi, ceux qui désirent de l'avancement sont particulièrement disposés par rapport à la mobilité géographique.

Brett, Stroh et Reilly corroborent la forte mobilité géographique des cadres commerciaux et marketing alors que la mobilité des ingénieurs et des informaticiens s'est révélée la plus faible de leur étude. Une enquête française[20] signale de même le lien entre fonction et mobilité. Les cadres de direction générale, ceux de production et les commerciaux émergent comme les plus mobiles géographiquement.

• *Expérience d'une mobilité antérieure*

▨ *Aucune relation n'apparaît entre l'expérience d'une mobilité antérieure et la disposition à être mobile de nouveau[21].* ▨

Les résultats des recherches sur les autres caractéristiques de la carrière, à savoir le temps de présence dans l'entreprise, le temps d'occupation d'un emploi, la position de l'individu et la rémunération, présentent certaines contradictions.

▨ *Des recherches[22] mettent en avant la relation positive entre le temps de présence dans une entreprise et la disposition envers la mobilité. D'autres parviennent à des résultats opposés[23] ou à des résultats ne montrant aucune relation significative[24].*
Les études examinant la relation entre le temps d'occupation d'un emploi et la disposition envers la mobilité fournissent également des résultats contrastés. Gould et Penley[25] affirment que moins longtemps le salarié aura occupé un poste, moins il sera disposé à la mobilité. D'autres auteurs[26] parviennent à la conclusion opposée.
Deux équipes de chercheurs[27] démontrent que plus la position de l'individu est élevée, plus il sera disposé à être mobile. D'autres parviennent à un résultat différent[28]. Aucune relation n'est mise en évidence lorsque la mobilité géographique a pour but une promotion. Lorsque le but est une mobilité horizontale, la relation s'avère négative.
Gould et Penley notent une relation positive entre le salaire et la disposition envers la mobilité alors que d'autres auteurs[29] notent une relation négative. ▨

Brett, Stroh et Reilly examinant l'ensemble des caractéristiques ayant trait à la carrière en relation avec la disposition envers la mobilité des managers montrent que seule la variable « revenu » semble avoir un impact sur la mobilité. Les managers aux revenus faibles sont davantage disposés à être mobiles que les autres. Donc la relation entre salaire et disposition envers la mobilité indique une contingence perçue entre la mobilité géographique et la croissance des salaires.

1.1.3. LES ATTITUDES ET LES ATTENTES ENVERS LA CARRIÈRE

Trois facteurs apparaissent associés à la disposition envers la mobilité[30] :
• l'ambition ;
• l'espoir d'une future progression de carrière ;
• la croyance que les transferts favorisent la carrière.

▨ *Certains auteurs[31] soutiennent que plus la distance à parcourir perçue par les individus pour atteindre leurs objectifs en termes de carrière est grande, plus les individus seront prêts à être mobiles.*
Les individus satisfaits de leur carrière sont mieux disposés par rapport à la mobilité que les insatisfaits[32]. Le résultat est similaire pour les individus les plus impliqués dans leur carrière[33].
Les salariés qui ont pour ambition d'avancer dans leur carrière et/ou voient des opportunités d'avancement de carrière dans leur transfert seront plus disposés à être mobiles que ceux dont l'ambition sera moindre[34].

Quant aux attitudes envers le travail, aucun résultat probant n'apparaît[35]. En effet, ni l'implication au travail, ni la satisfaction au travail, ni la loyauté à la compagnie ne semblent avoir un impact significatif sur la disposition envers la mobilité. ▨

1.1.4. LES CARACTÉRISTIQUES DES SALARIÉS MARIÉS

Brett, Stroh et Reilly trouvent que l'indicateur le plus puissant de la disposition envers la mobilité est la disposition envers la mobilité de l'épouse (époux). Ces résultats suggèrent fortement que les organisations auront à traiter les préoccupations des époux (épouses) pour gérer la mobilité de leurs salariés mariés. Cette préoccupation englobe le problème des couples à double carrière déjà soulignés.

1.2. Pertinence des facteurs « absolus » pour la mobilité internationale

Les recherches passées en revue sur la mobilité nationale, bien que comportant un ensemble de résultats contradictoires, sont utiles. Elles nous indiquent un nombre de facteurs qui pourraient également influencer la disposition des personnes envers la mobilité internationale. D'ailleurs, certains de ces facteurs, issus de la littérature sur la mobilité nationale, sont semblables à ceux dégagés par la littérature sur la mobilité internationale, comme le problème du conjoint.

L'influence des variables démographiques telles que le type de famille (double carrière, traditionnelle, célibataire) et la situation familiale (enfants, pas d'enfant) devrait se retrouver au niveau international. Lorsque le salarié est marié, la disposition envers la mobilité du conjoint devrait influencer sa propre disposition.

Les résultats des recherches sur les transferts nationaux sont reproduits pour les transferts internationaux. Brett et Stroh[36], étudiant la disposition de 405 managers envers un transfert international, trouvent que la relation entre la disposition du manager envers le transfert et la disposition du conjoint est due à l'influence du conjoint sur le manager.

Le fait que le conjoint ait ou non une carrière ne semble pas neutre. Cependant, le concept de « pouvoir conjugal » permet de nuancer ce propos.

En effet, Brett et ses collègues[37] notent que les hommes ont souvent un plus grand pouvoir dans la famille que les femmes car leur travail fournit un plus grand prestige et contribue plus au niveau de vie de la famille que le travail de l'épouse. Ils sont donc dans une meilleure position pour résister aux transferts qui pourraient profiter à la carrière de leur femme et vaincre la résistance aux transferts qui pourraient favoriser leur propre carrière.

Le pouvoir conjugal (revenu et statut) se révèle intéressant quand est considéré le type de famille. Dans notre recherche, il faut noter que 76,4 % des conjoints qui travaillaient avant le départ avaient un revenu inférieur à celui des cadres expatriés. Avant l'affectation à l'étranger, le pouvoir conjugal (revenu et statut) des cadres est supérieur à celui de leur partenaire pour 77,2 % des couples à double carrière.

Les études au niveau national soulignent l'importance des caractéristiques de la carrière. En premier lieu, la rémunération est, semble-t-il, la variable qui a le plus de poids au niveau national.

Dans la littérature sur la mobilité internationale une augmentation de rémunération est classée parmi les motifs incitant à la mobilité. Une partie de la littérature sur les transferts nationaux indique que moins le salaire du cadre est important, plus il est sensible à l'argument rémunération. Une autre partie de la littérature propose des résultats contraires. Notre recherche retient la rémunération uniquement en termes d'augmentation perçue par le cadre.

Cependant, plus que la rémunération, c'est l'augmentation de revenu qui est appréciée. Considérer principalement l'augmentation de rémunération du cadre revient à se limiter au revenu de son travail. Le paragraphe précédent a rappelé le rôle capital du conjoint dans la décision de mobilité. Aussi, le revenu permet d'englober l'ensemble des gains quand la décision implique la prise en compte de deux personnes au sein du couple. La mobilité internationale peut constituer une augmentation importante de salaire pour le cadre mais une augmentation faible du revenu de son foyer, voire une absence d'augmentation (et plus exceptionnellement une diminution).

Nous supposerons alors que plus l'augmentation de revenu perçue par les cadres sera importante, plus ces derniers seront disposés à partir. Encore faudrait-il examiner, pour nuancer cette hypothèse, dans quelle mesure la rémunération constitue pour eux un motif important au départ. Notre recherche montre que le motif « rémunération » est le plus présent parmi les personnes pour qui l'expatriation constitue une augmentation importante de revenu.

Deux autres variables classées dans les caractéristiques de la carrière sont la fonction du cadre et sa position hiérarchique au moment de la décision. La position hiérarchique ne devrait pas influencer la disposition envers la mobilité internationale, les résultats n'étant pas probants au niveau national. En revanche, la fonction révèle quelques aspects particuliers. Dans l'absolu, face à une situation hypothétique, les résultats des études indiquent un lien fonction-disposition. Au niveau international, la gamme des fonctions disponibles dans le cadre d'une expatriation est plus limitée. Autrement dit, certaines fonctions peuvent être, par définition, non transférables internationalement à l'intérieur d'une organisation. Les fonctions les plus transférables ont été dégagées précédemment, notamment celles de direction générale, de production et de commerce.

Le temps de présence dans l'entreprise peut également être exploré au niveau international. Malgré les résultats contradictoires au niveau national et sous réserve d'être testée, il pourrait exister une relation entre le temps de présence dans l'entreprise et la décision de mobilité. L'ancienneté dans l'organisation devrait inciter les cadres, par fidélité et loyauté envers leur organisation, à accepter une mobilité. Cependant, des résultats opposés au niveau national sont également proposés. Aussi, le lien entre l'ancienneté dans l'organisation et la disposition envers la mobilité internationale est-il sujet à caution.

Les résultats sont tout aussi contradictoires quant au lien entre l'ancienneté dans le poste et la décision de mobilité au niveau national. Aussi, la même remarque appliquée à l'ancienneté dans l'organisation s'impose-t-elle ici. En revanche, le temps d'occupation d'un poste semble pertinent dans la mesure où le poste occupé au moment de la décision est comparé à celui proposé à l'international. En effet, la connaissance du poste constitue une incertitude en moins et ne devrait donc pas jouer en défaveur de la mobilité internationale. Cependant, la similarité ne prédit pas pour autant une attitude envers le transfert. Selon Fisher et Shaw[38], il n'est pas certain qu'un travail similaire à celui proposé au moment de la décision représente un défi suffisant pour que le « traumatisme » associé au déplacement soit valable.

L'ensemble de ces facteurs sont supposés influencer la disposition envers la mobilité internationale dans l'absolu, c'est-à-dire sans référence à une destination particulière. Néanmoins, il apparaît tout à fait raisonnable d'aborder la disposition d'un individu envers une mobilité internationale spécifique. Nous parlerons alors de disposition relative.

2. Disposition « relative » à la mobilité internationale

L'approche de la disposition relative spécifie le contexte de la mobilité. Le transfert d'un individu signifie son passage d'une communauté à une autre. Le concept de communauté est alors central à l'étude de la disposition relative.

2.1. La communauté d'origine

Le terme de communauté présente deux aspects soulignés par différents dictionnaires[39] :
* ensemble de personnes vivant dans une zone géographique particulière ;
* groupe particulier de personnes ayant des intérêts ou buts communs.

L'individu transféré va donc quitter un lieu, une zone géographique dans laquelle vit un ensemble de personnes avec lesquelles il entretient des liens sociaux plus ou moins rapprochés. Avec certaines d'entre elles, il peut partager des intérêts communs ou poursuivre des buts communs. Ces activités peuvent être exercées dans le cadre d'organisations associatives. Tout type d'activité est envisageable tel que, par exemple, des activités sportives ou des activités plus militantes à facettes politiques ou civiques. L'ensemble des personnes comprises dans la zone géographique d'appartenance de l'individu et avec lesquelles il entretient des liens se compose diversement. Les amis, les membres de la famille, les voisins forment le plus souvent cette communauté. Les attributs de la zone géographique entrent également en ligne de compte. Fisher et Shaw incluent le climat, la taille de la ville, le lieu géographique, terme vague appréciant peut-être l'environnement dans ses dimensions nord, sud, est ou ouest, et finalement la culture rattachée à un lieu. Introduire la culture au niveau du concept de communauté ne contribue pas à la clarté de ce dernier. Une différence fondamentale existe entre les deux concepts.

La culture peut être définie en termes de réponses apportées par une société afin de faire face à un ensemble de circonstances. La communauté fait référence au tissu social incluant les liens avec la famille, les amis et le rôle associatif ou civique que remplit l'individu au sein d'un ensemble de personnes ou d'un groupe particulier. La notion de lien est centrale au concept de communauté. Il s'agit des liens entre l'individu et d'autres individus ainsi que des liens entre l'individu et des éléments de son environnement.

Le logement est abordé, au niveau de la culture, comme la manière générale dont les membres d'une société se logent. Mais lorsqu'il est pris en compte au niveau de la communauté, il s'intègre tout à fait à cette analyse car il est évoqué au niveau de l'individu, du lien affectif et de l'importance que l'individu lui accorde.

La question de la communauté peut être posée en trois termes :
- en termes de similarité entre les deux communautés impliquées dans le transfert ;
- en termes de satisfaction avec sa communauté d'origine ;
- en termes d'attachement à sa communauté d'origine.

2.1.1. LES SIMILARITÉS DE COMMUNAUTÉ

Un des principaux résultats d'une recherche portant sur la mobilité au niveau national[40] est la réticence des salariés à accepter un transfert entre des communautés non similaires : un salarié, non disposé au transfert géographique vers une communauté différente, peut tout à fait être disposé au transfert vers une communauté similaire

Cette étude aborde la communauté sous l'angle de la dichotomie Rural/Urbain. Cette caractéristique saisit l'environnement à la fois dans sa dimension physique et sociologique et englobe le cadre de vie (défini par le Grand Robert comme « l'entourage, milieu physique ou humain dans lequel on vit »). D'autres dichotomies prenant en compte l'importance des villes (Capitale/Ville moyenne) ou, par exemple, des climats (Région sèche/Région humide) sont possibles. Ces aspects se focalisent essentiellement sur les caractéristiques du lieu de départ et de destination auxquelles sont rattachés un ensemble d'avantages et d'inconvénients variant en fonction des individus. Aussi, si la destination fait la différence, comme le concluent Noe et Barber[41], c'est souvent en référence à la communauté actuelle dans laquelle évolue l'individu.

Pour résumer, le concept de similarité de communauté indique que dans le cadre de la décision sont prises en compte à la fois la communauté de destination (telle qu'attendue et perçue *a priori*) et la communauté d'origine (comme vécue au moment où la décision est prise).

2.1.2. LA SATISFACTION ENVERS LA COMMUNAUTÉ D'ORIGINE

La question de la communauté peut également être abordée en termes de satisfaction[42] : à propos du logement, des personnes avec lesquelles l'individu est en contact (voisinage, activités partagées, etc.), du climat, de la taille de la ville, du lieu géographique, de la culture et de l'idéal que s'en fait l'individu.

Fisher et Shaw[43] parviennent à un facteur unique en mesurant la satisfaction avec la communauté d'avant le transfert (alpha de Cronbach = 0,84). C'est un indicateur de ce qu'abandonnent potentiellement les individus lors d'un transfert. Les auteurs mentionnent des études sociologiques sur la migration supportant l'idée que la satisfaction dans une communauté est négativement corrélée à l'intention de vivre un transfert. Les résultats de leur étude vont dans ce sens. Ils suggèrent que les individus éprouvent une certaine réticence à quitter une communauté qu'ils aiment. La satisfaction attendue envers la communauté de destination avant le transfert est abordée avec les mêmes items (alpha = 0,86) ainsi que la satisfaction effective trois mois après le transfert (alpha = 0,83).

Deux types de satisfaction avant le départ, celle concernant la communauté actuelle et celle attendue de la nouvelle communauté, peuvent influencer la décision de départ. On peut alors supposer qu'un salarié qui est satisfait dans la communauté où il vit sera moins disposé à la mobilité qu'un salarié non satisfait et à qui est offert l'opportunité de rejoindre la communauté à laquelle il aspire.

2.1.3. L'ATTACHEMENT ENVERS LA COMMUNAUTÉ D'ORIGINE

L'engagement des individus dans leur communauté semble conduire aux mêmes résultats que la satisfaction. En fait, la satisfaction et l'implication d'un salarié par rapport à sa communauté devraient réduire sa disposition à accepter un transfert géographique selon Noe et Barber[44]. La rupture potentielle des réseaux sociaux et la perte d'accès à certaines activités civiques ou de loisirs risquent d'entraîner une résistance vis-à-vis du transfert chez des salariés impliqués ou satisfaits de ces aspects de leur communauté. Les auteurs utilisent le terme générique d'attachement à une communauté. Les termes d'implication ou d'engagement sous-tendent alors l'existence d'un lien affectif entre l'individu et la communauté dans laquelle il vit.

Un premier indicateur de l'étendue de l'implication dans une communauté est le temps passé dans cette communauté[45]. Plus la période passée dans une communauté sera longue, moins l'individu sera disposé à être mobile[46]. Utiliser cet indicateur revient à faire l'hypothèse, à l'instar de Fisher et Shaw, que l'implication dans la communauté (implication dans des organisations hors travail et l'engagement envers des personnes) augmente en fonction du temps passé dans cette communauté.

Un second indicateur de l'attachement à une communauté[47] est le nombre d'amis intimes et de membres de la famille vivant dans un environnement proche. Cet indicateur paraît discutable dans la mesure où il capte l'attachement à des personnes uniquement en termes de quantité. C'est négliger l'aspect qualitatif. Un individu peut avoir seulement une paire d'amis et ses parents vivant à proximité et leur être très attachés. Ainsi, cet indicateur ne semble pas saisir avec pertinence l'attachement de l'individu aux personnes de son entourage. C'est plutôt l'importance d'être à proximité de ses amis ou des membres de sa famille, quel que soit leur nombre, qui devrait être mise en lumière.

Un dernier indicateur de l'attachement à un lieu est celui qui exprime le lien qui peut exister entre l'individu et son logement. La croyance véhiculée par les médias et certains professionnels voudrait que le fait d'être propriétaire de son logement soit un facteur limitant la mobilité. Utiliser l'indicateur propriétaire/non propriétaire revient à faire l'hypothèse que le fait d'être propriétaire reflète l'attachement de l'individu à son logement. À ce niveau, l'importance que l'individu confère à son logement serait peut-être plus judicieuse.

Introduire la notion d'importance conférée par l'individu à certains aspects de la communauté dans laquelle il vit conduit à présenter au côté du concept d'attachement objectif celui d'attachement subjectif.

2.2. Pertinence des indicateurs « relatifs » pour la mobilité internationale

Les recherches sur le transfert à un niveau national, prenant en compte la nature spécifique de l'opportunité de mobilité, dégagent trois antécédents principaux de la disposition envers la mobilité. Ce sont :
• la similarité des communautés impliquées dans le transfert ;
• la satisfaction envers la communauté actuelle ;
• l'attachement de l'individu à sa communauté actuelle.

L'examen de la pertinence de ces indicateurs « relatifs » pour la mobilité internationale conduit tout d'abord à introduire le concept de « mobilité relative ».

2.2.1. LA MOBILITÉ RELATIVE

Les résultats concernant les transferts à un niveau national devraient pouvoir être transposés au niveau des transferts internationaux.

Les femmes, par exemple, semblent désirer des affectations internationales, mais seulement dans certains pays[48]. La similarité perçue entre les communautés en jeu pourrait éclairer ce constat. Il n'y a apparemment aucune raison pour que ces décisions spécifiques à un lieu soulignées pour les femmes ne s'appliquent pas aux hommes.

L'important réservoir potentiel de candidats français pour l'Europe, mis en évidence par Bournois[49], serait peut-être plus maigre si la destination proposée était différente. Il serait intéressant d'avoir les résultats, par exemple, pour l'Afrique noire ou le Moyen-Orient. Les communautés de ces zones géographiques peuvent être perçues très différentes de celles du pays d'origine. À l'inverse, les communautés dans les pays voisins d'Europe peuvent paraître peu éloignées de communautés françaises. La disposition envers la mobilité peut s'avérer alors plus élevée pour cette zone géographique particulière.

Que le cadre accepte ou refuse une mobilité internationale, savoir si sa décision et celle de sa famille est spécifique à une zone géographique, et aurait donc pu être différente pour une autre destination, semble ouvrir une voie de recherche prometteuse.

Dans le cas d'une décision spécifique à un lieu, il faut alors introduire le concept de « mobilité relative » ou « conditionnelle ». On peut supposer qu'un certain nombre de cadres ne seront pas mobiles quelles que soient les circonstances, que d'autres accepteront toute mobilité et qu'une catégorie intermédiaire acceptera ou refusera la mobilité en fonction de la destination du transfert.

2.2.2. LES INDICATEURS DE DISPOSITION RELATIVE POUR LES EXPATRIÉS FRANÇAIS

L'objet de notre attention est la similarité entre les deux communautés en jeu lors d'une mobilité internationale, la satisfaction et l'attachement envers la communauté d'origine.

La similarité entre les deux communautés est examinée sur cinq éléments. Les cadres comparent le climat, la taille de la ville du lieu d'habitation, le logement, le cadre de vie en termes d'environnement physique et finalement le cadre de vie en tant que milieu humain sur une échelle de cinq points (1 = très différent à 5 = très proche). L'analyse statistique permet de regrouper ces cinq éléments en un indicateur de similarité. L'indicateur de similarité moyen pour les cadres français expatriés est 2,2.

Les réponses des cadres dans notre recherche indiquent que certaines personnes acceptent une mobilité internationale alors même que les communautés en jeu sont différentes. Pour ces personnes, la non similarité entre les communautés ne pose pas de problème quant à la décision de mobilité. L'indicateur de similarité des communautés devrait apporter plus d'informations dans la comparaison entre les personnes qui acceptent et celles qui n'acceptent pas une mobilité internationale.

La satisfaction envers la communauté d'origine est jaugée à l'aide des cinq mêmes éléments sur une échelle également de cinq points (1 = tout à fait insatisfait à 5 = tout à fait satisfait). L'analyse statistique permet d'obtenir un indicateur de satisfaction englobant ces cinq éléments. Pour les expatriés français, avant leur départ à l'étranger, l'indicateur de satisfaction moyen est de 3,9.

Nos résultats indiquent que les personnes qui acceptent une mobilité internationale sont en général satisfaites de la communauté dans laquelle elles vivent avant leur départ.

L'attachement envers la communauté d'origine nécessite une approche subjective et objective.
Dans l'approche subjective, l'attachement envers la communauté d'origine est saisi à l'aide d'items identiques aux précédents à l'exception du « cadre de vie (entourage, milieu humain) ». Il semble plus pertinent de remplacer cet item par les deux items suivants qui paraissent mieux saisir l'implication de l'individu dans la communauté :
1. Être à proximité de sa famille (parents et autres) et amis.
2. Votre engagement dans la vie de la communauté (association, vie civique, religieuse...).
Les cadres indiquent donc l'importance qu'ils accordent à six éléments de l'environnement dans lequel ils vivaient au moment de la décision (1 = pas du tout important à 5 = extrêmement important). L'analyse statistique permet de dégager trois indicateurs de l'implication des personnes dans leur communauté :
1. Attachement à la famille,
2. Implication sociale ;
3. Attachement à l'environnement physique.

Être à proximité de la famille est pour 67 % des expatriés pas du tout à moyennement important. Les personnes mobiles semblent alors avoir la capacité d'accepter l'éloignement de leurs proches. Elles n'accordent qu'une importance moyenne à l'environnement physique dans lequel elles vivent. Leur implication sociale est plutôt faible avec une moyenne de 2,3.

Globalement, les personnes qui acceptent une mobilité internationale ne semblent pas très attachées à la communauté dans laquelle elles vivent avant leur départ. Au contraire, nous pouvons anticiper que les personnes fortement attachées à leur communauté auront beaucoup de réticences à la quitter pour une autre.

Les trois formes d'attachement à la communauté (attachement à la famille, implication sociale et attachement à l'environnement physique) constituent un attachement subjectif dans la mesure où il repose sur l'appréciation des personnes.

Cette approche subjective de l'attachement est complétée par une approche objective. Les cadres indiquent, dans notre recherche, s'ils sont propriétaires de leur logement principal et s'ils sont membres d'une association ou d'un club lorsqu'ils prennent la décision de s'expatrier.

Les résultats sont résumés dans le tableau suivant :

Tableau 5.1. Attachement objectif

Indicateurs	oui	non
Propriétaire du logement principal	60,6 %	39,4 %
Membre d'une association	40,9 %	59,1 %

Une forte majorité de cadres sont propriétaires de leur logement principal quand ils acceptent une expatriation. Aussi, le fait d'être propriétaire de son logement ne semble-t-il pas représenter un obstacle à la mobilité. Au contraire même, disposer d'un logement dans son pays d'origine permettrait à l'expatrié de conserver un lien avec ses racines.

Les cadres membres d'une association sont plutôt minoritaires. Globalement, parmi les personnes qui déclarent appartenir à une association ou à un club, seulement 28 % accordaient de l'importance à cette implication sociale.

▼ Points clés

La disposition envers la mobilité internationale peut s'aborder en termes :
- soit absolus (sans référence à une destination particulière) ;
- soit relatifs (référence à une destination particulière).

Pour la mobilité internationale, la disposition dans l'absolu souligne l'importance du conjoint et du problème des doubles carrières.

Le concept de mobilité relative invite à mettre en perspective la mobilité internationale par rapport à une destination particulière.

La disposition relative examine la similarité des communautés en jeu lors d'une mobilité internationale ainsi que la satisfaction et l'attachement des personnes à la communauté d'origine.

Les cadres français qui ont accepté une mobilité internationale sont généralement satisfaits de leur communauté d'origine tout en y étant peu attachés.

▼ Fil d'Ariane

Les études sur la disposition envers la mobilité internationale des Français restent en devenir. Notre recherche s'est concentrée sur les expatriés, donc sur des personnes qui ont été disposées à la mobilité internationale. Aussi, indique-t-elle, *a posteriori*, des caractéristiques relatives à la disposition envers la mobilité internationale.

Les facteurs déterminant la disposition envers la mobilité internationale sont en général peu étudiés. La majorité des travaux consacrés à la disposition envers la mobilité concerne la mobilité au niveau national. Il existe un véritable intérêt d'utiliser leurs résultats pour étudier la disposition envers la mobilité internationale. L'étude de la communauté apporte un éclairage intéressant sur la disposition des expatriés français. Un autre facteur semble au centre de la décision d'expatriation des individus. Il s'agit de leur situation de carrière qui fait l'objet du chapitre suivant.

Pistes d'action

Les entreprises

Identifier les personnes qui sont des :

« Non mobiles inconditionnels », quelles que soient les circonstances.

Mobiles conditionnels, en fonction des caractéristiques de la destination ou du moment où pourrait être vécue la mobilité.

Mobiles inconditionnels, quelles que soient les circonstances.

Évaluer régulièrement la disposition des salariés envers la mobilité internationale, par exemple dès le recrutement et ensuite dans le cadre de l'entretien d'évaluation annuel ou par la mise en place d'auto-évaluation via l'Intranet.

Ajouter aux facteurs professionnels les facteurs personnels dans l'évaluation de la disposition des salariés envers une mobilité internationale.

Les salariés

Réfléchir à votre disposition envers la mobilité internationale.

Des trois descriptions suivantes, quelle est celle qui vous correspond le mieux ? :

– Quelles que soient les circonstances, une mobilité internationale n'est pas envisageable.

– En fonction des caractéristiques de la destination ou du moment où elle pourrait être vécue, une mobilité est envisageable.

– Quelles que soient les circonstances, une mobilité est toujours envisageable.

Quel est votre attachement à la « communauté » dans laquelle vous vivez ? Êtes-vous prêt à la laisser pour d'autres horizons ?

Prendre en compte la disposition de votre famille dans la mesure où cette dernière vous accompagne.

Notes

1. Noe et Barber, 1993, Willingness to accept mobility opportunities : Destination makes a difference.

2. Brett et Reilly, 1988, On the road again : Predicting the job transfer decision.

3. Speare, 1974, Residential satisfaction as an intervening variable in residential mobility.

4. Pinder et Schroeder, 1987, Time to proficiency following transfers.

5. Brett et Reilly, 1988, On the road again : Predicting the job transfer decision ; Gould et Penley, 1985, A study of the correlates of willingness to relocate ; Noe, Steffy et Barber, 1988, An investigation of the factors influencing employee's willingness to accept mobility opportunities ; Veiga, 1983, Mobility influences during managerial career stages.

6. Fisher et Shaw, 1994, Relocation attitudes and adjustment : A longitudinal study.

7. Brett, Stroh et Reilly, 1993, Pulling up roots in the 1990s : Who's willing to relocate ?

8. Anderson, Milkovich et Tsui, 1981, A model of intra-organizational mobility ; Angle et Manz, 1988, Member mobility when organizations relocate ; Markham et Pleck, 1986, Sex and willingness to move for occupational advancement : Some national sample results.

9. Brett et Reilly, 1988, On the road again : Predicting the job transfer decision.

10. Anderson *et al.*, 1981, A model of intra-organizational mobility.

11. Veiga, 1983, Mobility influences during managerial career stages.

12. Angle et Manz, 1988, Member mobility when organizations relocate ; Brett et Reilly, 1988, On the road again : Predicting the job transfer decision.

13. Anderson *et al.* 1981, A model of intra-organizational mobility ; Angle et Manz, 1988, Member mobility when organizations relocate.

14. Brett et Reilly, 1988, On the road again : Predicting the job transfer decision.

15. Markham *et al.* 1983, A note on sex, geographic mobility, and career advancement.

16. Angle et Manz, 1988, Member mobility when organizations relocate.

17. Angle et Manz, 1988, Member mobility when organizations relocate ; Brett et Reilly, 1988 ; On the road again : Predicting the job transfer decision.

18. Gould et Penley, 1985, A study of the correlates of willingness to relocate.

19. Brett et Reilly, 1988, On the road again : Predicting the job transfer decision.

20. Dany, Livian et Sarnin, 1991, La gestion des carrières des cadres en France, vue par les cadres.

21. Stilwell *et al.*, 1989, Transfer decision making : Different decision models depending on the transfer condition ?

22. Anderson *et al.*, 1981, A model of intra-organizational mobility ; Meyer et Allen, 1984, Testing the « side-bet theory » of organizational commitment : Some methodological considerations.

23. Stilwell *et al.*, 1989, Transfer decision making : Different decision models depending on the transfer condition ?

24. Angle et Manz, 1988, Member mobility when organizations relocate.

25. Gould et Penley, 1985, A study of the correlates of willingness to relocate.

26. Stilwell *et al.*, 1989, Transfer decision making : Different decision models depending on the transfer condition ? ; Noe, Steffy et Barber, 1988, An investigation of the factors influencing employee's willingness to accept mobility opportunities.

27. Angle et Manz, 1988, Member mobility when organizations relocate ; Markham *et al.*, 1983, A note on sex, geographic mobility, and career advancement.

28. Stilwell *et al.*, 1989, Transfer decision making : Different decision models depending on the transfer condition ?

29. Markham et Pleck, 1986, Sex and willingness to move for occupational advancement : Some national sample results.

30. Brett, Stroh et Reilly, 1993, Pulling up roots in the 1990s : Who's willing to relocate ?

31. Noe *et al.*, 1988, An investigation of the factors influencing employee's willingness to accept mobility opportunities.

32. Brett et Werbel, 1980, The effect of job transfer on employees and their families.

33. Markham et Pleck, 1986, Sex and willingness to move for occupational advancement : Some national sample results.

34. Brett, Stroh et Reilly, 1993, Pulling up roots in the 1990s : Who's willing to relocate ?

35. Brett, Stroh et Reilly, 1993, Pulling up roots in the 1990s : Who's willing to relocate ?

36. Brett et Stroh, 1995, Willingness to relocate internationally.

37. Brett *et al.*, 1992, p. 146, What is it like being a dual-career manager in the 1990s ? se référant à Rodman, 1972, Marital power and the theory of resources in cultural context.

38. Fisher et Shaw, 1994, Relocation attitudes and adjustment : A longitudinal study.

39. Oxford Dictionary, Collins ou Grand Robert (CD ROM).

40. Noe et Barber, 1993, Willingness to accept mobility opportunities : Destination makes a difference.

41. Noe et Barber, 1993, Willingness to accept mobility opportunities : Destination makes a difference.

42. Fisher et Shaw, 1994, Relocation attitudes and adjustment : A longitudinal study.

43. Fisher et Shaw, 1994, Relocation attitudes and adjustment : A longitudinal study.

44. Noe et Barber, 1993 s'appuyant sur les travaux de Swanson *et al.*, 1979 et de Veiga, 1983.

45. Fisher et Shaw, 1994, Relocation attitudes and adjustment : A longitudinal study ; Noe et Barber, 1993, Willingness to accept mobility opportunities : Destination makes a difference.

46. Gould et Penley, 1985 ; Noe *et al.*, 1988, An investigation of the factors influencing employee's willingness to accept mobility opportunities ; Swanson *et al.*, 1979, Factors influencing willingness to move : An examination of non-metropolitan residents.

47. Noe et Barber, 1993, Willingness to accept mobility opportunities : Destination makes a difference.

48. Weeks, 1993, Reluctant Expatriates. Across the Board.

49. Bournois, 1991, La gestion des cadres en Europe.

CHAPITRE 6

SITUATION DE CARRIÈRE ET MOBILITÉ INTERNATIONALE

▼ Repère

Les deux chapitres précédents ont traité des motivations et des freins à la mobilité internationale, ainsi que de la disposition envers la mobilité internationale.

Dans ce chapitre, nous analysons comment la situation de carrière peut avoir une influence sur la décision d'expatriation et sur l'adaptation dans le pays d'affectation.

Jusqu'ici, les études mentionnées ont décrit un ensemble de facteurs, positifs et négatifs influençant la disposition à la mobilité internationale et la décision de partir à l'étranger. La carrière du cadre et celle de son conjoint (cas des couples à double carrière) semblent au centre des enjeux dans la prise de décision.

Cependant la notion de carrière est entourée d'un flou conceptuel qui n'a d'égal que la fréquence de son emploi. Des précisions à ce niveau sont donc utiles tandis que les apports des théories relatives aux carrières semblent incontournables pour comprendre les stratégies individuelles des cadres et tenter d'approfondir l'étude de leur décision. Deux aspects sont particulièrement développés, à savoir les étapes et le plafonnement de carrière.

1. Le concept de carrière

Étymologiquement le mot carrière signifie « chemin pour les courses de chars ». Cette définition lui confère une connotation de progression, le mot carrière étant, au demeurant, souvent associé dans les organisations au mot développement[1].

La notion de carrière d'un cadre peut être abordée de plusieurs manières. Ainsi, Bournois[2] répertorie-t-il sept définitions possibles de la carrière. Elles correspondent à des travaux anglo-saxons[3] qui donnent des exemples de huit approches différentes dans les sciences sociales. À titre d'illustration, en psychologie, la carrière peut être vue comme une vocation, un véhicule pour la réalisation de soi, ou encore une composante de la structure de la vie de l'individu. La sociologie l'aborde comme la tenue successive de rôles sociaux. L'économie l'évoque comme une réponse aux forces du marché. Quant aux sciences politiques, elles s'intéressent à la carrière comme la représentation de l'intérêt personnel. L'anthropologie se focalise plutôt sur le passage entre différents statuts.

En gestion, les auteurs voient souvent la carrière comme une succession d'emplois tenus pendant la vie dans l'entreprise. C'est donc souvent de la carrière objective, constituée d'aspects structurels et observables qu'il s'agit.

Cependant la principale caractéristique de la carrière est sa « dualité ontologique »[4], avec une « face objective » et une « face subjective » constituée d'aspects personnels et signifiants. La perception du succès par l'individu appartient à cette dernière face. Le concept de carrière revêt une signification à la fois pour l'individu poursuivant un emploi (carrière interne) et pour l'organisation essayant d'obtenir une voie de développement raisonnable pour les salariés, voie pouvant être suivie durant leur vie de travail dans le contexte organisationnel (carrière externe) [5]. La carrière interne est évidemment notre propre carte subjective, mais la carrière externe est de la même manière une construction et interprétation d'événements et de stimuli externes sélectionnés[6]. Ces deux catégories de carrière correspondent à des vues individuelles et perceptuelles construites. Les définitions subjectives (« la carrière interne ») précisent pour l'individu la signification du succès, le cheminement à suivre pour l'atteindre, et par implication, les événements stressants et décevants[7]. Ceux qui, comme Mansfield[8], privilégient une approche subjective s'intéressent à l'évaluation que fait l'individu de sa carrière. Périodiquement chaque individu vérifie si sa progression a été conforme à son plan de carrière et donc si ses attentes ont été satisfaites. Le succès ou non succès de sa carrière découlera de ce processus d'évaluation. Inhérent au concept de carrière est la notion de progrès ou d'avancement. En considérant la dimension interne-externe de la carrière, le succès de carrière peut être évalué soit en termes de critères définis « sociétalement », soit en termes de critères subjectifs propres à l'aspirant à la carrière individuelle[9].

La planification de carrière (le travail de l'individu salarié qui tente de planifier sa carrière d'une manière personnelle, satisfaisante et productive) et la gestion de carrière (l'activité de l'organisation qui sélectionne, évalue, affecte et développe les salariés pour fournir un bassin de personnes qualifiées pour satisfaire les besoins futurs de l'organisation) constituent les deux extrémités d'un continuum représentant les activités de développement de carrière[10].

C'est la planification de carrière qui constitue notre préoccupation première ainsi que la carrière interne puisqu'elle correspond aux aspirations des individus.

Selon Aryee et Debrah[11], l'intérêt dans le plan de carrière au niveau de l'individu provient de trois éléments :

1. Un déplacement des valeurs de la société s'effectuant de l'importance accordée à la rémunération et autres avantages sociaux vers des récompenses psychologiques comme les opportunités de développement personnel.

2. La réussite dans la vie n'est plus définie seulement en termes de résultats liés au travail comme la promotion et la rémunération mais sont également pris en compte désormais les résultats liés aux activités extra-professionnelles.

3. La sécurité de l'emploi devient de plus en plus un vestige du passé.

Selon Hall[12] planifier sa carrière est un processus délibéré qui consiste à :

1. Devenir conscient des possibilités et des contraintes qui se présentent, des choix à effectuer et de leurs contraintes.

2. Identifier ses objectifs de carrière.

3. Programmer le travail, la formation et les expériences de développement afin d'être en mesure de définir la direction et les étapes à suivre pour atteindre un objectif spécifique de carrière.

Néanmoins comme le remarquent Foucher et Hogue[13], il n'existe pas une seule façon, « a one best way », de planifier sa carrière. L'individu s'engage dans un certain nombre de processus qui peuvent suivre un cycle de carrière[14]. Le déroulement de la carrière d'un individu peut aussi se révéler insatisfaisant et engendrer certains problèmes comme le plafonnement. La nature des problèmes a tendance à se modifier selon l'étape atteinte dans le cycle. De plus, comme l'a proposé Schein[15], l'individu se donne des ancres de carrière en fonction des besoins qu'il cherche à satisfaire.

La littérature traitant du concept de carrière s'articule pour une partie autour de ces trois points critiques que sont :
1. Les étapes de la carrière.
2. Le concept de plateau de carrière.

3. Les ancrages de carrière et les différents types de carriéristes (choix du cheminement de carrière).

Nous allons aborder dans ce chapitre les deux premiers points, le troisième faisant l'objet d'un chapitre particulier consacré aux choix de carrière. Ces points devraient permettre un éclairage nouveau sur la décision des cadres d'accepter ou non une mobilité internationale. Ils devraient surtout pouvoir expliquer les motifs des individus concernant une mobilité internationale.

2. Les étapes de la carrière

2.1. Trois grandes périodes

Certains chercheurs[16] ont entrepris d'identifier les phases principales de l'évolution de la carrière d'un individu, parallèlement aux travaux sur les étapes du développement de la personne[17] ou ceux sur les crises que l'individu doit franchir à l'âge adulte[18]. Ainsi, traditionnellement la carrière est vue comme une progression stable, suivant une série d'étapes plus ou moins prédéterminées.

Trois grandes périodes sont en général retenues dans ce qui constitue des modèles de cycle de vie :

1. *La période d'exploration.*

   Elle correspond au début de carrière où l'individu cherche sa « voie ». Il fait l'expérience de divers choix professionnels et de différents types d'organisations.

2. *La période de consolidation qui se décompose en deux périodes :*
   - l'établissement et l'avancement.

     Cette période est caractérisée par une série de mouvements organisationnels comme les promotions ou transferts. La progression est alors synonyme de succès ;
   - la croissance, le maintien ou la stagnation.

     Cette période correspond à la « mi-carrière ». L'individu peut toujours être désireux de progresser dans la hiérarchie ou préférer se maintenir dans sa position actuelle. La stagnation peut survenir également si le salarié a atteint son potentiel maximal ou si l'organisation, faute de croissance, n'a pas d'opportunité à lui présenter ;

3. La période de détachement graduel.

L'individu se désengage progressivement de sa carrière, soit « forcé » par le progrès technique ou ses propres défaillances, soit en décidant de se retirer psychologiquement de la sphère professionnelle. Cette période se conclue par la retraite.

Ces différentes phases d'évolution de carrière sont représentées par la figure 6.1.

Figure 6.1 : Les différentes étapes de la carrière.

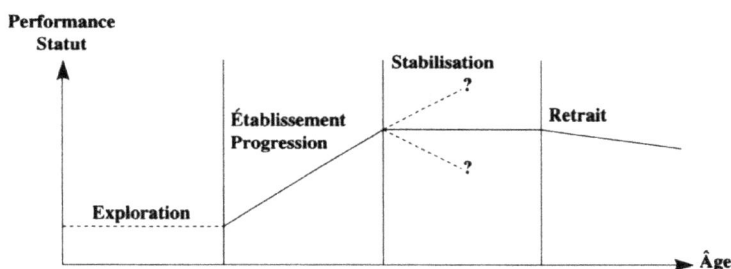

Source : d'après Hall, 1976.

Un postulat de base commun à ces modèles est que les comportements humains s'inscrivent sur le long-terme. Comme le souligne Courpasson[19] :

« *On y place l'individu dans une situation fixée a priori, qui lui reste extérieure et sur laquelle il n'a pas de prise.* »

Ces modèles sont réducteurs dans la mesure où ils supposent implicitement l'existence de comportements homogènes au cours du temps. La position subjective que s'attribue le cadre par rapport à ce cycle de vie semble la plus profitable pour notre recherche. Une description de chacune des phases est présentée aux individus qui choisissent celle leur correspondant le mieux. Cela revient à énoncer les cinq propositions ci-après :

1. En début de carrière, et cherchant encore ma « voie ».

2. En plein progrès de carrière et n'ayant pas atteint la « mi-carrière ».

3. À « mi-carrière » et désirant progresser.

4. À « mi-carrière » et me maintenant dans ma position.

5. En phase de désengagement progressif de ma carrière.

▧ *Brett et Stroh[20] utilisent les étapes de Hall pour opérationaliser l'ambition des individus dans la carrière. Étudiant la disposition des managers envers un transfert international,*

l'ambition de la carrière, à partir des étapes de carrière, est transformée en variable dicho-
tomique (avancement ou non dans la carrière). Les trois premiers items que nous propo-
sons correspondent à l'avancement alors que les deux derniers correspondent plutôt à une
stagnation ou à un retrait. ▨

La population d'expatriés se concentre surtout sur les étapes « progression » et
« stabilisation » comme le montrent les résultats de notre recherche.

Ces résultats sont résumés dans le tableau 6.1.

Tableau 6.1 : Étapes de carrière et les expatriés français.

	Étapes de carrière	Expatriés (%)
1	En début de carrière, et cherchant encore ma « voie »	10,4
2	En plein progrès de carrière et n'ayant pas atteint la « mi-carrière »	38,1
3	À « mi-carrière » et désirant progresser	39,3
4	À « mi-carrière » et me maintenant dans ma position	8,7
5	En phase de désengagement progressif de ma carrière	3,5

Ce sont plus particulièrement les étapes 2 (en plein progrès de carrière) et 3
(à « mi-carrière » et désiant progresser) qui sont majoritaires. Cette situation
ne repose pas forcément sur le choix des individus. En effet, les entreprises
proposent peut-être plus naturellement une expatriation aux personnes se
situant dans les étapes de carrière 2 et 3, c'est-à-dire des personnes qui
progressent dans leur carrière. L'expatriation dans une optique de développement des managers concerne sans doute des personnes appartenant à ces
étapes.

La propension à partir des personnes dans l'étape 1 (période d'exploration)
est certainement forte, spécialement pour les jeunes diplômés. Pourtant, la
plupart du temps, ces jeunes diplômés sont exclus de l'expatriation par les
organisations. Rivoal[21] voit dans cette situation un paradoxe. En effet, en
début de carrière, les jeunes, selon l'auteur, ne demanderaient qu'à partir,
n'ayant pas de fortes attaches affectives ni matérielles. Un motif puissant serait
alors l'expérience personnelle dans une autre culture. Lorsque leur est faite une
proposition d'expatriation au bout de deux ou trois ans, il est parfois trop tard,
leur disposition à la mobilité étant moindre.

Au niveau de l'individu, il semble intéressant d'étudier le lien entre les étapes de carrière et les motifs d'expatriation.

2.2. Étapes de carrière et motifs

Les étapes de carrière sont pertinentes lorsqu'il s'agit de les rapporter aux motivations des personnes qui acceptent une expatriation. Il semble logique que les trois étapes (étape 1, étape 2 et étape 3) correspondant à l'avancement de la carrière soient associées à la motivation « carrière » *via* les promotions, particulièrement les promotions futures espérées. Au contraire, les personnes se percevant dans une des deux dernières étapes devraient être peu motivées par la carrière. Le désir de changement et les expériences personnelles devraient être leurs principaux motifs.

Les étapes de carrière influencent peut-être plus la nature des motifs pour partir que la décision de partir ou non. En revanche, le stade de la vie familiale pour les couples à double carrière devrait influencer la décision de partir ou non.

2.3. Problème des doubles carrières

La décision du cadre prend certainement en compte le fait que son conjoint est également impliqué dans une carrière.

Tableau 6.2. : Liens entre les stades de la vie familiale, de l'épanouissement personnel et de la carrière.

Stades de la vie familiale	Stades de l'épanouissement personnel	Stades de la carrière
1. Début du mode de vie à deux carrières	besoin d'établir son identité	exploration
2. Jeune couple marié sans enfant	besoin de s'établir, suivi par un désir de se réaliser davantage	établissement
3. Jeunes parents	femme : épanouissement par les enfants	femme : maintien ou stagnation
4. Parents matures	désir de changement pour les deux	femme : avancement homme : déclin
5. Le nid vide	femme : épanouissement par l'implication dans la carrière homme : épanouissement par l'implication dans la famille	homme : déclin

Source : adapté de Sekaran, 1992, p. 30.

La plupart des articles consacrés à la mobilité internationale mettent en avant le problème de la double carrière comme frein à la mobilité. Néanmoins, ils omettent, le plus souvent, de lier la question de la double carrière à celle de la vie familiale. Sekaran[22] présente un tableau (6.2) des liens entre les stades de la carrière, de la vie familiale et de l'épanouissement personnel. Elle rappelle qu'elle a identifié lors de recherches précédentes cinq stades de la vie familiale des couples à deux carrières : (1) le début du mode de vie à deux carrières (jeunes partenaires mariés tout en ayant chacun leur carrière), (2) le jeune couple marié sans enfant (premières années après le mariage), (3) les jeunes parents (les enfants sont nés mais sont encore en bas âge ou pré adolescents), (4) les parents matures (les enfants adolescents sont plus ou moins autonomes) et (5) le nid vide (les enfants ont quitté la maison familiale qui se compose désormais uniquement de l'homme et de la femme).

La mobilité s'inscrit dans un temps familial particulier. Pour un couple à double carrière, le stade de la vie familiale où il se situe devrait influencer la décision de mobilité internationale du cadre. Les cadres dans le stade de la vie familiale, « jeune couple marié sans enfant », « jeunes parents » et « nid vide » auront plus de chances de partir que ceux en « début du mode de vie à deux carrières » ou en situation de « parents matures ».

Par rapport à la dimension temps, le concept de plateau ou de plafonnement de carrière peut également être introduit.

3. Le plafonnement de carrière

Selon Tremblay[23], le plafonnement de la carrière apparaît comme inévitable. En revanche, l'auteur souligne que ce phénomène apparaît de plus en plus tôt dans la carrière des individus. Le nombre croissant de cadres touchés, temporairement ou de façon permanente, crée un véritable problème à l'organisation, notamment en termes de gestion de carrières.

Plusieurs formes de plafonnement ont été mises en lumière. Par exemple, Bardwick[24] identifie trois formes de plafonnement : plafonnement structurel, de contenu et de vie. Selon Tremblay, Wils et Lacombe[25], une autre forme de plafonnement mérite l'attention, à savoir le plafonnement salarial. Nous allons nous attacher au plafonnement structurel, au plafonnement de contenu et au plafonnement salarial pour étudier le lien éventuel entre cette situation particulière de carrière et la décision de mobilité internationale. Par exemple, sont analysés les liens plafonnement-motivations ou plafonnement-adaptation en relation avec la décision-adaptation. Ne sont pas pris en compte le plafonnement externe et l'aspect volontaire ou non du plafonnement, jugés moins pertinents dans cette étude.

3.1. Le plafonnement structurel

3.1.1. DÉFINITION

Le modèle de plafonnement de carrière le plus largement accepté est celui de Ference, Stoner, et Warren[26]. La majeure partie des recherches empiriques repose sur ce modèle d'analyse de la carrière des cadres[27].

Les auteurs définissent le plafonnement de carrière comme le moment où l'on juge qu'il est peu probable qu'un individu obtienne un mouvement ascendant dans un avenir rapproché. Seule l'absence de mobilité verticale est alors associée avec le phénomène de plafonnement. Cependant, pour d'autres auteurs, le plateau de carrière reviendrait à une absence totale de mobilité, tant verticale qu'horizontale[28].

Le modèle de Ference, élaboré sur la base d'interviews exploratoires dans neuf organisations majeures, permet de classifier les situations managériales en fonction de deux dimensions, à savoir le potentiel et la performance. La notion de potentiel est très attachée à la notion de mobilité hiérarchique. Néanmoins, pouvant être définie comme la capacité de l'individu à évoluer[29], elle ne saurait écarter la mobilité horizontale. Cette dimension est parfois assimilée à la probabilité de promotion[30]. Le tableau 6.3 présente ce modèle qui s'organise autour de ces deux dimensions.

Tableau 6.3. : Modèle d'analyse de la carrière des cadres

Performance	Potentiel	
	faible (plafonné)	élevé (non plafonné)
faible	branches mortes	réserves
élevée	piliers	étoiles

Source : d'après Ference, 1977, p. 603.

Quatre situations de carrières managériales sont ainsi possibles. Un manager peut donc être perçu comme une étoile, une réserve, un pilier ou un bois mort (branche morte).

Les étoiles sont ces managers qui reçoivent le plus d'attention dans les programmes de développement professionnel. Ce sont les Hauts Potentiels (H.P.), ceux qui sont sur le chemin d'une ascension rapide (« fast track »). Un cheminement « royal » de carrière les attend s'ils ne « déraillent » pas en route. Leur rendement dans leur emploi actuel est exceptionnel.

À la différence des étoiles, les réserves ont une performance actuelle jugée en deçà des normes ou des attentes. Cette faiblesse relative peut s'expliquer notamment par la période d'apprentissage ou d'intégration liée à l'arrivée dans une organisation. Elle peut aussi correspondre à la période nécessaire pour maîtriser un nouveau poste à la suite d'une promotion. Leur probabilité de promotion est élevée. Comme les étoiles, ces managers ne sont pas en situation de plafonnement contrairement aux « piliers » et « bois morts ».

En effet, les piliers sont considérés comme ayant peu de chance de se voir offrir une promotion dans un avenir immédiat et même lointain bien que leur performance soit considérée comme satisfaisante ou même exceptionnelle. Dans la plupart des organisations, ils constituent le groupe majoritaire.

Enfin, vraisemblablement les individus les plus problématiques pour l'organisation, les bois morts, semblent à la croisée des faiblesses en regard de leur probabilité de promotion et de leur performance. Leur motivation peut être au plus bas et leurs attitudes négatives déteindre sur leurs collègues et subordonnés.

Cette typologie des carrières managériales associe à un instant « t » un manager avec une métaphore à connotation plus ou moins positive. Le cheminement de carrière classique d'un individu considéré globalement, en partant du début de carrière à la fin, devrait voir ce dernier passer de « réserves » à « étoiles » avant de devenir « pilier » et conclure comme « branche morte ». L'analyse peut se focaliser à un niveau plus séquentiel. En effet, le cadre non plafonné peut passer de réserve (commencement de carrière) à étoile (maîtrise du premier emploi) pour repasser à réserve, à l'occasion d'une promotion dans la période initiale du nouveau poste occupé, avant d'atteindre le niveau de performance attendue et donc de rejoindre à nouveau la catégorie étoile. Si le passage d'étoile à pilier apparaît comme un développement naturel, le mouvement inverse, à la faveur d'événements professionnels ayant comme résultat le fait de revenir un potentiel élevé, est une hypothèse envisageable. Le passage entre non-plafonnement et plafonnement aura parfois un caractère permanent et donc irréversible qui rend le phénomène craint et redouté pour tout cadre ayant l'ambition de progresser au sein de la hiérarchie[31]. Enfin, le cadre plafonné peut osciller entre pilier et branche morte pour finalement finir branche morte.

La manière dont se perçoivent les cadres pourrait influencer leur décision quant à la mobilité internationale. Généralement les hauts potentiels ne savent pas officiellement qu'ils en font partie. Se supposer faire partie de cette catégorie peut inciter à accepter une mobilité internationale afin de garder ses chances de progression. Se considérer comme un bois mort peut inciter à partir pour des raisons de rémunération et peut être l'espoir de revenir pilier. Cela revient aussi à partir pour le motif négatif signalé par Borg[32], à savoir des possibilités de carrière réduites dans la société mère. Cette catégorie correspond aux « agents libres » de Black et Gregersen[33] qui prennent des missions internationales soit à cause d'une situation de plateau, soit uniquement attirés par l'aspect financier. Pour les réserves, la mobilité peut constituer un risque dans la mesure où ils ne se sentent pas suffisamment performants. Les piliers peuvent percevoir la mobilité internationale comme un risque, mettant en péril leur performance élevée et pouvant les condamner « branches mortes » au retour. Ces scénarios doivent évidemment être testés. À ce stade, il semble raisonnable de considérer que la position que s'attribue l'individu puisse influencer sa décision.

3.1.2. OPÉRATIONALISATION

Lorsqu'il s'agit de mesurer la situation de plafonnement d'un individu à partir de sa propre perception, la matrice de Ference s'avère inopérante. En effet, elle concerne surtout, d'après ses auteurs, le point de vue de l'organisation. C'est de l'appréciation organisationnelle des chances d'avancement de l'individu dont il s'agit.

Tremblay[34], analysant la relation entre le plafonnement de carrière et les attitudes au travail des cadres, propose la mesure de deux types de plafonnement :

- à la « carrière objective », l'auteur rattache le « plafonnement objectif » mesuré par la stabilité dans le poste. Le nombre d'années passées dans le présent emploi représente la stabilité ou son absence ;

- à la « carrière subjective », l'auteur rattache le « plafonnement subjectif ». La perception des sujets, vis-à-vis de leur statut actuel de carrière, est mesurée à l'aide des deux expressions suivantes : « Pensez-vous être demeuré à votre niveau beaucoup trop longtemps ? » et « J'occupe une position sans issue ».

La dimension objective (observable) se heurte au problème du choix du nombre d'années pertinent permettant de trancher si l'individu est plafonné ou non. Les deux expressions de Tremblay saisissent des situations de plafonnement. Par rapport à la matrice de Ference, elles permettent de distinguer les individus de la colonne gauche (branches mortes et piliers) de ceux de la colonne droite (réserves et étoiles). En effet, elles prennent en compte une seule dimension, à savoir la perception qu'a l'individu de son évolution dans l'organisation. La performance, plus délicate à apprécier par l'individu, n'est pas retenue.

La dimension subjective (perception individuelle) paraît plus prometteuse. Les résultats d'études plus récentes mettent en doute l'influence de la longévité dans un poste sur les attitudes et les comportements de l'individu en termes de carrière[35]. La perception et l'évaluation de sa carrière par l'individu auraient plus d'influence. Les résultats d'autres recherches[36] montrent également que le pouvoir explicatif du plafonnement de carrière subjectif est significativement plus grand que celui du plateau objectif. Aussi semble-t-il plus pertinent de se concentrer sur le plafonnement structurel subjectif.

Les études sur le plafonnement des ingénieurs conduites dans le milieu des années 1990[37] proposent un instrument de mesure de la dimension subjective du plafonnement. Notre recherche a repris cet instrument pour les cadres français expatriés. Les résultats permettent de définir une échelle composée de quatre items correspondant au plafonnement structurel subjectif des expatriés lors de leur prise de décision d'expatriation :

1. Je crois être demeuré(e) trop longtemps à mon niveau actuel.

2. J'ai le sentiment d'avoir fait le tour de mon emploi actuel.

3. Je n'ai plus rien à apprendre dans mon poste actuel.

4. Ma carrière est bloquée. J'ai le sentiment que je suis figé(e) dans mon poste actuel.

3.2. Le plafonnement de contenu

Comme pour le plafonnement structurel, nous commençons par définir le plafonnement de contenu avant d'aborder son opérationalisation.

3.2.1. DÉFINITION

Lorsque l'individu finit par trop bien connaître son travail, qui perd donc de sa difficulté, il risque de connaître le plafonnement de contenu[38]. Le travail devient ennuyeux, ne présentant plus rien d'excitant. L'individu se trouve dans une impasse où il réalise qu'il n'a plus rien à apprendre. Des auteurs[39] évoquent alors le plateau de carrière comme l'absence intrinsèque de stimulation.

Une personne plafonnée en termes de contenu pourrait saisir l'opportunité d'une mission dans un contexte international. En effet, elle pourrait y voir l'occasion d'un défi nouveau, d'une possibilité d'apprendre de nouveau, de faire face à de nouvelles responsabilités.

3.2.2. OPÉRATIONALISATION

Les études précitées sur les ingénieurs proposent, pour opérationaliser le plafonnement de contenu, trois items. Les trois propositions constituant l'instrument sont les suivantes :
1 Mon travail m'offre beaucoup de défi et de satisfaction.
2. Mon emploi a beaucoup changé et de façon positive depuis le temps que je l'occupe.
3. On me confie constamment de nouvelles missions ou de nouvelles responsabilités.
Comme dans le cas du plafonnement structurel subjectif, les cadres indiquent dans quelle mesure ils étaient en accord avec chacune de ces affirmations au moment de leur décision quant à la mobilité internationale. Les résultats de notre recherche conduisent à retenir ces trois items comme mesure synthétique du plafonnement de contenu.

3.3. Le plafonnement salarial

Comme pour les deux autres types de plafonnement étudiés, nous procédons en deux étapes, la définition suivie de l'opérationalisation.

3.3.1. DÉFINITION

Tremblay et ses collègues[40] exposent le plafonnement salarial, à l'instar du plafonnement structurel, en deux dimensions.

Le plafonnement salarial objectif correspond à la situation dans laquelle un individu a atteint le maximum de son échelle de salaire. Cependant, sans avoir atteint ce maximum, l'individu peut avoir le sentiment que son salaire a une probabilité quasi nulle d'augmenter s'il reste dans la situation qu'il occupe. La mobilité internationale peut lui permettre d'accéder à une position plus avantageuse sur le plan salarial. En situation de plafonnement salarial, la rémunération devrait être un motif puissant pour partir.

3.3.2. OPÉRATIONALISATION

Pour saisir le plafonnement salarial objectif, les chercheurs[41] posent la question suivante :
Avez-vous atteint le maximum de votre échelle de salaire ?
Les individus ont le choix entre oui et non.
Notre recherche retient uniquement le plafonnement salarial subjectif puisqu'elle se focalise sur la perception individuelle. Ce plafonnement est évalué par deux items que les résultats de la recherche n'ont pas permis de regrouper en mesure synthétique :

1. Pour voir mon salaire progresser, je devais être promu(e) à un poste de niveau supérieur.
2. Les probabilités de voir mon salaire progresser au-delà du coût de la vie étaient faibles.
Le premier item correspond alors au plafonnement salarial-carrière alors que le second
correspond au plafonnement salarial-coût de la vie. ▦

3.4. Plafonnements et mobilité internationale

3.4.1. MOTIFS ET PLAFONNEMENTS

Le plafonnement subjectif structurel, le plafonnement subjectif de contenu et le plafonnement subjectif salarial devraient avoir tous trois une influence sur la décision des cadres. Notre recherche corrobore cette hypothèse. Les individus expriment bien des motifs différents en fonction de leur perception d'être plafonnés ou non sur chacune de ces trois dimensions.

Plus les cadres sont plafonnés en termes de contenu, plus ils expriment le motif négatif de fuite de problèmes personnels et moins ils font part des motifs relatifs à l'expérience personnelle et à une meilleure évolution de carrière.

Quand les cadres sont des « plafonnés structurels », ayant fait le tour de leur emploi, ils manifestent le désir de changement comme motif pour l'expatriation. En revanche, plus ils sont des plafonnés structurels, moins ils sont motivés par la rémunération.

Ce sont les plafonnés « salaire /carrière » (ceux qui doivent être promus pour voir leur salaire progresser) qui affichent la rémunération comme motif pour l'expatriation. En revanche, moins les personnes sont plafonnées « salaire/coût de la vie » (celles pour lesquelles les probabilités de voir leur salaire progresser au-delà du coût de la vie étaient faibles) plus elles expriment le motif du changement pour la mobilité internationale.

3.4.2. PLAFONNEMENTS ET ADAPTATION

Nous avons relevé l'association entre les motifs négatifs et les difficultés d'adaptation dans le chapitre consacré aux motifs d'expatriation. Aussi, dans cette logique, les personnes en situation de plafonnement au moment de la décision quant à la mobilité internationale, devraient-elles avoir de plus grandes difficultés d'adaptation que les personnes non plafonnées. En effet, la situation de plafonnement est plutôt une situation négative pour l'individu. Les résultats de notre recherche indiquent que le plafonnement (uniquement le plafonnement salarial) est relié à une seule facette de l'adaptation, l'adaptation au travail. Les cadres non plafonnés « salaire-coût de la vie » au moment de la décision d'expatriation sont mieux adaptés à leur travail pendant leur affectation internationale que les plafonnés.

▼ Points clés

La carrière revêt deux aspects :
- La carrière interne (image que l'individu se fait de sa carrière).
- La carrière externe (plan de carrière établi par l'organisation pour ses salariés).

La décision de mobilité internationale est surtout étudiée ici sous l'angle de la carrière interne.

L'évolution de la carrière suit trois grandes phases appelées étapes de carrières (période d'exploration, de consolidation et de retrait). Les expatriés sont essentiellement dans la phase consolidation.

Les individus peuvent connaître trois sortes de plafonnement dans leur carrière, à savoir le plafonnement structurel, le plafonnement de contenu et le plafonnement salarial. La situation de plafonnement avant le départ n'est pas favorable à l'adaptation au travail lors d'une mobilité internationale.

La situation de carrière des individus, telle qu'ils la perçoivent, peut influencer leur décision quant à la mobilité internationale.

▼ Fil d'Ariane

Les concepts d'étapes de carrière et de plafonnement sont fort utiles pour comprendre les motifs d'expatriation des individus. La nature des motifs ayant un impact sur l'adaptation, ces deux concepts éclairent alors indirectement la compréhension de l'adaptation des expatriés français. Un seul type de plafonnement explique directement une seule facette de l'adaptation. En effet, les personnes non plafonnées en termes de salaire au moment de leur décision sont mieux adaptées à leur travail que les plafonnées.

Ces deux concepts relatifs à la carrière, les étapes de carrière et les situations de plafonnement, notamment au niveau de leurs liens avec les motifs d'expatriation, apportent une meilleure compréhension de l'adaptation au travail des expatriés. Le troisième concept, mentionné dans ce chapitre, les ancres de carrière, fournit également des éléments supplémentaires pour mieux comprendre la décision d'expatriation des personnes face à une mobilité internationale. C'est l'enjeu des choix de carrière confrontés à une perspective de mobilité internationale. Il mérite que le prochain chapitre lui soit consacré.

Pistes d'action

Les entreprises

Gérer la mobilité internationale en cohérence avec la gestion des carrières.

Examiner la motivation des personnes envers la mobilité internationale en fonction de leur étape de carrière, de leur étape familiale, et de leur appartenance à un couple à double carrière.

Éviter de proposer des mobilités à des personnes « plafonnées », leurs motivations « négatives » résultant en une faible adaptation lors de l'affectation internationale.

Les salariés

Repérer les ressorts de votre carrière interne, c'est-à-dire vos aspirations personnelles en termes de carrière.

À partir de votre définition personnelle du succès de carrière, évaluer quel est l'apport d'une mobilité internationale.

Identifier votre étape de carrière et examiner toute mobilité internationale dans cette perspective.

Ne pas opter pour une mobilité internationale dans le seul objectif de vous sortir d'une situation de plafonnement.

Notes

1. Dalton, 1993, Developmental views of careers in organizations.

2. Bournois, 1991, La gestion des cadres en Europe.

3. Arthur *et al.* 1993, p. 10, Handbook of career theory.

4. Barley, 1993, p. 49, Careers, Identities and Institutions : The Legacy of The Chicago School of Sociology.

5. Aryee *et al.*, 1994, An examination of the antecedents of subjective career success among a managerial sample in Singapore se référant à Van Maanen et Schein, 1979, Toward a theory of organizational socialization.

6. Derr et Laurent, 1993, The internal and external career : a theoretical and cross-cultural perspective.

7. Schein, 1986, p. 312, A Critical Look at Current Career Development Theory and Research.

8. Mansfield, 1973, Career and individual strategies.

9. Aryee *et al.*, 1994, p. 488, An examination of the antecedents of subjective career success among a managerial sample in Singapore.

10. Hall, 1986, An overview of Current Career Development Theory, Research, and Practice.

11. Aryee et Debrah, 1993, A cross-cultural application of a career planning model.

12. Hall, 1986, An overview of Current Career Development Theory, Research, and Practice.

13. Foucher et Hogue, 1992, La planification de carrière lors d'une réaffectation.

14. Hall, 1976, Careers in Organizations.

15. Schein, 1978, Career dynamics : matching individual and organisational needs.

16. Hall, 1976, Careers in Organizations.

17. Erikson, 1950, Childhood and Society.

18. Sheehy, 1978, Passages : les crises prévisibles de l'âge adulte.

19. Courpasson, 1990, p. 494, Pour un renouvellement de la notion de carrière : l'entreprise bancaire face à ses métiers.

20. Brett et Stroh, 1995, Willingness to relocate internationally.

21. Rivoal, 1992, Le guide de l'emploi à l'étranger.

22. Sekaran, 1992, Relations travail-famille, dynamique du couple et design organisationnel.

23. Tremblay, 1992, Comment gérer le blocage des carrières.

24. Bardwick, 1986, The Plateauing Trap.

25. Tremblay *et al.*, 1995a, Structural, content and salary plateaus : Their influence on engineers' attitude.

26. Ference, Stoner, et Warren, 1977, Managing the Career Plateau.

27. Tremblay, 1992, Comment gérer le blocage des carrières.

28. Veiga, 1981, Plateaued vs. Non-Plateaued Managers : Career Patterns, Attitudes and Path Potential.

29. Igalens, 1991, Audit des ressources humaines.

30. Bournois, 1991, La gestion des cadres en Europe.

31. Cardinal et Lamoureux, 1992, Le plateau de carrière chez les gestionnaires : diagnostic et intervention.

32. Borg, 1988, International Transfers of Managers in Multinational Corporations.

33. Black et Gregersen, 1992, Serving two masters : Managing the dual allegiance of expatriate employees.

34. Tremblay, 1990, p. 462-463, Plafonnement de carrière et attitudes au travail des cadres.

35. Tremblay, Wils et Lacombe, 1995, Structural, content and salary plateaus : Their influence on engineers' attitude.

36. Chao, 1990, Exploration of the conceptualization and measurement of career plateau : A comparative analysis ; Tremblay, Roger et Toulouse, 1995, Career Plateau and Work Attitudes : An empirical Study of Managers.

37. Tremblay *et al.*, 1995a, Structural, content and salary plateaus : Their influence on engineers' attitude. et Tremblay *et al.*, 1995b, Étude des déterminants de l'orientation de carrière et du désir de changement de voie de carrière chez une population d'ingénieurs.

38. Bardwick, 1986, The Plateauing Trap ; Feldman et Weitz, 1988, Career Plateaus Reconsidered.

39. Tremblay, Wils et Lacombe, 1995, Structural, content and salary plateaus : Their influence on engineers' attitude.

40. Tremblay *et al.* 1995a, Structural, content and salary plateaus : Their influence on engineers' attitude.

41. Tremblay *et al.*, 1995a, Structural, content and salary plateaus : Their influence on engineers' attitude. et Tremblay *et al.*, 1995b, Étude des déterminants de l'orientation de carrière et du désir de changement de voie de carrière chez une population d'ingénieurs.

CHAPITRE 7

CHOIX DE CARRIÈRE ET MOBILITÉ INTERNATIONALE

▼ **Repère**

Le chapitre 6 a analysé le lien entre des situations de carrière et l'adaptation des expatriés.

Après l'étude des étapes de carrière des personnes et des situations de plafonnement, nous développons dans ce chapitre 7 un troisième aspect relatif à la carrière. Il s'agit des ancres de carrière. Nous allons examiner dans quelle mesure elles contribuent à une meilleure compréhension de la mobilité internationale des personnes.

Les ancres de carrière dépeignent un autre type d'influence de la décision du cadre. Elles concernent les choix de carrière. Les recherches de Schein[1] ont démontré que chaque personne est poussée par des motivations qui lui sont propres et pouvant même s'écarter sensiblement de l'option traditionnelle.

1. Définition des ancres de carrière

Une ancre de carrière correspond à ce que l'individu considère de plus important et de non négociable dans sa carrière. Elle guide et contraint toutes les décisions majeures de la carrière.

Selon Schein, une ancre de carrière est composée de trois sortes de perception de soi, chacune reposant sur les expériences véritables de travail de l'individu. La perception que les individus ont d'eux-mêmes concerne :

- leurs talents et capacités ;
- leurs motifs et besoins ;
- leurs attitudes et valeurs.

L'auteur estime que se dégage progressivement de l'expérience de chacun dans sa vie personnelle, familiale et professionnelle une vision plus claire de ses propres capacités, de ses valeurs et de ses motivations, une sorte d'ancre qui va réduire ses possibilités de choix. L'ancre de carrière représente ce qu'un individu n'abandonnerait pas lorsqu'il est confronté à un choix de carrière. Cette définition implique que l'individu a une seule ancre de carrière, c'est-à-dire un ensemble unique de talents, de valeurs et de motifs au sommet de sa hiérarchie personnelle. Schein[2] souligne la rareté des études longitudinales, ce qui empêche de déterminer la manière dont les ancres de carrière évoluent. Néanmoins, les études disponibles pencheraient pour la stabilité. La carrière change, pas l'ancre. Lorsque l'individu devient davantage conscient des choses dans lesquelles il excelle, de ses besoins et de ce qu'il prise, il tend à se concentrer sur une ancre unique[3]. Quand les individus font l'expérience d'un travail qui ne semble pas leur convenir, ils se réfèrent à l'image d'être « tirés en arrière » vers quelque chose qui leur correspond mieux[4]. Ainsi a émergé la métaphore de l'ancre. Gowler et Legge[5] retiennent que cette métaphore évoque « la proéminence de la fixité dans une mer de changement ».

Le modèle des ancres de carrière est élaboré sur la base d'une étude longitudinale d'une douzaine d'années des cheminements de carrière de 44 diplômés du MBA du Massachusetts Institute of Technology. Étudiant à l'origine l'intersection entre les besoins individuels et les exigences organisationnelles, Schein[6] aboutit à ce modèle de différences individuelles. Une série d'interviews et de questionnaires a permis de dégager cinq ancres principales :

1. La compétence technique/fonctionnelle

Les individus ancrés techniquement organisent leur carrière autour d'une spécialisation. Ils ont besoin d'être liés à un domaine de compétence. Ce sont avant tout des experts. La spécialisation dans cette ancre est une fin en soi. Leur objectif est de rester défié dans leur domaine d'expertise. Leur identité est construite autour du contenu de leur travail. Atteindre un poste de management général n'est pas leur ambition. Un poste de management les intéresse uniquement dans la mesure où il est fonctionnel. Il est alors un moyen de poursuivre leur domaine d'expertise. Aussi toute décision de mobilité dépend de l'opportunité perçue de se perfectionner ou tout au moins de rester un bon spécialiste reconnu par ses pairs.

2. La compétence manager général/gestion

Ancrés ainsi, les individus briguent un poste de direction générale. Le management en tant que tel les captive. Atteindre des postes de haute responsabilité où leurs propres efforts seront associés aux résultats organisationnels les conduit à grimper continuellement. La mobilité verticale est une forme capitale de reconnaissance pour eux. Ils fuient la spécialisation dans la mesure où ils doivent posséder une combinaison de compétences. En particulier, trois domaines de compétences semblent cruciaux pour un manager général :

- compétence analytique : capacité d'exposer des problèmes de telle sorte que des décisions peuvent être prises sous des conditions d'incertitude ;
- compétence interpersonnelle : capacité à influencer et contrôler d'autres personnes afin d'atteindre les buts organisationnels ;
- compétence émotionnelle : capacité à être stimulé par les crises, les hautes responsabilités, le pouvoir plutôt que d'être anéanti par eux.

Dans leur cheminement vers les sommets, ils peuvent croiser des postes de spécialisations. Le passage « obligatoire » à certains postes permet la progression verticale. La mobilité internationale dans certaines entreprises peut alors être incontournable.

3. L'autonomie/indépendance

L'individu ancré autonomie a un besoin primordial d'indépendance. S'il se trouve de plus en plus incapable de travailler dans des organisations qu'il juge restrictives, alors il se tourne vers des carrières autonomes comme consultant ou professeur. Cependant l'autonomie est possible dans de grandes organisations. En effet, elles offrent des postes de grande autonomie comme dans la recherche et développement ou la gestion d'une unité géographiquement éloignée. Toute mobilité sera bien considérée à condition qu'elle ne menace pas l'autonomie ou encore si elle l'accroît.

4. La sécurité/stabilité

L'individu avec cette ancre organise sa carrière autour de la sécurité. Le niveau qu'il atteint dans l'organisation importe moins, en regard du niveau de sécurité recherché. Il préfère un emploi stable et prévisible. Aussi, le contexte prime-t-il la nature du travail. La continuité dans l'emploi ou dans une compagnie donnée, stabiliser sa famille et s'intégrer dans une communauté font partie des priorités ainsi que la stabilité géographique.

5. La créativité entrepreneuriale

L'entrepreneur organise toutes les décisions de carrière sur le besoin de créer quelque chose, que ce soit une nouvelle affaire, de nouveaux produits ou services. Il vit avec l'obsession de prouver qu'il peut créer. Il peut lui en coûter en termes d'autonomie et de stabilité. Dans cette catégorie certains échouent dans la création et passent leur carrière à chercher des solutions créatives tout en occupant un travail traditionnel dans une organisation.

Ainsi, le concept des ancres de carrière implique que différentes personnes dans les organisations viennent à définir leur carrière de façon variée selon leurs images de développement de leurs propres talents, objectifs et valeurs. Chacun a une sorte d'image de sa vie au travail et de son rôle dans celle-ci. Ainsi, cette ancre de carrière définit et limite les choix de chaque individu. Ces choix influencent fortement non seulement les décisions des individus quant au choix du type d'emploi, mais également les décisions relatives au poids à accorder au travail et à la vie personnelle.

Derr[7] souligne cet aspect en proposant de façon similaire à la notion d'ancre de carrière, cinq orientations de carrière (ou cartes de succès de carrière interne) :

- la progression vers le haut de la hiérarchie (mobilité verticale) ;
- la sécurité ;
- la liberté ;
- le défi et l'intérêt au travail ;
- l'équilibre entre les différentes composantes de la vie.
  (Stratégies de carrières qui associent les différentes dimensions importantes de la vie).

L'étude de Dany, Livian, Sarnin[8] corrobore le fait que la place que les hommes et les femmes accordent à l'équilibre vie professionnelle/vie privée est primordiale. Les travaux de Derr étant fondés en partie sur ceux de Schein, il n'est pas étonnant de trouver une correspondance entre les ancres et les orientations.

Aux cinq ancres principales déjà détaillées peuvent être ajoutées trois autres ancres issues de recherches sur plusieurs centaines de personnes à différentes étapes de carrière[9], à savoir les ancres :
1. Dévouement à une cause.
2. Défi pur.
3. Style de vie.

L'ancre « style de vie/qualité de la vie » prend en compte la cinquième orientation de Derr mais va au-delà comme l'exprime Schein[10] : « Il ne s'agit pas simplement d'équilibrer les vies personnelles et professionnelles comme beaucoup de personnes l'ont traditionnellement fait, il s'agit plutôt de trouver un moyen d'intégrer les besoins de l'individu, de la famille, et de la carrière ». L'individu ancré « défi pur » définit sa vie en termes compétitifs. Ceux qui se dévouent à une cause organisent leur carrière autour d'elle.

2. Ancres de carrière et mobilité internationale

La mobilité internationale s'insère dans les décisions majeures qu'un individu peut être amené à considérer lors de sa carrière. L'ancre qui le définit devrait alors guider et contraindre sa décision.

Les descriptions précédentes des ancres ont déjà ébauché quelques-unes de leurs implications sur la mobilité géographique.

L'affectation à l'étranger est associée à une plus grande opportunité d'autonomie et de prise de décision[11]. L'explication traditionnellement donnée est une certaine indépendance des opérations menées par rapport à la société mère. La mission à l'étranger peut également se dérouler dans un marché embryonnaire et en développement comparé à celui auquel doit faire face le cadre dans son pays. En conséquence, cet environnement est source d'une plus grande autonomie et d'une plus grande responsabilité personnelle. Un cadre ancré « autonomie » peut alors être tenté par la mobilité internationale. Pour le cadre ancré « management général/gestion », la mobilité internationale devrait être acceptée dans la mesure où la carrière externe l'exige. En d'autres termes, la mobilité internationale est envisagée comme une étape incontournable à l'assaut des sommets de l'organisation. Ancré « technique/fonctionnel », le cadre devrait être tenté par une mobilité internationale s'il la perçoit comme un moyen d'être ou de rester « à la pointe » dans son domaine d'expertise.

L'ancrage dans la stabilité inclut par définition la stabilité géographique. L'intégration dans la communauté et le souhait de fixer sa famille, caractéristiques attachées à cette ancre, fournissent des freins puissants à la mobilité internationale. Les personnes ancrées « style de vie » semblent de moins en moins disposées envers la mobilité géographique selon Schein[12]. L'intégration des questions personnelles, de carrière, et de famille ne semblent pas s'accommoder d'une mobilité internationale. Ces deux ancres sont distinguées par l'auteur mais elles paraissent se chevaucher.

La créativité entrepreneuriale, le défi pur ou le dévouement à une cause ne semblent pas *a priori* reliés à la disposition à la mobilité internationale.

Pour résumer, les personnes ancrées « autonomie /indépendance », « gestion » et peut-être dans une moindre mesure « technique » (ce qui dépend de la mission proposée) devraient plus facilement accepter une mobilité internationale que les personnes ancrées « style de vie /qualité de vie » ou « sécurité ». Ainsi, les trois premières ancres de carrière devraient être les plus communes chez les personnes affectées à l'international.

S'il semble pertinent d'envisager que la décision du cadre envers la mobilité internationale soit influencée par l'ancre de carrière qui le définira le mieux, alors il faut proposer un moyen de capter les ancres de carrière.

3. Détermination de l'ancre de carrière d'un individu

Huit ancres de carrière qui permettent de décrire et de distinguer les individus ont été proposées. Schein[13] écarte « la variété, le pouvoir et la créativité pure ou l'identité organisationnelle » puisqu'elles sont exprimées de diverses manières dans les huit ancres.

Le modèle d'ancre de carrière contrairement à celui d'orientation de carrière est un modèle d'évolution[14]. C'est l'expérience qui va permettre à l'individu de mieux cerner l'ancre qui le définit. Si la personne ne s'est pas encore « trouvée » à cause d'une expérience limitée, l'ancre qu'elle s'attribuera ne sera pas forcément sa véritable ancre. Parfois, afin de déterminer une ancre, une personne doit inventer des options de carrière par rapport auxquelles elle déterminera ses choix. Le travail qu'occupe à un instant « t » l'individu ne correspond pas automatiquement à son ancre. Il est le résultat soit d'un choix libre et actif ou alors assujetti à des contraintes externes, par exemple économiques, familiales ou du domaine de la santé[15]. Les individus sont, selon Godet[16], le produit d'une trilogie faite de volonté (équation personnelle, le talent, etc.), de hasard (circonstances, rencontres) et de nécessité (les contraintes). Aussi, cette trilogie pourrait-elle s'appliquer à leur carrière. Lorsque le poids des contraintes détermine le travail, l'opportunité d'être ce qu'il veut vraiment être peut faire défaut à l'individu. Choisie librement, hors contrainte, la véritable ancre correspond probablement à ce que fait l'individu. Aussi, l'ancre n'est-elle pas forcément ce que fait l'individu mais plutôt ce qu'il aimerait véritablement faire, ce vers quoi il tend.

Une autre difficulté dans la détermination d'une ancre réside dans l'influence de ce qu'une société considère comme acceptable. L'ancre « style de vie » correspondant à l'intégration des besoins de l'individu, de la famille et de la carrière semble cadrer avec un idéal de société vers lequel chacun peut tendre. L'exposer à côté des autres ancres risque d'occulter la véritable ancre. Schein défend le style de vie comme une ancre de carrière dans le sens où elle influence la décision de carrière. On ne peut que souscrire à cet argument. Néanmoins, une personne peut avoir le sentiment qu'il est acceptable de dévoiler une ancre spécifique tout en cachant sa véritable ancre. Il faut donc préciser qu'aucune ancre n'est la meilleure, chacune ayant un intérêt en soi.

La détermination d'une ancre de carrière ne suit pas la même démarche dans le cas d'une approche « consultant » ou d'une approche « recherche ».

3.1. Une approche « consultant »

Dans une démarche destinée à aider les individus à comprendre les significations et les implications de leurs décisions concernant les carrières, Schein, dans ses travaux de 1990, propose une méthode en trois étapes. Tout d'abord, un questionnaire est soumis dans le cadre d'un atelier de travail à chacun des participants. Cet « inventaire des orientations de carrière » comprend quarante propositions, cinq propositions correspondant à chacune des huit ancres. L'individu attribue une note de 1 à 6 (de « jamais vraie » à « toujours vraie » pour lui) à chacune des quarante propositions. Afin de mieux déterminer l'unique ancre recherchée, l'auteur de l'inventaire demande aux participants de rajouter quatre points aux trois propositions qui leur paraissent les plus vraies. Néanmoins, cet inventaire ne s'avère pas toujours efficace dans sa mission de dégager clairement une ancre. Aussi, afin de le compléter, les participants, deux par deux, s'interviewent-ils réciproquement.

L'interview permet de se concentrer sur les événements passés, présents et futurs de la carrière, le point de départ étant la formation. Les questions obéissent au format suivant :

- qu'est-ce que vous avez fait ou décidé ?
- pourquoi ?
- comment vous sentez-vous par rapport à cela ?

Schein[17], s'adressant aux interviewés, considère que « les informations de l'interview sont plus fiables parce que fondées sur votre véritable biographie, alors que le score de l'inventaire pourrait être biaisé par votre besoin de vous voir d'une certaine façon ». Ensuite, l'individu classe les ancres sur la base de l'interview et de l'inventaire. En cas de divergence dans le classement, il est conseillé de retourner aux réponses des deux sources d'informations. Enfin, lorsque l'individu semble être défini par plus d'une ancre de carrière, il lui est demandé de se projeter dans le futur et de choisir entre ces ancres.

La détermination d'une ancre de carrière dans une approche consultant se révèle être un exercice lourd. Elle nécessite l'intervention d'un animateur. Les travaux de recherche utilisent principalement les questionnaires sur la base des premiers travaux de Schein en 1978.

3.2. Une approche « recherche »

Cependant, dans le cadre d'une recherche, l'objectif n'est plus la détermination d'une ancre de carrière unique, ce qui reste une hypothèse, mais plutôt de tester le lien existant entre le score des individus sur chacune des ancres et un ensemble de comportements ou d'attitudes de ces mêmes individus.

■ *Par exemple, des chercheurs[18] s'intéressent à la décision de jeunes japonais quant au type d'employeur qu'ils rejoignent. Les auteurs distinguent les compagnies japonaises des filiales étrangères au Japon. Ils font l'hypothèse que ceux qui choisissent de rejoindre une compagnie japonaise sont ancrés « sécurité/stabilité » ou « compétence managériale/ gestion » alors que les autres ancres sont attribuées à ceux tournés vers les filiales étrangères. Les résultats suggèrent que les étudiants qui intègrent une filiale étrangère et ceux qui rejoignent une organisation japonaise ont des ancres de carrière distinctes. Les étudiants étant ancrés « autonomie » choisissent une filiale étrangère alors que ceux ancrés « stabilité » portent plutôt leur choix sur une compagnie japonaise. Cette étude démontre donc que l'ancre de carrière est liée à l'emploi recherché par l'individu. Pour chacune des ancres, les auteurs fournissent quatre phrases décrivant leurs caractéristiques spécifiques. Cependant, la fidélité de l'échelle n'est pas abordée.* ■

L'étude des déterminants de l'orientation de carrière et du désir de changement de voie de carrière chez une population d'ingénieurs par Tremblay[19] propose un instrument de mesure des ancres de carrière plus convaincant.

■ *Cet instrument, fondé sur les travaux de Schein et de Delong[20], mesure six ancres de carrière, à savoir, l'ancre technique, l'ancre de gestion, l'ancre autonomie/indépendance, l'ancre de style de vie/qualité de vie, l'ancre sécurité/stabilité et l'ancre de service. Les auteurs sont passés d'une ancienne définition proposant 41 items à une nouvelle, réduite à 27, fondée sur une analyse factorielle[21]. Ces 27 items retenus par Tremblay[22] pour mesurer les six ancres de carrière sont adoptés dans le cadre de notre étude. Ils sont présentés en détail dans les paragraphes suivants puisqu'ils sont soumis aux expatriés français.*

L'ancre technique est approchée par les auteurs canadiens au moyen des huit items suivants :
1. Avoir l'occasion d'utiliser souvent mes compétences techniques dans l'exercice de mes fonctions.
2. Être dans une organisation ou un emploi qui me permet d'être à la pointe des nouvelles technologies ou des nouveaux produits.
3. Pouvoir utiliser mes capacités afin de développer de nouveaux produits.

4. *Pouvoir créer ou développer quelque chose de nouveau ou de différent qui soit le résultat de mes idées.*
5. *Avoir la possibilité de travailler sur des projets représentant un défi technique important.*
6. *Être reconnu(e) pour ma compétence ou mon expertise technique.*
7. *Demeurer et progresser dans mon champ de spécialisation professionnel.*
8. *Avoir les outils et équipements de travail les plus perfectionnés.*

Le même nombre d'items est retenu pour l'ancre de gestion :
1. *Avoir l'occasion d'être promu(e) relativement souvent.*
2. *Avoir la possibilité de travailler sur des projets offrant de la visibilité dans l'organisation.*
3. *Influencer et diriger les activités des autres en acceptant des responsabilités de plus en plus grandes.*
4. *Gagner un salaire élevé.*
5. *Être identifié(e) à un emploi prestigieux.*
6. *Avoir un poste de gestionnaire dans mon domaine de spécialisation.*
7. *Avoir la possibilité d'exploiter mes talents de supervision, de direction et de contrôle à tous les niveaux.*
8. *Avoir une carrière qui me mettrait dans une position de leadership et d'influence.*

Trois items représentent l'ancre « autonomie/indépendance » :
1. *Ne pas être restreint(e) par une organisation ou une bureaucratie de façon générale.*
2. *Avoir la possibilité de rester libre des contraintes organisationnelles (indépendance d'action).*
3. *Avoir un emploi qui présente le moins de contraintes organisationnelles possibles.*

L'ancre qualité de vie est saisie par quatre items :
1. *Avoir un emploi qui me permet de concilier les loisirs et le travail.*
2. *Avoir la possibilité de prendre « le temps de vivre » surtout à partir de 50 ans.*
3. *Avoir d'excellentes conditions matérielles de travail (bureau fermé, bon éclairage, etc.).*
4. *Avoir un travail qui me laisse beaucoup de temps libre pour ma vie personnelle ou familiale.*

L'ancre sécurité est représentée par les deux items suivants :
1. *Avoir une bonne sécurité de l'emploi.*
2. *Avoir l'occasion de travailler dans une organisation qui me permette une stabilité à long terme.*

Finalement, l'ancre service se résume également à deux items :
1. *Avoir une carrière où je pourrais aider les autres.*
2. *Former et développer les autres (les aider à se perfectionner).*

Les cadres indiquent jusqu'à quel point chacun de ces 27 items leur semblait important au moment de la décision concernant la mobilité internationale. Les deux items captant l'ancre « service » sont conservés bien qu'aucune hypothèse n'ait été formulée a priori entre cette ancre et la mobilité internationale. L'expatriation, surtout lorsqu'elle implique un transfert de savoir-faire vers des pays moins avancés, pourrait tenter des personnes ancrées « service ». Aussi, cette ancre est-elle conservée à titre exploratoire. L'intégralité de la mesure proposée par Tremblay est ainsi préservée.

Cet instrument permet d'étudier les liens possibles entre les ancres de carrière ou facteurs de choix de carrière et la mobilité internationale. À notre connaissance, cette relation n'a pas encore été étudiée. Pourtant, le concept d'ancre de carrière peut s'avérer utile pour mieux comprendre le choix des individus devant la perspective d'une mobilité internationale, choix souvent capital pour la carrière.

4. Ancres et expatriés français

Nous avons retenu les 27 items des auteurs canadiens pour l'étude des déterminants de l'orientation de carrière chez les expatriés. Les résultats obtenus, issus d'une analyse en composantes principales, débouchent sur des résultats sensiblement différents de ceux exposés précédemment.

4.1. Cinq ancres de carrière pour les expatriés français

L'analyse statistique conduit à retenir cinq ancres de carrière pour les expatriés français, définies par 20 des 27 items exposés précédemment.

Ces ancres sont nommées respectivement :
1. Ancre de confort.
2. Ancre de projet.
3. Ancre de leadership.
4. Ancre de progression de carrière.
5. Ancre de service.

■ *Pour chacun des items détaillés pour chacune des ancres présentées ci-dessous, les cadres ont indiqué l'importance de chacun des items lorsqu'il s'agit de prendre une décision concernant leur carrière (échelle en cinq points, 1 = pas du tout important à 5 = extrêmement important). Il leur a été demandé explicitement de se replacer dans le contexte précédant leur départ. Ces précautions n'évitent pas tout risque de rationalisation a posteriori Ce risque est dû notamment au fait que les expatriés répondent à des questions sur leur décision d'expatriation alors qu'ils sont déjà expatriés.*

Ancre de confort (vie privée et professionnelle)
Cette échelle regroupe les deux définitions d'ancre proposées par les chercheurs canadiens, l'ancre sécurité et l'ancre qualité de vie. Elle est complétée par un item rattaché à la définition de l'ancre technique selon les mêmes auteurs. Les sept items suivants (alpha = 0,81) correspondent à l'échelle que nous appelons « ancre de confort » :
1. Avoir une bonne sécurité de l'emploi.
2. Avoir un emploi qui me permet de concilier les loisirs et le travail.
3. Avoir la possibilité de prendre « le temps de vivre » surtout à partir de 50 ans.
4. Avoir d'excellentes conditions matérielles de travail (bureau fermé, bon éclairage, etc.).
5. Avoir un travail qui me laisse beaucoup de temps libre pour ma vie personnelle ou familiale.
6. Avoir l'occasion de travailler dans une organisation qui me permette une stabilité à long terme.
7. Avoir les outils et équipements de travail les plus perfectionnés.

Ancre de projet
Cette échelle est composée principalement d'items rattachés à l'ancre technique des auteurs canadiens à l'exception d'un item appartenant à l'ancre de gestion. Elle présente également une bonne cohérence interne (alpha = 0,73). Les items la représentant sont formulés ainsi :

1. Être dans une organisation ou un emploi qui me permet d'être à la pointe des nouvelles technologies ou des nouveaux produits.
2. Avoir la possibilité de travailler sur des projets offrant de la visibilité dans l'organisation.
3. Pouvoir utiliser mes capacités afin de développer de nouveaux produits.
4. Pouvoir créer ou développer quelque chose de nouveau ou de différent qui soit le résultat de mes idées.
5. Avoir la possibilité de travailler sur des projets représentant un défi technique important.

Ancre de leadership
Les réponses des expatriés français conduisent à distinguer dans la définition originelle de l'ancre de gestion deux ancres, à savoir une ancre de leadership et une ancre de progression de carrière. L'ancre de leadership comprend les items suivants qui présentent une bonne cohérence interne (alpha = 0,77) :
1. Influencer et diriger les activités des autres en acceptant des responsabilités de plus en plus grandes.
2. Avoir la possibilité d'exploiter mes talents de supervision, de direction et de contrôle à tous les niveaux.
3. Avoir une carrière qui me mettrait dans une position de leadership et d'influence.

Ancre de progression de carrière
L'ancre de progression de carrière correspond quant à elle aux trois items suivants (alpha = 0,67) :
1. Avoir l'occasion d'être promu relativement souvent.
2. Gagner un salaire élevé.
3. Être identifié(e) à un emploi prestigieux.

Ancre de service
Enfin, la dernière ancre retenue est nommée ancre de service. Elle correspond exactement à la définition de Tremblay[23] avec les deux items suivants qui présentent une bonne cohérence interne (alpha = 0,76) :
1. Avoir une carrière où je pourrais aider les autres.
2. Former et développer les autres (les aider à se perfectionner). ■

Le tableau 7.1 expose le classement des ancres selon leur fréquence chez les cadres français expatriés. Ce classement est obtenu à partir des réponses moyennes des 293 cadres expatriés.

Tableau 7.1 : Classement des ancres

Ancres	Classement	Moyennes
Ancre de leadership	1	3,77
Ancre de service	2	3,57
Ancre de projet	3	3,55
Ancre de progression de carrière	4	3,10
Ancre de confort (vie privée et professionnelle)	5	2,46

Les expatriés français expriment en majorité l'ancre de leadership. La mobilité internationale répond également fortement à une préoccupation d'aider les autres dans le choix de carrière. En revanche, l'ancre de confort est celle qui est le moins exprimée. Elle s'accommode certainement mal avec les contraintes d'une mobilité internationale. Cette ancre se trouverait peut-être en tête de liste chez des personnes qui refusent la mobilité internationale.

Aussi, est-il utile d'examiner quelles sont les ancres qui sont reliées aux différents motifs retenus dans notre recherche. Ensuite, nous étudions les liens potentiels entre les différentes ancres et les trois facettes de l'adaptation pour les expatriés français.

4.2. Ancres et motifs d'expatriation

Trois ancres permettent d'expliquer les motifs envers la mobilité internationale des expatriés français. Connaître les ancres apparaît alors comme un moyen indirect de saisir les véritables motifs des individus.

L'ancre de progression de carrière (la personne met en avant dans ses choix de carrière le désir de progresser hiérarchiquement) est reliée négativement au motif « expérience personnelle dans une autre culture ». En revanche, cette ancre est reliée positivement aux motifs qui touchent la carrière, à savoir les promotions et la rémunération.

L'ancre projet (la personne met en avant dans ses choix de carrière le désir de travailler sur des projets importants) est associée positivement au motif de l'expérience personnelle.

L'ancre leadership est reliée négativement à la rémunération et aux problèmes personnels. Autrement dit, plus un cadre est ancré « leadership », c'est-à-dire orienté vers la direction et le contrôle à tous les niveaux, moins la rémunération et la fuite de problèmes personnels constituent des motifs pour l'expatriation.

4.3. Ancres et adaptation

Nous examinons ici les liens potentiels entre les cinq ancres de carrière mises en avant pour les expatriés français et les trois facettes de l'adaptation.

Aucun lien n'existe entre les ancres de carrière et l'adaptation générale. En revanche une ancre est reliée à l'adaptation au travail. En effet, plus les personnes sont ancrées « confort », moins elles sont adaptées au travail lors de leur affectation à l'étranger. La stabilité et la qualité de la vie, nous l'avons développé lorsque nous avons introduit le concept d'ancre de carrière, paraissent incompatibles avec l'incertitude inhérente à une expatriation.

Une autre ancre est reliée à l'adaptation à l'interaction. Plus les personnes sont ancrées « projet », plus elles sont adaptées à l'interaction avec les membres de la communauté d'accueil. La conduite de projets implique le travail d'équipe, qui dans un environnement international, passe peut-être par la volonté d'aller vers les membres de la culture d'accueil. Rappelons que l'ancre de projet est associée au motif de l'expérience personnelle dans une autre culture.

▼ Points clés

Une ancre de carrière représente ce qu'un individu n'abandonnerait à aucun prix lorsqu'il est confronté à un choix de carrière.

La mobilité internationale est une étape importante dans la carrière d'un individu. Sa décision d'expatriation sera alors influencée par l'ancre qui reflète l'orientation de ses choix de carrière.

La recherche sur les expatriés français conduit à distinguer cinq ancres de carrière, à savoir l'ancre leadership, l'ancre service, l'ancre projet, l'ancre progression de carrière et l'ancre de confort.

Certaines de ces ancres, comme l'ancre leadership, permettent d'expliquer les motifs d'expatriation des personnes.

Certaines ancres sont plus favorables à l'adaptation que d'autres. C'est le cas de l'ancre projet pour l'adaptation à l'interaction. En revanche, d'autres ancres ne sont pas favorables à l'adaptation comme l'ancre de confort associée négativement à l'adaptation au travail.

▼ Fil d'Ariane

Les ancres de carrière clôturent l'exposé de l'apport des théories des carrières consacrées également aux étapes de carrière et aux situations de plafonnement. Ces trois concepts autour de celui de la carrière permettent de dépasser la liste des facteurs positifs et négatifs influençant la décision du cadre quant à son expatriation. Ces concepts éclairent de façon nouvelle le processus de décision des cadres en prenant en compte non seulement leur étape de carrière, mais surtout leur situation subjective de plafonnement et leur ancrage de carrière. Ils peuvent permettre une meilleure compréhension des motifs des cadres, et par là de leur adaptation. Ils permettent également d'approcher la dynamique du processus en reliant la prise de décision du cadre au succès de carrière. Une vue subjective de la carrière indique que le succès de carrière est un construit qui existe seulement dans l'esprit des personnes et n'a pas de frontières[24]. Les préoccupations au sujet de la carrière n'existent donc pas indépendamment des questions personnelles de développement, d'étape de vie ou encore de famille. La recherche sur la carrière et le succès de carrière devrait être localisée dans le contexte plus large de la vie de la personne[25]. C'est ce contexte qui est retenu pour approcher la décision du cadre et l'apport d'une théorie de la décision permet une avancée supplémentaire. Les théories des carrières, et plus particulièrement les ancres, donnent déjà des indications sur les décisions de carrière d'un individu par rapport à l'image qu'il a de sa vie au travail et de son rôle dans cette vie au travail. La théorie des images situe la décision du cadre dans un contexte plus large de la vie de l'individu. Elle constitue le centre du prochain chapitre.

Pistes d'action

Les entreprises

Aider les expatriés potentiels à mieux connaître leurs orientations de carrière, notamment dans le cadre d'un bilan de compétences. Les ancres de carrière peuvent être mobilisées pour présumer de la réussite d'une expatriation.

Utiliser des entretiens de carrière afin d'aider les expatriés potentiels à analyser leurs orientations de carrière en perspective avec leur parcours de carrière incluant une mobilité internationale.

Les salariés

Identifier vos orientations de carrière, en particulier ce qui est le plus important et non négociable dans vos choix de carrière, c'est-à-dire votre ancre de carrière.

Examiner la compatibilité de votre ancre de carrière avec la mobilité internationale et sa réussite.

Notes

1. Schein, 1978, Career dynamics : matching individual and organisational needs.

2. Schein, 1990a, Career Anchors : Discovering Your Real Values.

3. Schein, 1990b, Career Anchors : Trainer's Manual.

4. Schein, 1990a, Career Anchors : Discovering Your Real Values.

5. Gowler et Legge, 1993, p. 450, Rhetoric in bureaucratic careers : managing the meaning of management success.

6. Schein, 1978, Career dynamics : matching individual and organisational needs.

7. Derr, 1986, Managing the New Careerists.

8. Dany, Livian, Sarnin, 1991, La gestion des carrières des cadres en France, vue par les cadres.

9. Schein, 1990a, Career Anchors : Discovering Your Real Values et Schein, 1990b, Career Anchors : Trainer's Manual.

10. Schein, 1990a, p. 33, Career Anchors : Discovering Your Real Values.

11. Dunbar, 1992, Adjustment and satisfaction of expatriate U.S. personnel.

12. Schein, 1990a, Career Anchors : Discovering Your Real Values.

13. Schein, 1990a, Career Anchors : Discovering Your Real Values.

14. Dalton, 1993, Developmental views of careers in organizations.

15. Schein, 1990b, Career Anchors : Trainer's Manual.

16. Godet, 1993, La maladie du diplôme.

17. Schein, 1990a, p. 60, Career Anchors : Discovering Your Real Values.

18. Sakakibara *et al.*, 1993, Effects of Diversification of Career Orientations on Management Systems in Japan.

19. Tremblay *et al.*, 1995b, Étude des déterminants de l'orientation de carrière et du désir de changement de voie de carrière chez une population d'ingénieurs.

20. Delong, 1982, Re-examining the Career Anchor Model.

21. Bernard ; 1994, Le plafonnement de carrière chez les ingénieurs (n=900).

22. Tremblay *et al.*, 1995b, Étude des déterminants de l'orientation de carrière et du désir de changement de voie de carrière chez une population d'ingénieurs.

23. Tremblay *et al.*, 1995b, Étude des déterminants de l'orientation de carrière et du désir de changement de voie de carrière chez une population d'ingénieurs.

24. Gattiker et Larwood, 1988, Predictors for manager's career mobility, success and satisfaction.

25. Aryee *et al.*, 1994, An examination of the antecedents of subjective career success among a managerial sample in Singapore.

CHAPITRE 8

LIBERTÉ DE CHOIX PAR RAPPORT À LA MOBILITÉ INTERNATIONALE

▼ Repère

Le chapitre 7 s'est focalisé sur les choix de carrière dans l'étude de la décision d'expatriation afin de mieux comprendre l'adaptation internationale.

Ce chapitre présente un aspect jusqu'ici peu développé, la liberté de choix par rapport à une mobilité internationale. Il s'agit de savoir dans quelle mesure une personne est libre face à une décision de mobilité internationale. Nous nous appuyons dans cette démarche sur la théorie des images.

Dans quelle mesure un cadre peut-il refuser une mobilité internationale ? Poser cette question revient à envisager que la mobilité peut être choisie mais aussi qu'elle peut être subie. La question du libre choix est posée essentiellement par la littérature sur les carrières[1].

Ici nous approchons la liberté de choix à la fois de manière directe, avec le libre choix en tant que tel, et de manière plus indirecte en termes de compatibilité de la mobilité avec, par exemple, les valeurs de l'individu et de décision concertée entre les membres d'un couple.

Dans le premier cas, il s'agit de répondre à la question suivante : l'expatrié a-t-il le sentiment d'avoir la liberté de choisir d'accepter ou de refuser une expatriation ? Pour aborder la compatibilité de la mobilité et la décision concertée, nous proposons le recours à la théorie des images. Lee et Mitchell[2] proposent cette théorie[3] pour comprendre la décision du cadre de quitter volontairement son organisation. Cette théorie semble également pertinente pour comprendre le processus décisionnel du cadre envers la mobilité internationale. Bien évidemment, le recours à d'autres théories pourrait être intéressant, comme la théorie des conventions des économistes, dans la mesure où la décision d'expatriation résulte d'accords avec l'entreprise (sur la carrière, le contenu du poste, la rémunération, etc.) et l'environnement (famille, communauté, etc.)[4]. Cette théorie semble d'ailleurs compatible avec la théorie des images présentée ici.

1. Approche directe de la liberté de choix

Le dilemme pour les expatriés potentiels peut se résumer par la formule « être mobile ou ne pas être ».

1.1. Être mobile ou ne pas être

Certaines entreprises utilisent une clause de mobilité internationale dans le contrat de travail. Plus instrument de dissuasion qu'outil juridique, elle contraint, jusqu'à une certaine limite, le cadre à accepter la mobilité internationale. En effet, le licenciement d'un cadre brillant ou sa mutation forcée, pour refus de mobilité internationale, n'apparaissent pas comme des solutions convenables pour aucune des deux parties. Une conséquence néfaste pour le cadre peut être sa mise à l'écart et l'arrêt de sa progression de carrière. Pinder[5] signale que les salariés soucieux de leur carrière ont peu de choix sinon d'accepter le transfert qui leur est proposé. Une enquête par questionnaire, auprès de 1 081 cadres français, souligne que la mobilité géographique est davantage exigée par l'entreprise que souhaitée par les cadres[6]. Pour Fisher et Shaw[7], il apparaît qu'un certain nombre de salariés sont transférés sans être vraiment satisfaits à l'idée du transfert. Ces constatations, concernant en partie les transferts nationaux, pourraient s'appliquer au niveau international, la dernière étude citée envisageant les deux types de transferts.

Pour un cadre qui privilégie la progression hiérarchique, le dilemme pourrait alors se résumer dans une optique shakespearienne vis-à-vis de sa carrière : Être mobile ou ne pas Être.

La question du libre choix quant à une affectation à l'étranger semble avoir une influence sur le bon déroulement de cette dernière. Black et Stephens[8] suggèrent qu'un transfert contre la volonté des individus ou à cause de menaces implicites d'être « finis » dans l'organisation provoque une attitude négative envers leur nouvelle affectation. Ces individus auront alors plus de mal à s'adapter. Feldman et Thomas[9] trouvent que les expatriés qui pensent avoir le choix d'accepter l'affectation à l'étranger ont une plus grande probabilité de réussir lors de cette affectation.

Au-delà du dilemme concernant le départ (partir ou ne pas partir), la contrainte de partir pourrait affecter la réussite même de la mobilité internationale.

1.2. Libre choix et expatriés français

Notre recherche retient deux items destinés à saisir directement le libre choix :

1. À certains égards, j'avais le sentiment que si je n'acceptais pas l'affectation internationale, ma carrière dans ma compagnie serait affectée défavorablement.

2. Mon entreprise m'a fait comprendre que je n'avais pas vraiment d'autres possibilités que celle d'accepter l'affectation internationale.

Cinq options de réponse sont proposées (1 = tout à fait en désaccord à 5 = tout à fait d'accord) aux cadres français expatriés afin d'examiner leur liberté de choix quant à une mobilité internationale. L'analyse statistique (alpha = 0,75) permet de rassembler ces deux items pour mesurer le libre choix des expatriés français. Un score de 5 (moyenne des deux items) correspond au maximum de la perception du cadre de ne pas avoir eu le choix face à l'affectation internationale.

La figure 8.1 représente les réponses des expatriés français dans notre recherche.

Figure 8.1 : Libre choix d'expatriation

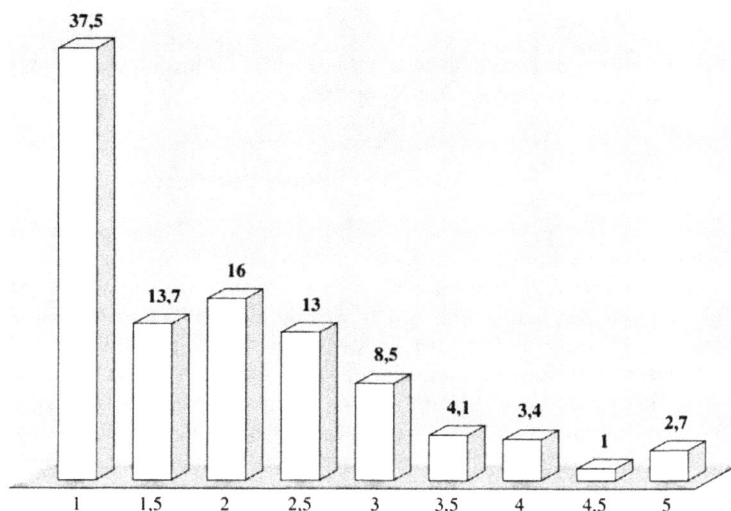

Cet histogramme montre que 11,2 % des personnes n'ont pas vraiment le sentiment d'avoir eu une liberté de choix (score supérieur à 3). Pour 2,7 % des personnes, l'absence de liberté est même totale. La mobilité est alors complètement subie.

L'absence de liberté de choix est corrélée négativement à l'adaptation à l'interaction des expatriés. Les deux autres formes d'adaptation ne sont pas concernées. Les résultats de Feldman et Thomas sont donc à nuancer, puisque l'absence de liberté de choix, mesurée directement comme l'organisation exerçant une contrainte sur le cadre, est seulement reliée à l'adaptation à l'interaction. Néanmoins, une analyse de la régression ne permet pas de compter cette variable au rang des déterminants de l'adaptation à l'interaction.

Il faut noter que la principale différence entre les questionnaires qui nous sont parvenus directement et ceux qui ont transité par l'organisation concerne cette variable de liberté de choix. Les cadres qui ont envoyé directement le questionnaire à son auteur rapportent une moins grande liberté de choix pour l'affectation internationale en comparaison avec les autres cadres qui ont renvoyé le questionnaire à leur organisation. Les organisations avaient donc la possibilité d'examiner les questionnaires avant de nous les envoyer, ce qui n'a pas échappé aux cadres. Ils ont alors peut-être été réticents à exprimer une absence de liberté.

Les résultats sont différents quand la question de la liberté de choix est abordée plus indirectement.

2. Approche indirecte de la liberté de choix

La notion de bonne décision et la théorie des images apportent un éclairage complémentaire sur la question du libre choix.

2.1. La « bonne décision »

Plusieurs auteurs[10] mettent l'accent sur l'avantage de prendre la bonne décision pour le candidat à la mobilité et l'entreprise. À ce stade de l'analyse, ce n'est pas directement la sélection du candidat par l'entreprise qui nous intéresse mais la décision du cadre d'accepter ou non de partir. Les « mauvaises » ou « fausses » raisons déjà mentionnées ou une résistance du cadre ou de sa famille sont associées à l'échec de l'expatriation. Bien qu'il soit parfois difficile pour un cadre de refuser, il est encore plus fâcheux, pour les deux parties en présence, que le cadre accepte la mission à contrecœur, ce qui revient à ne pas prendre la bonne décision.

Beach[11] propose que les « bonnes décisions » sont *in fine* définies par leur succès, mais que la probabilité de succès peut être améliorée en fonction du processus par lequel la décision est prise. Les bons décideurs sont aussi, selon l'auteur, ceux qui mettent le mieux en œuvre leurs décisions. Ces propositions peuvent être appliquées à la mobilité internationale. Celui qui prend la bonne décision de partir devrait bien s'adapter et réussir sa mission à l'étranger. C'est l'effet décision/adaptation qui devrait définir le succès d'un cadre à l'international. Dans une certaine mesure, la théorie des images permet de préciser le lien qui peut exister entre la décision de partir et l'adaptation. Se sentir « forcé » de partir est associé à une mauvaise adaptation[12]. La théorie des images, en plongeant dans les valeurs et croyances des individus, permet d'accéder, dans une certaine mesure, à leur processus de décision. Elle autorise le dépassement de l'énumération de motifs d'expatriation. La mobilité internationale est alors abordée en termes de compatibilité avec un ensemble d'éléments propres à la vie de l'individu.

2.2. La « théorie des images »

La théorie des images tente de fonder une théorie de la décision se limitant au processus de décision *per se*. Elle se distingue de la théorie classique issue de la théorie économique et statistique. Elle ne remet pas en question l'hypothèse selon laquelle le comportement décisionnel découle de l'intérêt personnel. Cependant, cette théorie repose sur des hypothèses générales pour la plupart en contradiction avec celles de la théorie classique.

Beach[13], dans son introduction à la théorie, affirme que, dans le processus de décision réel :

- l'approche coûts-bénéfices est rare ;
- les décisions sont rarement conçues comme des jeux ;
- les décisions impliquent rarement des choix ;
- le comportement de l'individu est largement pré programmé ;
- la maximisation de l'utilité attendue n'est pas la stratégie la plus utilisée.

Les choix, impliquant la considération d'une question ou option en termes relatifs, semblent s'effacer au profit d'un autre processus, le passage au crible. Les options sont alors examinées en termes absolus. Lee et Mitchell[14] notent que Beach a fourni des preuves soutenant que le « passage au crible », plutôt que le « choix » parmi des options, est le mécanisme le plus important pour comprendre les décisions. Les auteurs rappellent que ce « passage au crible » est un processus assez rapide mais grossier qui établit si de nouvelles informations peuvent être

intégrées facilement dans un ensemble de trois images : valeur, trajectoire et stratégie. Le « passage au crible » est décrit par Beach[15] comme
fondé « exclusivement sur l'évaluation d'une sorte particulière de
« dissimilarité » (incompatibilité) entre les caractéristiques d'une option
et des critères... privés ». Ce sont les mauvais aspects de la décision qui
sont considérés lors de ce processus[16]. Des auteurs[17] ont montré que la
compatibilité est un processus clé qui aide à réguler les choix importants
relatifs au travail.

La présentation de la théorie dans sa globalité et complexité réclamerait
des développements considérables puisqu'elle peut s'appliquer à une
multitude de décisions. Seuls les éléments utiles à notre propos seront
retenus, c'est-à-dire ceux se rapportant à un type de décision bien particulier, accepter ou rejeter l'opportunité de partir pour quelques années
à l'étranger dans le cadre d'un transfert proposé par son organisation.
Quelques précisions générales sur la théorie apparaissent néanmoins
inévitables pour en comprendre les principaux ressorts. Le paragraphe
précédent a esquissé les termes d'image et de compatibilité. D'autres
sont également centraux. À partir des travaux de Beach, les éléments
essentiels permettant l'articulation de la théorie des images sont exposés schématiquement. Le diagramme (Figure 8.2) exposé par Beach, sur
la base de travaux précédents[18], fixe synoptiquement ces éléments.

Figure 8.2 : Diagramme de la théorie des images

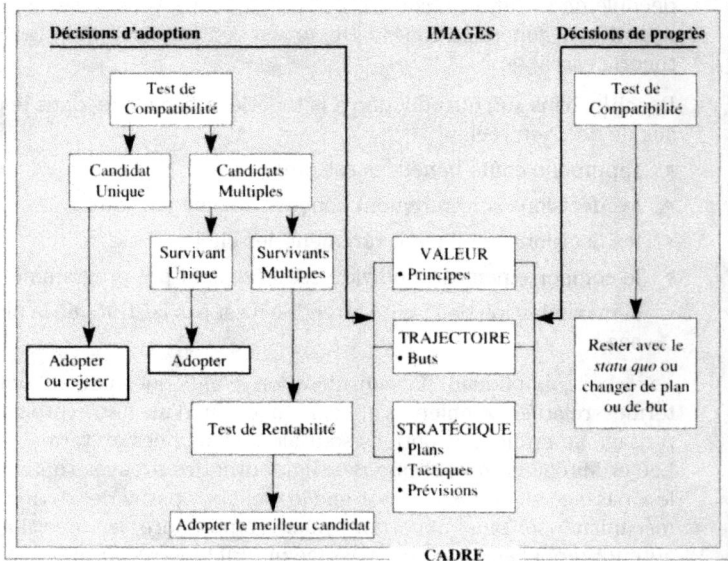

Source : d'après Beach, 1990 ; p. 7.

Ce schéma invite à développer tout d'abord le cœur de la théorie, à savoir les trois images.

2.2.1. LES TROIS « IMAGES »

Trois « images » définissent l'individu dans la perspective de la prise de décision. Ces images sont, selon Beach[19] :

« Les structures cognitives qui résument la connaissance du décideur sur ce qui doit être accompli et pourquoi, sur la façon dont cela doit être fait, et sur les résultats des efforts pour le faire ».

L'auteur rappelle que les « images cognitives » ont des composants visuels, sémantiques et émotionnels. Il adhère, par commodité, à la conclusion de Pylyshyn[20] selon laquelle leur contenu peut être décrit par des mots sans trop de dommages.

La prise de décision est centrée sur trois images nommées respectivement image des valeurs, image de trajectoire et image stratégique.

- *Image des valeurs*

Elle représente l'ensemble des valeurs générales, des idéaux, des croyances d'une personne regroupés sous le terme de principes.

Un principe n'est pas obligatoirement vertueux et donc naturellement avouable. Ces principes sont plus ou moins explicites et certains sont plus importants que d'autres (distinction entre primaire et secondaire) en fonction de la décision considérée et du contexte retenu. Néanmoins, ils répondent tous à la même fonction. En effet, ils gouvernent l'adoption ou le rejet de buts aussi bien que les choix d'actions pour atteindre ces buts. À la fois prescripteur et proscripteur, ils influencent de manière impérative les buts qui sont considérés désirables et les moyens pour les atteindre jugés acceptables. Beach[21] cite un certain nombre d'études démontrant le lien entre les principes de la valeur image et le comportement. Les principes correspondent à la façon dont l'individu se définit.

- *Image de trajectoire*

C'est ce que le décideur espère devenir, ce qu'il veut obtenir. D'une certaine manière, c'est le futur idéal du décideur tel qu'il le voit. L'image de trajectoire est constituée des buts.

Ces buts peuvent être concrets et spécifiques tels que, par exemple, se développer, connaître une nouvelle culture, atteindre telle position dans une organisation ou plus abstraits comme être heureux ou avoir du succès. Ces derniers, décrivant des états, sont, selon Beach, peut-être plus importants encore que les événements correspondant aux buts concrets. L'auteur se réfère aux travaux de Kuhl[22] décomposant les buts en trois niveaux, à savoir celui des actions, des résultats et des conséquences. Il retient ces niveaux de hiérarchie tout en traitant chaque niveau comme une image. Ainsi, le premier niveau correspond aux principes déjà présentés et se rapporte à l'interrogatif : « pourquoi ». Pourquoi poursuivre tel but ? Les buts dans la théorie des images correspondent au niveau intermédiaire, celui de résultat. L'interrogatif qui lui est attaché serait : quel. Quel but l'individu poursuit en fonction de ses principes ? Le dernier niveau est celui du comment. Il nous conduit à la troisième image, l'image stratégique.

- *Image stratégique*

Trois constituants sont proposés, les plans, les tactiques et les politiques. Les plans sont abstraits alors que les tactiques décrivent les comportements concrets impliqués par les plans. Quant aux politiques, ce sont des plans préformulés auxquels le décideur peut faire appel en présence d'un contexte déjà rencontré.

Le plan correspond à : « comment » atteindre un but ? Les plans sont adoptés pour atteindre les différents buts que poursuit le décideur. Ce sont les actions qui sont présagées comme étant impliquées dans des expressions du type « essayer de » qui constituent le plan. De manière plus formelle, cette image est constituée des projections du décideur sur les conséquences de la mise en œuvre des plans. Ces conséquences sont abordées dans la perspective des buts à atteindre. Par exemple, si le but de l'individu est d'atteindre les plus hautes sphères de l'organisation, avoir une expérience à l'étranger pourrait avoir pour conséquence de l'aider dans cette voie.

Les principes, les buts et les plans ne sont pas tous pertinents pour tous les contextes. L'identification des problèmes qui doivent retenir l'attention est appelée cadrage. La façon dont la décision est présentée au décideur peut déterminer le cadrage. Présenter un départ à l'étranger comme une possibilité certaine d'avancement dans l'organisation peut cadrer la décision sur la carrière. L'individu qui accorde à la sphère hors travail une importance primordiale pourra cadrer sa décision sur sa famille ou sa communauté de vie.

Quel que soit le cadrage, deux types de décisions sont considérés.

2.2.2. DEUX TYPES DE DÉCISIONS

La théorie des images distingue les décisions d'adoption et les décisions de progrès.

- *Décisions d'adoption*

    Elles concernent l'adoption ou le rejet d'une option ou « candidat » (terme retenu dans le modèle de Beach) comme composant des images de valeur, trajectoire et stratégique.

    À la base d'une telle décision se trouve le test de compatibilité. Il sert à évaluer l'acceptabilité d'une option en examinant son « fit », sa compatibilité avec les images pertinentes.

    L'individu face à la décision d'accepter une affectation à l'étranger (option « partir ») va examiner la compatibilité de l'expatriation avec ses principes, ses buts et plans en ce qui concerne sa carrière ou par exemple sa famille. Cette compatibilité est inversement proportionnelle aux nombre de violations des images par les attributs de l'option. Certaines violations sont plus importantes que d'autres. L'option « partir » peut violer les principes sur la famille et être compatible avec ceux concernant le travail. Si le constituant de l'image famille est primordial, l'option « partir » sera rejetée. Le décideur peut tolérer un certain nombre de violations. Au-delà d'un nombre critique, le seuil de rejet, la décision de ne pas partir, s'imposera. Beach avance quelques résultats de recherches corroborant le principe de rejet reposant sur un certain nombre de violations.

- *Décision de progrès*

    La décision de progrès a deux fonctions concernant les plans. Il s'agit de décider[23] :
    - si un plan a suffisamment de potentiel pour lui permettre d'être adopté par l'image stratégique ;
    - si un plan adopté fait suffisamment de progrès vers le but à atteindre pour être conservé.

    Le progrès, c'est essayer d'imaginer ce qui pourrait arriver si un plan « à être adopté » devait être mis en œuvre. Dans la situation où un individu ne peut trouver une façon acceptable d'accomplir un but, il peut alors s'avérer nécessaire d'abandonner le plan. La décision de progrès est celle qui concerne le fait de rester avec le *statu quo* (imaginé) ou de changer respectivement les plans ou les buts. Si le test de compatibilité (compatibilité entre les prévisions et les trois images) s'avère positif, la décision d'accepter de partir est prise. Si le plan « s'expatrier » apparaît contrecarrer les chances futures de progression de carrière dues aux problèmes de retour, la possibilité de s'expatrier sera écartée. Le plan est abandonné ou altéré. C'est alors la décision de l'adoption qui rentre en jeu quand les prévisions d'un plan sont mauvaises. Le plan modifié, devenu nouveau plan ou un autre plan est examiné. Le plan, émanant de l'employeur dans le cas de la mobilité internationale, peut faire l'objet d'aménagements lors de négociations et ainsi passer avec succès le test de compatibilité.

2.2.3. LE TEST DE COMPATIBILITÉ

Une partie du test de compatibilité revient à la question : « Est-ce que cela vaut la peine ? Est-ce que cela vaut la peine de passer quelques années à l'étranger par rapport à mes buts ? » C'est la comparaison du coût du plan par rapport à la valeur des buts.

Dans la théorie des images, le coût d'un plan est son manque de compatibilité avec les constituants des images pertinentes. Si le but de progression de carrière est très désirable, partir à l'étranger peut s'avérer incontournable malgré une faible compatibilité avec d'autres images pertinentes comme celles concernant la famille ou la communauté. La fin justifie les moyens mais ces derniers (par exemple partir à l'étranger) peuvent être rejetés si la fin (la carrière) n'apparaît pas si fondamentale que cela.

Beach compare le concept de compatibilité à celui de la poursuite de la satisfaction chez Simon[24]. Crozier et Friedberg[25] rappellent que l'assomption principale de Simon est que l'homme n'est pas un animal qui cherche l'optimisation mais la satisfaction. L'homme est ainsi incapable de suivre un modèle de rationalité absolue car :

- il ne peut pas appréhender tous les choix possibles ;
- il raisonne séquentiellement et non synoptiquement.

Le modèle de rationalité limitée indique que les décisions sont raisonnables, à l'intérieur d'une connaissance limitée et étant données les contraintes locales. Le comportement de décision de non-maximisation est commun aux deux approches. Néanmoins, selon Beach, l'approche de Simon s'intéresse à la description de l'état final de la décision alors que le test de compatibilité envisage plutôt la description du processus par lequel la décision est prise.

2.2.4. IMAGES ET DIFFÉRENTS DOMAINES DE LA VIE

Les personnes ont des ensembles d'images pour différents domaines de leur vie. Les principales images concernent le travail, la famille, les amis, le temps libre, et le domaine spirituel/éthique[26]. Les images peuvent être plus ou moins claires, faciles ou difficiles à articuler, et fortement ou faiblement tenues.

> Les personnes semblent utiliser les images dans le processus de passage au crible d'une manière séquentielle. Les informations ou options sont initialement comparées au domaine pertinent (par exemple, travail, famille) et aux images (c'est-à-dire : est-ce au sujet de mes valeurs, de mes objectifs ou de mes actions ?). Ensuite, les comparaisons sont faites avec les autres images, commençant par l'image des valeurs, continuant successivement par l'image de trajectoire et l'image stratégique. Des personnes peuvent parfois changer une image au lieu de rejeter ou d'accepter une option.

Des événements peuvent causer des conflits entre les différents domaines de la vie. Une promotion ou un transfert international peut coïncider avec les images concernant le travail mais elle peut également entrer en conflit avec les images concernant la famille. Les images stratégiques tendent à être plus faciles à changer que les images de trajectoire ou de valeurs. Aussi, il semble plus facile de refuser une mobilité internationale que de changer ses valeurs ou ses buts par rapport à sa famille si cette mobilité est perçue comme un péril.

2.3. Décision du couple

Notre recherche, comme les autres, montre que l'expatriation est, dans plus de 80 % des cas, vécue en couple. Il est raisonnable d'envisager que la décision de partir ou non soit une décision concertée du couple, même si Adler[27], estime que le conjoint est souvent mis devant le fait accompli. La théorie des images permet d'apporter un éclairage *nouveau* sur le processus décisionnel impliquant les protagonistes du couple.

> Beach illustre cette théorie par le choix, par le couple, de mettre au monde un premier enfant ou un enfant supplémentaire. Cet exemple est pertinent car, comme dans le cas de la décision de partir, le destin des deux membres du couple est affecté. Certaines recherches avancent que cette décision repose sur une analyse du type coûts-bénéfices sur les conséquences liées à l'enfant. Au nombre de ces conséquences figurent notamment l'impact possible de sa présence sur l'atteinte des buts des parents par rapport aux questions d'éducation ou de carrière, sur leurs relations ou encore sur le bien-être de la famille. En revanche, Beach[28]

rappelle d'autres recherches, qui soulignent l'aspect peu prédictif du modèle coûts-bénéfices. Selon lui, les conséquences prises en compte dans la décision sont celles qui impliquent la compatibilité de l'enfant avec les principes, les buts et les plans existants du couple. Il l'exprime ainsi[29] :

« Donc, la compatibilité, le « fit » d'un (ou d'un autre) enfant avec le reste de la vie du couple et leur vision du futur, plutôt que la maximisation des avantages, apparaissait influencer plus lourdement la décision de maternité ».

Par transposition, il est raisonnable d'envisager la décision de partir selon le même schéma pour les couples confrontés à la mobilité internationale. Il s'agit alors de tester la compatibilité de la décision de partir avec les principes, les buts et les plans existants des deux membres du couple.

Le cas des « couples conflictuels » dont un partenaire privilégie l'alternative alors que l'autre préfère le *statu quo* est très intéressant. Lorsque le salarié se voit proposer un poste à l'étranger, supposons que la compatibilité de cette perspective avec l'ensemble de ses images le pousse à accepter. Supposons que le test de compatibilité pousse son partenaire à rejeter cette possibilité. Cependant, pour ne pas décevoir son partenaire salarié, le partenaire peut aller contre ses propres principes, buts et plans, s'effaçant au profit de la carrière de son conjoint. Malgré la violation d'un principe, par exemple à propos de relations avec ses parents, le partenaire accepte quand même d'accompagner son conjoint en fonction de ses principes par rapport à ce dernier. Il est possible d'envisager, une fois dans le pays, la résurgence de cette « violation » et le regret d'avoir laissé dans le pays d'origine des parents âgés. L'acceptation du conjoint est contrainte et non entièrement désirée. L'adaptation du conjoint pourrait alors se retrouver compromise et par ricochet entraver celle du salarié.

Ce scénario souligne la dichotomie « cadrage du nous »/« cadrage du je » de Beach dans la prise de décision. Dans un couple, chacun à son propre ensemble de principes, de buts et de plans. Dans le cadrage du nous, ces images sont relativement proches mais peuvent diverger à propos de la décision bien particulière de s'expatrier. Le concept de stabilité maritale peut alors être introduit. Il est d'autant plus d'actualité qu'on avance généralement un taux de divorce chez les expatriés de 40 % supérieur à celui des sédentaires[30]. Beach spécule que dans un couple stable, la bonne décision, telle qu'elle a déjà été définie de partir ou de ne pas partir ne met pas en péril le couple. La compatibilité entre la décision de partir et les différentes images des deux partenaires du couple devrait conduire le salarié à accepter l'expatriation. Cette hypothèse devrait conduire à celle d'une plus grande probabilité d'adaptation et de réussite dans le pays d'accueil. Aussi, la seule compatibilité de la décision du salarié avec les différentes images ne suffit-elle peut-être pas. Cette compatibilité « interne » devrait être renforcée par une compatibilité « externe », entre les images des différentes parties prenantes dans la décision.

2.4. Théorie des images et expatriés français

Pour examiner la décision des expatriés français sous l'angle de la théorie des images, notre recherche s'est efforcée de déterminer la compatibilité « interne » et « externe ».

Le recueil des données par questionnaires, destinées à être analysées quantitativement, ne permet peut-être pas de saisir toutes les nuances de la théorie. Une approche qualitative semblerait mieux indiquée pour saisir les deux types de compatibilité. Les contours de leur complexité seraient ainsi mieux dégagés. Néanmoins, cette approche sous forme d'entretiens avec les acteurs de la mobilité, l'expatrié et son conjoint accompagnant, n'a pas été possible dans le cadre de notre recherche. En revanche, une telle approche serait utile en tant qu'outil de gestion.

L'entreprise qui expatrie aurait tout intérêt à déterminer ces deux formes de compatibilité (interne et externe) dans le cadre d'entretiens avec chacun des membres du couple impliqué dans la mobilité internationale potentielle. L'expatrié potentiel peut également s'aider de cette approche pour prendre la bonne décision, aussi bien pour lui que pour son couple.

2.4.1. COMPATIBILITÉ « INTERNE »

La compatibilité « interne » concerne l'individu pris isolément, ayant ou non un partenaire. Il s'agit d'abord de déterminer les images pertinentes pour l'individu lorsqu'un choix relatif à la mobilité internationale s'impose.

Les sections précédentes ont permis de mettre en exergue les éléments centraux que forment la famille, la communauté, la carrière, la rémunération et le projet personnel. Ces éléments renvoient aux principales images soulignées par Mitchell et Beach[31] : le travail (carrière et rémunération), la famille, les amis, le temps libre ou hors travail (projet personnel et communauté). Le domaine spirituel est écarté dans la mesure où les développements précédents n'ont pas permis son émergence. L'élément travail renvoie à l'image qu'a l'individu de lui-même par rapport au travail, c'est-à-dire aux ancres de carrière. Cependant, il ne s'agit plus de déterminer ici quelle est l'ancre de carrière de l'individu, mais de savoir si la manière dont se définit l'individu par rapport à sa vie reliée au travail est compatible avec la mobilité internationale. La même démarche est suivie pour les autres éléments. Parmi cet ensemble d'éléments, certains ont plus de poids que d'autres. Leur violation est alors moins bien tolérée. Aussi, l'identification des problèmes dans le processus du cadrage ne suffit-il pas. Leur hiérarchisation s'avère tout aussi essentielle. Ensuite, la mobilité internationale est examinée sous l'angle de sa compatibilité avec chacun des éléments centraux au niveau de chacune des trois images (des principes, des buts et des plans). La violation des principes est, par définition, la plus grave pour l'individu. Par conséquent, il ne devrait pas accepter une mobilité internationale non compatible avec les domaines qu'il considère les plus importants. Lorsque l'individu accepte la mobilité au prix d'une violation de ses valeurs, son sentiment de pouvoir décider librement peut être mis en question.

Pour résumer, quatre domaines sont présentés aux cadres expatriés :

1. Travail.

2. Famille.

3. Amis, relations.

4. Temps libre (temps hors travail).

Les expatriés indiquent dans quelle mesure ils ont considéré ces domaines lors de leur prise de décision sur la mobilité internationale. À cet effet, ils disposent d'une échelle de type Likert en cinq points (1= pas du tout à 5 = complètement).

Le cadrage des expatriés est avant tout sur le travail comme l'indique la figure 8.3.

Parmi les expatriés qui ont répondu à notre questionnaire, 93,2 % mettent le domaine du travail au centre de leur décision. Seulement 1 % des expatriés ont peu ou pas du tout considéré le domaine du travail lors de leur prise de décision. Ce qui n'est pas surprenant, dans la mesure où la mobilité internationale est une mobilité pour raisons professionnelles. La famille représente également un domaine essentiel puisque 73,6 % des expatriés la considèrent fortement lors de la prise de décision d'expatriation. Les amis et les relations sont pertinents pour 13,1 % dans la prise de décision d'expatriation. Enfin, le domaine temps libre, loisirs apparaît un domaine peu pertinent quand il s'agit de décider de s'expatrier.
Après s'être prononcés sur la pertinence de chacun des quatre domaines par rapport à la mobilité internationale, il est demandé aux cadres expatriés de s'exprimer sur la compatibilité de la mobilité internationale avec leurs valeurs et principes concernant chacun de ces domaines. Ils indiquent également dans quelle mesure la mobilité internationale « valait la peine » par rapport à ces mêmes domaines et s'ils la considéraient comme une bonne stratégie au moment de la décision.

Les cadres français expatriés disposent chaque fois de cinq options de réponses allant de pas du tout compatible à tout à fait compatible. L'analyse statistique permet de dégager trois échelles correspondant à chacune des images, à savoir :
1. Compatibilité des valeurs dans les quatre domaines avec la mobilité internationale.
2. Compatibilité des buts (la mobilité valait la peine au moment de la décision).
3. Stratégie pour atteindre les buts dans les quatre domaines.
L'échelle « valeur » présente un alpha de Cronbach égal à 0,66, l'échelle « buts » un alpha de 0,67 et l'échelle « stratégie » de 0,61. 🔳

Figure 8.3 : Pertinence des images dans la décision d'expatriation

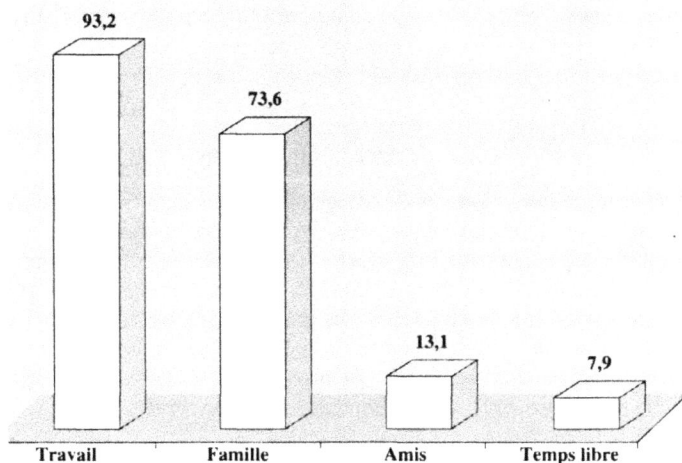

Les trois échelles, « valeurs », « buts » et « stratégie », permettent d'examiner le lien entre la décision d'expatriation et l'adaptation. La question du libre choix approchée par la compatibilité de la mobilité avec les valeurs des individus, avec les buts, et en termes de stratégie est corrélée positivement à l'adaptation au travail. Parmi les facteurs qui expliquent l'adaptation au travail, la liberté de choix, exprimée par la compatibilité de la mobilité internationale avec les buts de l'individu dans des domaines aussi variés que le travail, la famille, les amis et les loisirs, est positivement reliée à l'adaptation au travail.

En d'autres termes, plus la personne pense au moment de la décision que la mobilité internationale vaut la peine par rapport à des domaines aussi variés que le travail, la famille, les amis et relations et le temps hors travail, meilleure est son adaptation au travail. Ainsi, une « bonne décision » conduit-elle à une « bonne adaptation », l'adaptation au travail étant néanmoins la seule concernée. Une décision de l'individu, qui ne « viole » pas ses objectifs dans les différents domaines de sa vie, en accord avec la théorie décisionnelle des images, revient à prendre une décision « libre ». La question du libre choix et son impact positif sur la réussite d'une expatriation a d'abord été mise en évidence par Feldman et Thomas[32]. L'auto-sélection des cadres, ou l'acceptation d'une mobilité en accord avec leurs objectifs dans la vie aurait pour conséquence l'augmentation de la persévérance de ces derniers pour faire face aux problèmes inhérents à une expatriation. Le libre choix se définit par rapport à l'organisation, pourvoyeuse du travail, ce qui peut expliquer le fait que seule l'adaptation au travail est concernée par la question du libre choix, et non les deux autres formes d'adaptation que sont l'adaptation à l'interaction et l'adaptation générale.

2.4.2. COMPATIBILITÉ « EXTERNE »

La compatibilité « externe » est celle qui existe entre les images des salariés et de leur conjoint. Cela peut revenir à comparer la compatibilité interne de l'expatrié potentiel avec celle de son conjoint. Cette démarche, dans la mesure où elle s'avère réalisable, permet de déterminer si le couple est conflictuel ou pas. Il s'agit ici de comparer deux « cadrage du je ». Les personnes composant le couple sont alors considérées comme deux entités individuelles prises isolément. Dans notre recherche, nous avons seulement pu nous concentrer sur le « cadrage du nous ».

Dans la situation de « cadrage du nous », la décision est prise non plus par rapport aux seules images du salarié, mais par rapport à celles du couple en tant qu'unité. Il est alors supposé que le couple existe comme une propre entité qui possède ses propres valeurs, objectifs et plans concernant les éléments centraux que sont le travail, la famille, les amis, le temps libre. Il s'agit en fait de saisir le degré de concertation lors de la prise de décision. Une décision cadrée sur le « nous » du couple devrait être plus favorable en termes d'adaptation qu'une décision cadrée essentiellement sur le « je » du salarié. Nous supposerons que lorsque la décision est concertée, les partenaires d'un couple confrontent la compatibilité de leurs images respectives.

L'absence de concertation, ou une absence de communication ouverte n'augure pas de l'adaptation du conjoint[33]. Notre recherche confirme ce lien négatif entre l'absence de concertation et l'adaptation, surtout pour l'adaptation à l'interaction.

En effet, les conjoints d'un couple où la décision de mobilité n'a pas fait l'objet de véritable concertation ont une adaptation à l'interaction plus faible que pour ceux appartenant à un couple où la décision a été centrée sur le « nous ». Ce résultat est important dans la mesure où l'adaptation à l'interaction du conjoint est fortement reliée à celle de l'expatrié. Le manque de relationnel à l'intérieur du couple ne facilite peut-être pas le relationnel à l'extérieur du couple. L'adaptation à l'interaction est peut-être une affaire de couple dans le sens où les contacts se passent pour partie entre le couple, en tant qu'entité, et les membres du pays d'accueil. La femme d'un expatrié précise dans ce domaine :

« Lorsque le cadre a un bon contact avec des membres de la communauté d'accueil, il les amène au foyer. Le lien existe alors pour les deux. »

La concertation pose la question du libre choix du conjoint. Elle conduit à examiner les réticences personnelles du conjoint (réticences hors travail) envers la mobilité. Dans notre recherche, 16,6 % des conjoints avaient de fortes réticences personnelles envers la mobilité internationale. Comme ce sont les expatriés qui se sont exprimés pour leur conjoint, ce chiffre non négligeable pourrait être supérieur dans la réalité. L'adaptation générale et l'adaptation à l'interaction des conjoints sont plus faibles pour les conjoints qui avaient des réticences personnelles envers la mobilité. Les résultats de Feldman et Thomas sont transposables aux conjoints. Le sentiment du conjoint de ne pas pouvoir choisir la mobilité a un impact négatif sur son adaptation, aussi bien à l'interaction que générale. Par ricochet, les adaptations des membres du couple étant étroitement associées, l'adaptation de l'expatrié sera pénalisée. Nous détaillerons ce point dans le chapitre consacré à l'adaptation du conjoint.

▼ Points clés

La liberté de choix par rapport à la mobilité internationale peut être abordée directement ou indirectement.

L'approche directe saisit dans quelle mesure une personne a le sentiment de pouvoir choisir entre accepter ou refuser une mobilité internationale proposée par son organisation.

L'approche indirecte se focalise, pour l'individu, sur la compatibilité de la mobilité internationale avec différents domaines de sa vie tels que son travail, sa famille, son temps libre et ses relations. Cette approche inclut également le conjoint dans la décision de mobilité internationale.

L'approche indirecte est la plus riche dans l'étude du lien liberté de choix-adaptation.

- Les expatriés qui ont pris une décision concertée avec leur conjoint ont une meilleure adaptation à l'interaction.
- Une mobilité internationale que l'individu perçoit compatible avec les différents domaines de sa vie revient pour ce dernier à prendre une bonne décision, ce qui est un gage d'une bonne adaptation dans le pays d'accueil.

▼ Fil d'Ariane

La question du libre choix quant à la mobilité internationale est cruciale, à la fois pour l'entreprise et l'individu face à une expatriation potentielle. L'approche indirecte de la liberté de choix est celle qui fournit le plus d'informations dans la compréhension de l'adaptation internationale des expatriés. Prendre en compte, à la fois la décision du cadre pris isolément et celle de son conjoint semble impératif au moment où se pose l'éventualité d'une mobilité internationale. Une bonne décision de la part de l'expatrié conduit à sa bonne adaptation au travail.

Ce chapitre clôt la présentation des variables relatives à la décision qui influencent les différentes facettes de l'adaptation. La prise en compte de la décision apporte une meilleure compréhension de l'adaptation, particulièrement l'adaptation au travail des expatriés. L'étude de la décision se rapporte à la partie gris foncé du modèle de l'adaptation des expatriés (page 48). Nous passons maintenant dans les chapitres suivants à la partie gris clair du modèle. La question du conjoint, abordée ici, sera approfondie dans un chapitre consacré à son adaptation et à son lien avec l'adaptation de l'expatrié. Auparavant, nous aurons vu le travail, la culture et l'adaptation anticipée. Nous commençons dans le chapitre suivant par les variables relatives aux qualités individuelles.

Pistes d'action

Les entreprises

Éviter les clauses de mobilité internationale qui « invitent » à la mobilité internationale mais ne garantissent pas l'adaptation, ni la réussite de l'affectation lorsque la mobilité est subie.

Ne pas « exclure » un salarié performant pour refus de mobilité, mais essayer plutôt d'en comprendre les motivations et y apporter les solutions adéquates.

Donner les moyens aux expatriés potentiels, de prendre une « bonne décision », notamment en communiquant clairement sur les parcours de carrière, avec ou sans mobilité.

Inviter les salariés à prendre en compte, avec leur famille, toutes les dimensions d'une mobilité lors de leur prise de décision.

Les salariés

Examiner la compatibilité d'une mobilité internationale avec les différents domaines de votre vie comme votre travail, votre famille, votre temps libre ou votre environnement relationnel.

Préférez une décision « concertée » avec votre famille, car elle est associée à une meilleure adaptation et réussite dans le pays d'accueil.

Ne pas hésiter à refuser une mobilité internationale si cette dernière n'apparaît pas compatible avec les domaines de votre vie que vous jugez les plus importants.

Notes

1. Feldman et Thomas, 1992, Career management issues facing expatriates.

2. Lee et Mitchell, 1994, An Alternative Approach : The Unfolding Model of Voluntary Employee Turnover.

3. Beach, 1990, Image Theory : Decision Making in Personal and Organizational Contexts.

4. Bournois, 1996, Rapport de pré-soutenance de la thèse de doctorat, Cerdin, novembre 1996.

5. Pinder, 1989, The dark side of executive relocation.

6. Dany et al., 1991, La gestion des carrières des cadres en France, vue par les cadres.

7. Fisher et Shaw, 1994, Relocation attitudes and adjustment : A longitudinal study.

8. Black et Stephens, 1989, The influence of the spouse on American expatriate adjustment in overseas assignments.

9. Feldman et Thomas, 1992, Career management issues facing expatriates.

10. Copeland et Griggs, 1988, The internationable employee ; Holmes et Piker, 1980 ; Expatriate failure – prevention rather than cure.

11. Beach, 1993b, Making the right decision.

12. Feldman et Thomas, 1992, Career management issues facing expatriates.

13. Beach, 1990, Image Theory : Decision Making in Personal and Organizational Contexts.

14. Lee et Mitchell, 1994, An Alternative Approach : The Unfolding Model of Voluntary Employee Turnover.

15. Beach, 1993a, p. 276, Four revolutions in behavioral decision theory. Leadership theory and Research : Perspectives and Directions.

16. Van Zee *et al.*, 1992, The effects of screening and task partitioning upon evaluations of decision options.

17. Caldwell et O'Reilly, 1990, Measuring person-job fit with a profile comparison process.

18. Beach et Mitchell, 1987, Image theory : Principles, goals, and plans in decision making.

19. Beach, 1990, p. 6, Image Theory : Decision Making in Personal and Organizational Contexts.

20. Pylyshyn, 1981, The imagery debate : Analogue media versus tacit knowledge.

21. Beach, 1990, Image Theory : Decision Making in Personal and Organizational Contexts.

22. Kuhl, 1983, Motivation, Konflikt und Handlungskontrolle.

23. Beach, 1990, p. 175, Image Theory : Decision Making in Personal and Organizational Contexts.

24. Simon, 1955, A behavioral model of rational choice.

25. Crozier et Friedberg, 1977, L'acteur et le système.

26. Mitchell et Beach, 1990, « Do I love three ? Let me count » toward an understanding of intuitive and automatic decision making, cités par Lee et Mitchell, 1994, An Alternative Approach : The Unfolding Model of Voluntary Employee Turnover.

27. Adler, 1986, International Dimensions of Organizational Behavior.

28. Beach, 1990, Image Theory : Decision Making in Personal and Organizational Contexts.

29. Beach, 1990, p. 209, Image Theory : Decision Making in Personal and Organizational Contexts.

30. L'Express, 02 mars 1995, pp. 109-111.

31. Mitchell et Beach, 1990, « Do I love three ? Let me count » toward an understanding of intuitive and automatic decision making.

32. Feldman et Thomas, 1992, Career management issues facing expatriates.

33. Adler, 1986, International Dimensions of Organizational Behavior.

CHAPITRE 9
L'ADAPTABILITÉ DES EXPATRIÉS

▼ **Repère**

Le chapitre 8 consacré au libre choix clôt l'étude des liens entre la décision de mobilité internationale des personnes et leur adaptation internationale.

Dans ce chapitre, nous introduisons les déterminants de l'adaptation, regroupés dans la partie gris clair du modèle d'adaptation décrit au chapitre 3, avec l'étude de l'adaptabilité. Il s'agit alors de définir pour les expatriés français les qualités nécessaires aux différentes facettes de l'adaptation.

L'adaptabilité des cadres recouvre les qualités individuelles nécessaires aux expatriés pour s'adapter lors d'une affectation. Les écrits, aussi bien académiques que professionnels, énumèrent tout un ensemble de qualités individuelles jugées indispensables en termes d'adaptation. Aussi, nous semble-t-il utile de partir de ce constat avant de clarifier le terme adaptabilité. Trois dimensions de l'adaptabilité sont alors détaillées. Ces différentes dimensions nous conduisent à définir le processus d'acculturation. Cette démarche nous permet de proposer des mesures de l'adaptabilité. Enfin, nous terminons par l'examen de l'adaptabilité des expatriés français.

1. Pléthore de capacités

Nombreux sont ceux, dans le monde académique et professionnel, qui croient en l'importance des caractéristiques de la personnalité dans le succès de l'individu à l'étranger.

Choisir parmi les nombreux traits de personnalité ceux qu'il est important d'étudier et de prendre en considération est loin de faire l'unanimité. Ajoutant à la confusion, l'amalgame est souvent de mise dans la présentation de « checklists » concernant le recrutement des cadres expatriés. Cohabitent dans ces listes des capacités propres à l'individu, des caractéristiques personnelles telles que son âge, son état civil et familial, des caractéristiques concernant sa famille et enfin sa motivation.

Par exemple, Heller[1], se référant au Comité Consultatif sur les Affaires et l'Éducation Internationale de la Commission Nationale Américaine pour l'UNESCO, propose une liste de qualités spécifiques que devrait posséder tout manager international :

- empathie ;
- adaptabilité du manager et de sa famille ;
- maîtrise des langues ;
- qualité de leader et individualité ;
- maturité ;
- motivation.

D'autres travaux[2] se fixent comme objectif d'identifier empiriquement et d'évaluer l'importance relative des facteurs qui sont perçus contribuer au succès des expatriés. Ils reposent sur les réponses de 338 personnes affectées dans 43 pays, de différentes nationalités et travaillant pour différentes organisations. Ces personnes se prononcent sur 54 attributs tirés principalement de la revue de la littérature de Ronen[3]. Les auteurs identifient alors cinq facteurs principaux classés suivant leur importance relative :

1. Situation de famille.

2. Flexibilité/adaptabilité.

3. Connaissance du travail et motivation.

4. Capacités relationnelles.

5. Ouverture extra-culturelle.

Ces facteurs mélangent des capacités propres à l'individu comme ses capacités relationnelles et des caractéristiques relevant plus de son environnement comme sa situation de famille. Pour plus de clarté, il serait préférable de séparer ce qui relève directement des capacités de l'individu et ce qui appartient à son environnement ou à son expérience. Ainsi, nous ne retiendrons pas, dans notre quête d'une définition de l'adaptabilité, la motivation de l'individu pour partir à l'étranger. Elle est pourtant considérée par Heller et d'autres[4] comme source de succès. Néanmoins, elle se range plutôt dans les éléments de prise de décision d'expatriation. Elle fait alors partie des facteurs relatifs aux motifs. À ce titre, elle est un déterminant de l'adaptation, mais ne peut entrer dans la définition de l'adaptabilité. L'adaptabilité regroupe les caractéristiques propres à l'individu. Les caractéristiques concernant la famille sont également écartées dans la même logique. Elles sont rattachées, dans notre modèle de l'adaptation, aux variables d'environnement (voir les chapitres suivants).

Ne retenir que les qualités individuelles ne résout pas totalement le problème de clarté. C'est une première étape. La seconde consiste à pouvoir extraire, de la pléthore de qualités avancées par les « experts », les qualités essentielles.

Cette pléthore provient peut-être d'une attraction très prononcée dans l'étude de l'adaptation pour les caractéristiques personnelles. Ce groupe de variables est en effet celui qui a peut-être reçu le plus d'attention en relation à l'adaptation[5]. En tête des caractéristiques les plus citées se trouve la flexibilité[6]. Copeland et Griggs[7] dépeignent ce trait par l'image « dur comme l'eau », faisant référence à la rivière qui donne toujours la même image alors qu'elle change sans cesse. Cette caractéristique semble logique dans le sens où elle permet de faire face au changement en adoptant une attitude positive. Le sens de l'humour, la maturité, la connaissance de soi, la confiance en soi, l'estime de soi semblent avoir un impact positif sur le succès à l'étranger[8]. La stabilité émotionnelle regroupant la résistance au stress, la tolérance à l'ambiguïté et à la frustration, et la capacité à réduire l'anxiété devrait également faciliter l'adaptation[9]. La curiosité, l'empathie et l'ouverture d'esprit sont également fréquemment citées[10].

Toutes ces capacités sont regroupées en trois dimensions par Mendenhall et Oddou[11]. Cinq dimensions ont été proposées par Black[12]. Néanmoins, ces dernières s'insèrent dans les trois dimensions des premiers auteurs. Aussi, retenons-nous ces trois dimensions afin de progresser vers la compréhension de l'adaptabilité.

2. Trois dimensions de l'adaptabilité

Dans leur revue des études se rattachant à l'anthropologie, à la psychologie sociale, à la psychologie interculturelle, et à la sociologie, Mendenhall et Oddou classent les capacités des individus selon trois dimensions :

1. La dimension personnelle.
2. La dimension relationnelle.
3. La dimension perceptuelle.

Chacune de ces dimensions est développée à partir des éléments fournis par des chercheurs qui ont fait un effort de clarification des capacités nécessaires à un expatrié pour réussir dans un environnement international.

2.1. La dimension personnelle

La dimension personnelle comprend les capacités qui permettent à l'expatrié de maintenir ou de renforcer sa santé mentale, son bien-être psychologique, l'estime qu'il se porte, son efficacité personnelle et une gestion efficace du stress.

Elle se compose de trois sous-facteurs :

- *Substitution de renforcement*

  Elle implique le remplacement des activités qui procurent plaisir et bonheur dans la culture d'origine par des activités similaires, quoique différentes, qui existent dans la culture d'accueil[13]. Cette capacité à remplacer les activités appréciées dans un pays par d'autres activités disponibles mais différentes dans le pays d'accueil est présentée sous le nom de flexibilité culturelle par Black. Church[14] dans sa revue de la littérature identifie aussi cette dimension personnelle ;

- *Réduction du stress*

  Un certain nombre d'études montrent que la capacité à faire face au stress est importante pour l'adaptation de l'expatrié[15]. Ratiu[16] a rapporté que les expatriés bien adaptés semblent avoir des « zones de stabilité » dans lesquelles ils peuvent se retirer quand les conditions dans la culture d'accueil deviennent trop stressantes. Il s'agit donc, en quelque sorte, d'une capacité de retrait. Associée à la capacité de l'individu à faire face au stress est son orientation à la résolution des conflits dans la coopération[17] ;

- *Compétence technique*

  « L'expertise technique » est une dimension significative de l'acculturation[18]. Ainsi, les compétences professionnelles apparaissent-elles nécessaires dans le processus d'adaptation. Pourtant, elles sont davantage une condition préalable à l'adaptabilité qu'une dimension personnelle la composant. Nous la conserverons dans cette dimension en analysant la confiance des individus dans leurs compétences techniques. Dans ce sens, elle peut être rattachée à la dimension personnelle.

2.2. La dimension relationnelle

Elle englobe l'éventail des capacités nécessaires pour favoriser les relations avec les nationaux du pays d'accueil.

Mendenhall et Oddou la décomposent en deux sous-facteurs.

* *Développement de la relation*

    C'est l'habileté à développer des relations avec les nationaux du pays d'accueil. Cette dimension est présentée parfois sous le terme d'orientation sociale. L'information que l'individu peut obtenir facilite les modifications nécessaires de son comportement et permet donc de montrer un comportement plus approprié du point de vue culturel[19] ;

* *Volonté de communiquer*

    Elle comprend la volonté d'utiliser le langage du pays d'accueil, la confiance dans l'interaction avec les autres et le désir de comprendre et de se lier avec des nationaux du pays d'accueil.

    La compétence dans la langue du pays d'accueil devrait faciliter l'adaptation. En effet, l'incapacité à communiquer efficacement avec les nationaux du pays d'accueil devrait aboutir en un sentiment accru de frustration et d'anxiété, ce qui pourrait inhiber l'adaptation[20]. Cependant, outre ce niveau de langue de « survie », l'aspect important des capacités de communication et d'adaptation est le désir de communiquer[21]. C'est la volonté du sujet à communiquer qui détermine le véritable niveau de communication[22].

2.3. La dimension perceptuelle

Elle représente la capacité de percevoir et de comprendre les raisons du comportement des étrangers. Elle permettrait de réduire les incertitudes dans les relations interpersonnelles et interculturelles et donc aurait pour conséquence de favoriser l'adaptation.

Black[23] présente cette dimension au travers de la notion contraire d'ethnocentricité qui est définie comme « la tendance à voir sa propre culture, ses traditions ou modèles de comportements comme corrects et d'évaluer les comportements autres et différents comme incorrects ». La revue de la littérature a montré que l'ethnocentricité inhibe l'adaptation contrairement à une plus grande tolérance qui la facilite[24]. L'ethnocentricité est similaire aux concepts de rigidité cognitive, de dogmatisme, de faible tolérance vis-à-vis de l'ambiguïté. En fait, cela « représente toutes ces orientations cognitives dans lesquelles l'individu a un ensemble fixe de « cartes cognitives » de ce qui est juste ou faux, approprié ou non approprié et fait peu d'efforts pour accepter la perspective des autres »[25]. Ces individus agissant en fonction de leur propre culture, dans le cas de comportements non appropriés, seront sujets aux réponses affectives de frustration et d'anxiété. Le résultat en général est l'augmentation du choc culturel et l'inhibition de l'adaptation.

Ces trois dimensions (personnelle, relationnelle et perceptuelle), définissant le profil d'acculturation du cadre mobile, nous conduisent à préciser le processus d'acculturation. L'acculturation est un concept souvent utilisé pour comprendre les acquisitions et fusions d'entreprises de nationalités différentes[26]. Elle est également pertinente au niveau individuel pour comprendre les différents comportements des expatriés dans leur pays d'accueil[27].

3. Le processus d'acculturation

L'acculturation peut être définie comme « le processus par lequel les membres d'un groupe d'un milieu culturel s'adaptent à la culture d'un groupe différent »[28].

Tung[29] présente une matrice qui peut être appliquée au processus d'interaction/acculturation entre les expatriés et les nationaux du pays d'accueil dans un contexte international ou parmi des sous-groupes culturels à l'intérieur d'une même nation. Cette matrice s'organise autour des deux dimensions de l'acculturation identifiées par Berry[30] : la préservation culturelle et l'attraction du partenaire. Cette matrice est exposée figure 9.1.

Cette typologie présente des modèles d'interaction entre des peuples de deux cultures nationales distinctes, modèles considérés comme hautement efficaces ou faiblement efficaces.

Figure 9.1 : Le processus d'acculturation

Préservation culturelle

		OUI	NON
Attraction du partenaire	OUI	Intégration/Pluralisme	Assimilation
	NON	Séparation	Déculturation

Source : d'après Tung (1993) adaptée de Rieger et Wong-Rieger (1991). Copyright © 1993 John Wiley & Sons, Inc. Reproduit avec autorisation.

En haut à gauche, l'intégration représente la forme la plus optimale d'interaction. Avec l'intégration, les meilleurs éléments des différentes cultures sont combinés pour provoquer un déploiement efficace des ressources.

Cox et Finley-Nicholson[31] ont renommé ce mode d'interaction de « pluralisme » pour véhiculer « l'idée d'une mutuelle appréciation pour les contributions de chaque culture ». Cette cellule représente idéalement la dimension perceptuelle définie précédemment. Théoriquement, cette dimension devrait être liée à la dimension relationnelle *via* la volonté de communiquer. Tout en conservant sa culture, l'expatrié tente de comprendre les membres de la culture hôte. C'est le cas du « double citoyen »[32] qui voue allégeance à la fois à l'unité locale étrangère et à la société mère. Agissant en tant que lien entre deux systèmes culturels différents, ces individus peuvent être qualifiés de « médiateurs »[33].

En haut à droite, la matrice introduit l'assimilation. Les membres du groupe minoritaire adaptent leurs comportements et valeurs à ceux du groupe dominant.

Un expatrié qui est assimilé à la culture du pays d'accueil peut être rejeté comme « devenant un autochtone » et donc perdre la confiance du siège[34]. Pour une expatriation temporaire (durée de trois à cinq ans), l'assimilation constitue plutôt un handicap pour l'organisation. Cette dernière cherchera donc à l'éviter. Afin de réduire ce risque, certaines organisations limitent les affectations internationales à un maximum de trois années, surtout quand l'expatrié a un rôle de contrôle *via* le processus de socialisation[35].

En bas à droite, la déculturation signifie que chaque groupe conserve ses valeurs et comportements distincts, sans qu'aucune des deux parties ne tente d'intégrer ou de synthétiser les différents systèmes de valeurs et les modèles opératoires[36].

Tung illustre la déculturation dans un contexte international par l'exemple suivant. Lorsqu'un expatrié ne parle pas la langue locale, ni ne comprend les modèles et normes de comportement du pays d'accueil, il s'isole délibérément. Lui et sa famille vivent alors dans des enclaves étrangères et ont tendance à minimiser les contacts avec tous les aspects de la société locale, y compris les membres de la culture locale. Cette déculturation contribue, au moins en partie, au taux d'échec élevé dans l'expatriation[37]. Black et Gregersen[38] utilisent l'expression d'« agent libre ». Un agent libre est un expatrié voué entièrement à sa carrière. Il s'adapte bien mais ne se sent aucunement lié à l'organisation qui l'expatrie, prêt à saisir toute opportunité extérieure pour progresser dans sa carrière. Aussi, l'agent libre ne sert-il pas forcément les intérêts à long terme de la société mère ou de la filiale.

En bas à gauche la séparation représente le mode d'interaction le plus disfonctionnel.

L'expatrié n'a aucun attrait envers la culture étrangère considérant la sienne comme seule référence. Il a le « cœur à la maison » comme l'expriment Black et Gregersen. Cette situation ne constitue pas un bon augure pour la réussite de l'expatrié[39].

La présentation des cellules de cette matrice met en exergue deux dimensions selon lesquelles les individus pourraient être classés par rapport à l'interaction interculturelle. La première a trait au rapport de l'individu avec sa propre culture et celle du pays qui l'accueille. La seconde, se calquant sur la première, est formulée en termes d'allégeance à son organisation d'origine et à celle qui l'accueille durant son affectation à l'étranger. Janssens[40] propose un tableau, reposant sur ces deux dimensions, résumant l'approche socio-psychologique de Bochner[41] et l'approche managériale (en italique dans le tableau 9.1) de Black et Gregersen. Elle reprend donc en partie la matrice de l'acculturation proposée par Tung.

Tableau 9.1. : Manières de s'adapter et formes d'allégeance

Contact avec les autres cultures *Allégeance locale*	Maintien de sa propre identité culturelle *Allégeance à la société mère*	
	Faible	Élevée
Faible	Marginalité Marginal *Agent libre*	Ségrégation Nationaliste *Cœur à la maison*
Élevée	Assimilation Transfuge *Devenu autochtone*	Intégration Médiateur *Double citoyen*

Source : d'après Janssens, 1995, p. 157.
Copyright © 1995 John Wiley & Sons, Inc. Reproduit avec autorisation.

Le cadre expatrié intégré sera celui capable de répondre aux exigences des deux cultures en présence. Les managers transnationaux devront intégrer un plus grand nombre de cultures dans une perspective multiculturelle mise en œuvre quotidiennement, même en dehors d'une affectation à l'étranger[42]. Par analogie à la typologie de Black et Gregersen, ces managers transnationaux sont des « citoyens multiples ». Nous limiterons la mesure de l'adaptabilité dans le cadre classique de l'expatriation. Cette adaptabilité devrait néanmoins être nécessaire au citoyen multiple.

La plupart des études qui ont identifié une ou plusieurs de ces dimensions (personnelle, relationnelle et perceptuelle) n'ont pas directement examiné la relation entre les qualités individuelles et l'adaptation avant celle de Black. Ce dernier a notamment opérationalisé la flexibilité culturelle, l'orientation sociale, la volonté de communiquer, l'orientation à la résolution de conflit et l'ethnocentricité afin d'étudier leurs liens avec les trois facettes de l'adaptation. Dans la section suivante consacrée à la mesure de l'adaptabilité, nous nous appuyons sur ces travaux et sur la présentation des trois dimensions de l'adaptabilité et du processus d'acculturation.

4. Mesure de l'adaptabilité

Préciser le processus d'acculturation permet d'opérationaliser la dimension perceptuelle. Le questionnaire utilisé par Black[43] ne semble pas entièrement satisfaisant pour saisir l'ethnocentricité. Aussi, proposons-nous une autre voie, fondée sur la matrice de l'acculturation de Tung. Le pluralisme (intégration) est théoriquement la qualité attendue chez un expatrié, notamment pour pouvoir répondre aux exigences globales et locales[44]. Cette mesure de la dimension perceptuelle est alors nommée mesure du pluralisme. Elle offre l'avantage d'évaluer la position de l'individu par rapport à sa culture d'origine et à la culture du pays d'accueil. Cette approche dichotomique proposée par Berry[45] pour aborder l'acculturation est reprise ici. Une possibilité serait de proposer un item décrivant chacune des cellules de la matrice de l'acculturation. L'individu devrait alors choisir celle qui lui correspondrait le plus. Il semble préférable de demander à l'individu dans quelle mesure il est d'accord avec des propositions ayant trait à sa position par rapport à sa culture d'origine et à celle d'accueil.

Six items ont été tirés de la description du processus d'acculturation :
1. À l'étranger, je préfère vivre auprès des personnes de la culture locale.
2. À l'étranger, mes principales références sont aussi bien les valeurs et croyances de mon pays d'origine que celles du pays d'accueil.
3. À l'étranger, je cherche à comprendre la culture des membres du pays d'accueil.
4. À l'étranger, il vaut mieux ne pas vivre entre « expatriés ».
5. Maintenir sa propre identité culturelle est important quand on est à l'étranger.
6. Avoir de nombreux contacts avec la culture d'accueil est important à l'étranger.

Cette mesure du pluralisme semble plus riche que celle utilisée par Parker et McEvoy[46] qui comparent seulement le temps passé avec d'autres expatriés à celui passé avec les nationaux du pays d'accueil. Cette approche, où un cadre pluraliste est celui qui passe la majeure partie de son temps avec les nationaux du pays d'accueil, occulte le rapport du cadre avec sa propre culture.

Pour la dimension personnelle et la dimension relationnelle, nous reprenons en partie et adaptons les mesures utilisées par Black.

Le chercheur nord-américain aborde la dimension personnelle par la flexibilité culturelle et l'orientation à la résolution de conflit.

▓ *Pour la flexibilité culturelle, l'échelle de huit items qu'il propose repose sur la description fournie par Mendenhall et Oddou. Un exemple des huit items est : « Il est intéressant et plaisant de s'initier à de nouvelles cultures ».*

La résistance au stress a été approchée par l'intermédiaire de l'orientation à la résolution de conflit. Cependant, il paraît préférable de mesurer plus directement la capacité de retrait dans un environnement peu familier. Aussi, à partir de la description de Ratiu[47], nous proposons deux items pour saisir dans quelle mesure, l'individu, dans le processus d'adaptation, a recours à des « zones de stabilité ». L'expatrié indique son degré d'accord par rapport aux deux propositions suivantes :

1. Je me retire temporairement dans mes activités favorites (passe-temps, journal, pratiques religieuses...) pour faire face au stress engendré par un milieu peu familier.

2. De temps en temps, j'ai besoin de me détacher d'un environnement peu familier en me tournant vers des activités que j'affectionne tout particulièrement. ▓

Quant à la compétence technique, elle s'inscrit dans la dernière facette de la dimension personnelle en saisissant la confiance professionnelle des expatriés.

▓ *Il est alors demandé aux expatriés français d'exprimer leur accord ou désaccord sur les quatre items suivants :*

1. J'ai confiance en mes compétences professionnelles pour réaliser la mission proposée à l'étranger.

2. J'ai déjà eu recours à des compétences similaires à celles nécessaires pour l'affectation proposée à l'étranger.

3. Je possède les compétences professionnelles nécessaires à la mission proposée à l'étranger.

4. Je suis qualifié(e) professionnellement pour le poste proposé à l'étranger. ▓

La dimension relationnelle a deux indicateurs, l'orientation sociale et la volonté de communiquer.

▓ *Black propose huit items reposant sur la description de Mendenhall et Oddou pour la volonté de communiquer. Un de ces items, à titre d'illustration, est : « je n'ai pas peur de faire des fautes quand je parle une langue étrangère ». À partir des mêmes travaux et complétés par ceux de Church, Black développe sept items pour mesurer l'orientation sociale. Un exemple est : « je suis à l'aise quand je rencontre des étrangers ». ▓*

Les trois dimensions individuelles, à savoir personnelles, relationnelles et perceptuelles permettent de cerner la capacité d'adaptation ou adaptabilité d'un individu.

▓ *Dunbar[48] utilise, à la suite d'autres chercheurs[49], une mesure de la capacité et de la conscience culturelle de Tucker[50] qui évalue les six points suivants :*

1. Compréhension de la langue du pays hôte.

2. Compréhension de la communication non verbale.

3. Avoir des relations et des amis du pays hôte.

4. Avoir un intérêt dans l'histoire de la culture hôte.
5. Engagement dans une variété de tâches agréables là (dans le pays hôte).
6. Prises d'initiatives pour voir et voyager à travers le pays.
Cet indice de capacité culturelle ne peut être apprécié que de manière post hoc. Au demeurant, la recherche en général aborde l'acculturation de cette manière[51].
Les trois dimensions précédentes permettent un emploi plus étendu que celle de la « conscience culturelle ».

Les trois dimensions peuvent, pour une grande partie, être utilisées au niveau de la sélection des cadres. Elles constituent d'ailleurs la base d'un test anglo-saxon[52] pour sélectionner les managers pour une affectation à l'étranger. De plus, elles semblent mieux correspondre à la faculté d'adaptation ou adaptabilité que le Grand Robert définit notamment comme :

« L'aptitude d'un individu à modifier sa structure ou son comportement pour répondre harmonieusement à de nouvelles conditions de vie, de nouvelles situations ».

5. Adaptabilité des cadres français expatriés

Dans un premier temps, nous allons dégager un certain nombre de qualités individuelles propres aux expatriés français. Dans un second temps, nous analysons dans quelle mesure ces qualités favorisent l'adaptation.

5.1. Qualités individuelles des expatriés français

Pour saisir ces qualités individuelles, nous avons proposé aux expatriés français 35 items. Ces items sont ceux des mesures développées dans la section précédente. Cependant, ils ont été présentés aux expatriés dans un ordre aléatoire. Ainsi, par exemple, les huit items supposés mesurer la volonté de communiquer ont été dispersés avec ceux des autres mesures de l'adaptabilité.
Les expatriés notent dans quelle mesure ils sont en accord ou en désaccord avec chacune des 35 affirmations exprimées par les définitions précédentes, toutes destinées à cerner l'adaptabilité. Les options de réponses vont de 1 (tout à fait en désaccord) à 5 (tout à fait d'accord). Une analyse factorielle en composantes principales permet de dégager six qualités individuelles pour l'étude de l'adaptabilité des expatriés français.

Six qualités individuelles sont retenues pour l'étude de l'adaptabilité des expatriés français. Elles sont nommées, d'après les items qui les représentent et les travaux susmentionnés :
1. Volonté de communiquer.

2. Capacité d'ouverture.
3. Confiance en ses compétences.
4. Capacité de substitution.
5. Orientation sociale.
6. Capacité de retrait.

Chacune de ces qualités est détaillée ci-après afin de mieux cerner ce qu'elles recoupent.

Volonté de communiquer

Cette première qualité reprend cinq des huit items proposés par la définition de la volonté de communiquer de Black. Aussi, conservons-nous la même dénomination pour cette échelle présentant une bonne cohérence interne (alpha = 0,83).
Ces items sont :
1. Si je ne comprends pas ce que me dit un étranger, je lui demande de me le répéter.
2. Même si je ne parlais pas bien une langue étrangère, j'essaierais d'utiliser ce que je sais.
3. En train de parler avec un étranger dans sa langue, si je ne comprends pas quelque chose d'important, je lui demanderai de me l'expliquer de nouveau.
4. Même si je fais des fautes dans leur langue, j'aime essayer de communiquer avec des étrangers.
5. Si un étranger ne comprend pas ce que je dis, je suis disposé(e) à le lui expliquer autant de fois que nécessaire.

Capacité d'ouverture

La deuxième qualité individuelle isolée est plus originale dans le sens où elle se compose d'items provenant des définitions de la flexibilité culturelle et de l'orientation sociale proposées par Black. Elle comprend également deux items formulés à partir de la description du processus d'acculturation. L'ouverture extra-culturelle est une des dimensions identifiées par Arthur et Bennett[53]. Elle correspond également, et en partie, à l'importance pour les expatriés d'avoir une « variété d'intérêts extérieurs » ainsi qu'un « intérêt dans les cultures étrangères ». Notre échelle de la capacité d'ouverture comprend les six items suivants (alpha = 0,77) :
1. Avoir de nombreux contacts avec la culture d'accueil est important à l'étranger.
2. Je voudrais avoir plus d'amis étrangers.
3. À l'étranger, je cherche à comprendre la culture des membres du pays d'accueil.
4. Il est intéressant et agréable de rencontrer et apprendre à connaître des personnes d'autres pays.
5. J'aime essayer de nouvelles nourritures et de nouveaux plats.
6. Il est intéressant et plaisant de s'initier à de nouvelles cultures.

Confiance dans ses compétences

Cette troisième qualité individuelle est composée des quatre items relatifs aux compétences professionnelles. Un cinquième item provient de l'échelle de la flexibilité culturelle définie par Black. Cette nouvelle échelle est qualifiée de « confiance dans ses compétences ». Elle est constituée des items suivants avec une cohérence interne de 0,78 :
1. Je suis qualifié(e) professionnellement pour le poste proposé à l'étranger.
2. J'apprends facilement à apprécier de nouvelles activités.
3. Je possède les compétences professionnelles nécessaires à la mission proposée à l'étranger.
4. J'ai confiance en mes compétences professionnelles pour réaliser la mission proposée à l'étranger.

5. *J'ai déjà eu recours à des compétences similaires à celles nécessaires pour l'affectation proposée à l'étranger.*
Cette dimension de l'adaptabilité se manifeste également dans l'étude de Arthur et Bennett où les expatriés classent, en troisième position d'importance (sur cinq facteurs) dans la contribution à leur succès à l'international, les attributs relatifs à la connaissance du travail.

Capacité de substitution
Cette échelle emprunte trois items à l'échelle de flexibilité culturelle et un item à l'échelle d'orientation sociale de Black. Elle traduit la qualité de pouvoir remplacer ce que l'on apprécie dans son pays d'origine par ce qui est disponible dans le pays d'accueil. Les quatre items qui la composent (alpha = 0,69) sont :
1. *Parce que je peux trouver de nouvelles activités appréciables, à l'étranger, je n'ai pas le mal du pays.*
2. *La plupart des pays étrangers ont des activités intéressantes et plaisantes qui ne sont pas communes dans mon pays d'origine.*
3. *Même si un pays étranger n'offrait pas les choses que j'apprécie dans mon pays d'origine, je les remplacerais facilement.*
4. *Parce que je me fais facilement de nouveaux amis, quand je suis à l'étranger, mon pays d'origine ne me manque pas trop.*

Orientation sociale
La cinquième qualité retenue est un composite, à l'instar de la précédente, des deux échelles de Black. Les items de l'orientation sociale prédominent. Nous avons conservé le nom d'orientation sociale qui traduit le fait d'être à l'aise avec des personnes étrangères. Les quatre items suivants détaillent son contenu (alpha = 0,68) :
1. *Je suis à l'aise quand je rencontre des étrangers.*
2. *Je m'adapte facilement à de nouvelles façons de faire les choses.*
3. *En général, je suis à l'aise en société même quand il y a beaucoup de personnes que je ne connais pas.*
4. *Je me fais facilement de nouveaux amis.*
Cette qualité traduit le fait d'être à l'aise avec des personnes étrangères.

Capacité de retrait
La dernière dimension retenue à l'issue de l'analyse statistique est celle composée des deux items basés sur la description de Ratiu des « zones de stabilité ». Les deux items qui la composent sont formulés ainsi (alpha = 0,63) :
1. *Je me retire temporairement dans mes activités favorites (passe-temps, journal, pratiques religieuses...) pour faire face au stress engendré par un milieu peu familier.*
2. *De temps en temps, j'ai besoin de me détacher d'un environnement peu familier en me tournant vers des activités que j'affectionne tout particulièrement.* ▨

Les liens entre ces qualités et chacune des trois facettes de l'adaptation, à savoir l'adaptation au travail, l'adaptation à l'interaction et l'adaptation générale, sont examinés dans la section suivante.

5.2. Qualités individuelles et adaptation des expatriés français

Contrairement à ce que suggérait Ratiu, la capacité de retrait des expatriés dans des « zones de stabilité » est corrélée négativement au trois formes d'adaptation. C'est alors plutôt son absence qui correspondrait à une forme d'adaptabilité. Cette forme d'adaptabilité revient alors à une qualité de « non retrait ».

Cette qualité de « non retrait » apparaît au rang des variables explicatives de deux facettes de l'adaptation, à savoir l'adaptation générale et l'adaptation à l'interaction.

Les personnes qui ne se retirent pas dans des « zones de stabilité » pour faire face au stress engendré par le milieu peu familier que constitue le contexte international (qualité de « non retrait ») sont mieux adaptées que les autres aux conditions générales de vie et aux contacts avec les membres de la culture d'accueil.

L'adaptation générale est expliquée positivement par une autre qualité individuelle, la capacité de substitution.

Pouvoir remplacer ce que l'on apprécie dans son pays d'origine par ce qui est disponible dans le pays d'accueil (capacité de substitution) facilite l'adaptation des personnes à des domaines aussi importants que la nourriture ou le logement. Cette qualité incarne l'absence du « mal du pays ». L'expatrié peut vivre dans un nouvel environnement sans le comparer de manière défavorable à son pays d'origine. Au contraire, il est capable de trouver des éléments de substitution.

De même, l'adaptation à l'interaction n'est pas expliquée uniquement par la qualité de « non retrait ». En effet, les résultats de la régression indiquent que la capacité d'ouverture contribue également à expliquer l'adaptation à l'interaction des personnes expatriées.

La forme d'adaptabilité nommée capacité d'ouverture traduit l'intérêt porté par l'individu aux cultures étrangères, et en particulier à leurs membres. Plus les expatriés cherchent à comprendre la culture du pays d'accueil, plus ils sont adaptés aux contacts avec les membres de cette culture.

Janssens[54] suggère que l'adaptation à l'interaction n'est pas seulement reliée à la réduction de l'incertitude mais implique d'autres processus intermédiaires comme les motivations personnelles. La motivation de s'intégrer primerait l'incertitude sur les comportements appropriés. L'auteur précise qu'aucune recherche n'a examiné les facteurs qui différencient les personnes au niveau de leur motivation à s'intégrer dans un nouvel environnement. Il semble que la capacité d'ouverture apporte un élément de réponse au niveau de l'adaptation à l'interaction. De même, la capacité de substitution manifeste la motivation ou la volonté de l'individu de s'adapter à de nouvelles conditions de vie.

Quant à l'adaptation au travail, elle est expliquée par une seule qualité individuelle, la confiance en ses compétences.

Le fait d'avoir confiance en ses compétences professionnelles avant la mission est associé positivement et significativement à l'adaptation au travail.

■ *Une remarque s'impose toutefois sur la relation entre les qualités individuelles et l'adaptation. Les études sur les qualités individuelles nécessaires à l'adaptation (adaptabilité) tendent à être largement corrélationnelles comme le notent fort justement Briody et Chrisman[55]. L'étude de Black, qui sert de référence dans l'examen du lien qualités individuelles-adaptation, se cantonne aux corrélations entre les différentes variables. Nous essayons de dépasser cette limite en intégrant ces variables dans un modèle d'adaptation comprenant d'autres variables et testé par l'analyse de la régression. Théoriquement, l'adaptabilité est supposée être antérieure à l'adaptation. Cependant, le processus d'adaptation lui-même peut développer les capacités d'adaptation de l'individu. À notre connaissance, aucune étude n'a encore étudié précisément le sens de la relation.* ■

▼ Points clés

- L'adaptabilité englobe les caractéristiques propres à l'individu, nécessaires à son adaptation.

- Les qualités individuelles supposées favoriser l'adaptation peuvent être regroupées en trois dimensions : la dimension personnelle, la dimension relationnelle et la dimension perceptuelle.

- Les différentes facettes de l'adaptation ne requièrent pas toujours les mêmes qualités pour les expatriés français :
  - L'adaptation au travail demande une confiance en ses compétences techniques.
  - L'adaptation à l'interaction exige des qualités de « non retrait » et d'ouverture culturelle.
  - L'adaptation générale nécessite des qualités de « non retrait » et de substitution.

- L'adaptabilité ne recouvre donc pas un ensemble de qualités « absolues » mais « relatives ».

▼ Fil d'Ariane

Ce chapitre montre que les différentes facettes de l'adaptation demandent des qualités individuelles distinctes. L'adaptabilité est souvent présentée comme un ensemble de qualités individuelles absolues, c'est-à-dire sans référence à un type particulier d'adaptation. Notre approche indique que l'adaptabilité englobe des qualités individuelles relatives. Dans cette optique, nos résultats montrent qu'une personne peut posséder des qualités favorables à l'adaptation aux conditions générales de vie mais ne pas avoir les qualités nécessaires à son adaptation aux contacts avec les membres de la culture d'accueil. Ce résultat est essentiel dans la mesure où il constitue une avancée dans l'effort de mieux définir l'adaptabilité.

La plupart des études sur les qualités individuelles considèrent ces dernières indispensables dans un environnement international, indépendamment du type d'organisation ou du type de travail. Certains travaux suggèrent qu'une approche contingente serait préférable[56]. Aussi, d'autres études seraient-elles nécessaires pour compléter notre démarche qui vise à définir plus précisément l'adaptabilité.

Les variables individuelles ne sont pas les seules à influencer l'adaptation. En effet, la littérature met également l'accent sur les variables organisationnelles (caractéristiques du travail ou la culture d'entreprise) et les variables de contexte (culture nationale et adaptation du conjoint). Le chapitre suivant commence par l'analyse des variables relatives au travail.

Pistes d'action

Les entreprises

Sélectionner les personnes pour une mobilité internationale en prenant en compte leur adaptabilité ou qualités d'adaptation.

Dépasser les performances obtenues au niveau national car la réussite dans le pays d'origine ne garantit pas la réussite dans un autre environnement culturel.

Considérer les compétences « techniques » comme nécessaires mais pas suffisantes, l'adaptabilité constituant une composante importante du processus de sélection.

Prendre en compte le conjoint dans le processus de recrutement pour ne pas faire un recrutement « à moitié ».

Les salariés

Tester votre adaptabilité en utilisant les mesures des différentes dimensions des qualités nécessaires à l'adaptation internationale proposées dans ce chapitre.

Examiner la mobilisation de ces qualités au regard notamment d'expériences, professionnelles ou non, où vous avez été en contact avec des personnes d'autres cultures, dans ou hors de votre pays.

Notes

1. Heller, 1980, Criteria for selecting an international manager.

2. Arthur et Bennett, 1995, The international assignee : The relative importance of factors perceived to contribute to success.

3. Ronen, 1989, Training the international assignee.

4. Copeland et Griggs, 1988, The internationable employee.

5. Black, 1990, The relationship of Personal Characteristics with the Adjustment of Japanese Expatriate Managers ; Mendenhall et Oddou, 1985, The Dimensions of Expatriate Acculturation : A Review ; Church, 1982 Sojourner adjustment ; Stening, 1979, Problems of cross-cultural contact : a literature review.

6. Copeland et Griggs, 1988, The internationable employee ; Rehfuss, 1983, Management Development and the Selection of Overseas Executives.

7. Copeland et Griggs, 1988, The internationable employee.

8. Tung, 1982, Selection and training procedures of U.S., European, and Japanese multinationals ; Copeland et Griggs, 1988, The internationable employee ; Holmes et Piker, 1980, Expatriate failure – prevention rather than cure.

9. Gao et Gudykunst, 1990, Uncertainty, anxiety, and adaptation ; Copeland et Griggs, 1988, The internationable employee.

10. Abe et Wiseman, 1983, A cross-cultural confirmation of the dimensions of intercultural effectiveness ; Hays, 1974, Expatriate selection : Insuring success and avoiding failure ; Ratiu, 1983, Thinking Internationally : A Comparison of How International Executives Learn ; Heller, 1980, Criteria for selecting an international manager.

11. Mendenhall et Oddou, 1985, The Dimensions of Expatriate Acculturation : A Review.

12. Black, 1990, The relationship of Personal Characteristics with the Adjustment of Japanese Expatriate Managers.

13. David, 1976, The use of social learning theory in preventing intercultural adjustment problems ; cité par Mendenhall et Oddou, 1985 , The Dimensions of Expatriate Acculturation : A Review.

14. Church, 1982, Sojourner adjustment.

15. Hawes et Kealey, 1981, An empirical study of Canadian technical assistance ; Ratiu, 1983, Thinking Internationally : A Comparison of How International Executives Learn.

16. Ratiu, 1983, Thinking Internationally : A Comparison of How International Executives Learn.

17. Black, 1990, The relationship of Personal Characteristics with the Adjustment of Japanese Expatriate Managers ; Copeland et Griggs, 1988, The internationable employee.

18. Hawes et Kealey, 1981, An empirical study of Canadian technical assistance.

19. Black, 1990, The relationship of Personal Characteristics with the Adjustment of Japanese Expatriate Managers.

20. Church, 1982, Sojourner adjustment.

21. Mendenhall et Oddou, 1985 , The Dimensions of Expatriate Acculturation : A Review.

22. Black, 1990, The relationship of Personal Characteristics with the Adjustment of Japanese Expatriate Managers.

23. Black, 1990, p.125, The relationship of Personal Characteristics with the Adjustment of Japanese Expatriate Managers.

24. Church, 1982, Sojourner adjustment ; Stening, 1979, Problems of cross-cultural contact : a literature review

25. Black, 1990, p.125, The relationship of Personal Characteristics with the Adjustment of Japanese Expatriate Managers.

26. Voir par exemple : Nahavandi et Malekzadeh, 1988, Acculturation in Mergers and Acquisitions ; Cox et Finley-Nicholson, 1991, Models of acculturation for intra-organizational cultural diversity.

27. Tung, 1993, Managing Cross-National and Intra-National Diversity.

28. Rieger et Wong-Rieger, 1991, p.2, The application of acculturation theory to structuring and strategy formulation in the international firm (définition rappelée par Tung, 1993, p. 464).

29. Tung, 1993, Managing Cross-National and Intra-National Diversity.

30. Berry, 1980, Acculturation as varieties of adaptation.

31. Cox et Finley-Nicholson, 1991, p.92, Models of acculturation for intra-organizational cultural diversity.

32. Black et Gregersen, 1992, Serving two masters : Managing the dual allegiance of expatriate employees.

33. Bochner, 1981, The Mediating Person : Bridges Between Culture.

34. Black et Gregersen, 1992, Serving two masters : Managing the dual allegiance of expatriate employees.

35. Dowling et al. 1994, International dimensions of human resources management ; Welch et al., 1994, Staff transfers as a control strategy : an exploratory study of two Australian organizations.

36. Tung, 1993, Managing Cross-National and Intra-National Diversity.

37. Tung, 1981, Selection and Training of Personnel for Overseas Assignments ; Copeland et Griggs, 1985, Going International.

38. Black et Gregersen, 1992, Serving two masters : Managing the dual allegiance of expatriate employees.

39. Tung, 1993, Managing Cross-National and Intra-National Diversity.

40. Janssens, 1995, Intercultural interaction : A burden on international managers ?

41. Bochner, 1981, The Mediating Person : Bridges Between Culture.

42. Adler et Bartholomew, 1992, Managing globally competent people.

43. Black, 1990, The relationship of Personal Characteristics with the Adjustment of Japanese Expatriate Managers.

44. Bartlett et Ghoshal, 1989, Managing Across Borders : The Transnational Solution.

45. Berry, 1980, Acculturation as varieties of adaptation.

46. Parker et McEvoy, 1993, Initial examination of a model of intercultural adjustment.

47. Ratiu, 1983, Thinking Internationally : A Comparison of How International Executives Learn.

48. Dunbar, 1992, Adjustment and satisfaction of expatriate U.S. personnel.

49. Hawes et Kealey, 1979, An empirical study of Canadian technical assistance ; Kealey et Ruben, 1983, Cross-cultural personnel selection criteria, issues and methods.

50. Tucker, 1978, The measurement and prediction of overseas adjustment in the Navy.

51. Mendenhall et Oddou, 1986, Acculturation Profiles of Expatriate Managers : Implications for Cross-Cultural Training Programs.

52. Black, Gregersen et Mendenhall M. (1992). Global Assignments.

53. Arthur et Bennett, 1995, The international assignee : The relative importance of factors perceived to contribute to success.

54. Janssens, 1995, Intercultural interaction : A burden on international managers ?

55. Briody et Chrisman, 1991, Cultural Adaptation on Overseas Assignments.

56. Tung, 1981, Selection and Training of Personnel for Overseas Assignments.

CHAPITRE 10

TRAVAIL, ORGANISATION ET ADAPTATION

▼ Repère

À partir des trois facettes de l'adaptation, le chapitre 9 propose une définition de l'adaptabilité, et examine le lien entre des qualités propres à l'individu et l'adaptation internationale.

Dans ce chapitre, nous nous consacrons particulièrement aux caractéristiques propres au travail et à l'organisation. Nous étudions notamment pour ces différentes caractéristiques leurs liens potentiels avec les trois facettes de l'adaptation.

Selon le modèle théorique de Black, Mendenhall et Oddou[1], les caractéristiques du travail ou du rôle tenu lors de l'affectation à l'international influencent l'adaptation au travail des expatriés.

Mais d'autres caractéristiques, relatives à l'organisation, semblent également avoir un impact sur les différentes formes de l'adaptation. Nous en examinerons deux : l'aide matérielle ou logistique ; le soutien sous forme de conseils et d'informations, nommé ici support social.

1. Caractéristiques du travail

Dawis et Lofquist[2], entre autres, ont avancé que l'ambiguïté dans le rôle, les contradictions dans le rôle et la nouveauté du rôle pourraient inhiber le degré d'adaptation au travail. L'autonomie dans le rôle, quant à elle, faciliterait l'adaptation au travail. Ces quatre variables proviennent des études sur la mobilité géographique à un niveau national. Elles concernent à la fois le mode et le degré d'adaptation. Seul le lien entre ces quatre variables de travail et l'adaptation au travail a été mis en évidence ; au contraire l'adaptation générale et celle se rapportant à l'interaction ne semblent pas concernées par ces variables.

1.1. Quatre caractéristiques du travail

1.1.1. LA CLARTÉ (OU AMBIGUÏTÉ) DANS LE RÔLE

Un certain nombre de recherches sur les transferts nationaux[3] montrent que la clarté du rôle réduit l'incertitude associée à la situation de travail. Cette diminution de l'incertitude faciliterait alors l'adaptation au travail. Les études sur les transferts internationaux parviennent à des conclusions identiques.

Par exemple, trois recherches[4] trouvent toutes une relation négative entre l'ambiguïté dans le rôle et l'adaptation au travail. Généralement, la clarté dans le rôle est abordée au travers de son négatif, l'ambiguïté dans le rôle.

■ *L'échelle de six items développée par Rizzo, House et Lirtzman[5] pour mesurer l'ambiguïté dans le rôle est utilisée par la plupart des chercheurs. Breaugh et Colihan[6] critiquent cette échelle en mettant l'accent sur ses déficiences psychométriques et sa nature globale. D'après une lecture attentive de la littérature, ils suggèrent d'examiner trois types spécifiques d'ambiguïté dans le rôle :*
- *ambiguïté des méthodes de travail.*
  Incertitude du salarié en ce qui concerne les méthodes ou procédures qu'il devrait utiliser pour accomplir son travail ;
- *ambiguïté d'ordonnancement (ou de séquence).*
  Incertitude du salarié concernant l'ordonnancement (programmation) ou la séquence des activités de travail ;
- *ambiguïté des critères de performance.*
  Incertitude du salarié concernant les standards utilisés pour déterminer si sa performance au travail est satisfaisante.

Breaugh et Colihan préfèrent utiliser le terme « ambiguïté au travail » plutôt que celui de « ambiguïté dans le rôle » car le premier montre mieux l'aspect de l'ambiguïté relié au travail. Ils proposent un instrument capable d'utiliser les trois aspects distincts de l'ambiguïté au travail. Ils développent cet instrument à partir de quatre études. Sur la base des résultats de plusieurs analyses statistiques, ils avancent que ces trois échelles de l'ambiguïté au travail sont fiables, valides et significatives. Aussi, retenons-nous leur mesure, comportant pour chacun des trois aspects, trois items du type : « Je connais quelle est la meilleure façon pour faire mon travail », « Je connais exactement la séquence de mes activités de travail (quand faire quoi) », « Je connais le niveau de performance que mon supérieur considère acceptable ». Les options de réponse vont de 1 (fortement en désaccord) à 7 (fortement d'accord). ■

1.1.2. LES CONTRADICTIONS DANS LE RÔLE

Tout comme l'ambiguïté, les contradictions dans le rôle auraient un effet négatif sur l'adaptation. Elles peuvent être définies comme « l'incompatibilité entre les attentes des parties ou entre les aspects d'un rôle »[7]. Si l'individu reçoit des signaux contradictoires quant à ce que l'on attend de lui dans le nouvel environnement de travail, alors son adaptation pourra en pâtir.

Selon Black et Gregersen[8], « dans un nouvel environnement, des signaux contradictoires peuvent générer un haut degré d'incertitude étant donné que les individus doivent d'abord comprendre les messages sur ce qu'il faut faire et ensuite décider quels messages suivre ou ignorer ».

Les études empiriques réalisées semblent confirmer que les contradictions dans le rôle exercent un effet d'inhibition sur l'adaptation au travail[9]. Les mesures de cette variable reposent sur quatre items adaptés des travaux de Rizzo, House et Lirtzman. À l'instar de l'ambiguïté, le construit de la contradiction dans le rôle fait l'objet de critiques quant à sa validité[10]. Un groupe de chercheurs[11], dans une étude impliquant 21 pays, propose une mesure constituée de trois items en se référant à deux travaux principaux [12]. Au départ, la mesure comprenait onze items. À la suite d'analyses factorielles exploratoires dans chaque pays, la mesure a été reconstruite. Il s'agit d'identifier les items pouvant former une échelle fiable et d'avoir des équivalences satisfaisantes entre les structures factorielles des différents pays. Trois items sont finalement conservés :
1. Je me trouve souvent impliqué(e) dans des situations dans lesquelles il y a des exigences contradictoires.
2. Je reçois des demandes incompatibles provenant de deux personnes ou plus.
3. Je dois faire des choses qui seraient faites autrement sous différentes conditions.

1.1.3. L'AUTONOMIE DANS LE RÔLE

Comme le rappellent Aryee et Stone[13] sur la base de travaux antérieurs, « l'autonomie dans le rôle décrit la liberté d'action qu'a un individu dans l'accomplissement de ses responsabilités, ou la liberté d'autorité et de décision dans son travail ». Plusieurs recherches[14] aboutissent à la conclusion que cette variable est positivement reliée à l'adaptation au travail. Cette variable a été mise en lumière par rapport à son influence sur le mode d'adaptation.

Une plus grande autonomie dans le rôle permettrait aux individus d'adapter leur rôle de travail et l'environnement à eux-mêmes plutôt que de s'adapter eux-mêmes à la situation[15]. Une plus grande autonomie dans le rôle devrait faciliter chez l'individu l'utilisation de modèles de comportements antérieurs. Ces modèles connus devraient réduire l'incertitude inhérente à la nouvelle situation de travail et ainsi faciliter l'adaptation dans le nouvel environnement[16].

Black et Gregersen[17] ont développé huit items sur une échelle à cinq points (1 = fortement en désaccord à 5 = fortement d'accord), fondée sur le travail de Stewart[18], pour mesurer l'autonomie au travail afin d'étudier son lien avec l'adaptation au travail. Cette mesure est reprise notamment dans une étude sur les antécédents de l'implication à la société mère et aux opérations étrangères[19] et dans une étude sur les antécédents du succès de carrière[20]. Nous retenons les mêmes huit items qui présentent dans ces différentes études une bonne cohérence interne :

1. J'ai de l'autonomie pour ce qui est des tâches à effectuer dans mon travail.
2. J'ai de l'autonomie quant à la manière d'effectuer mon travail.
3. J'ai la qualité de décider quelles tâches déléguer.
4. J'ai la liberté de choisir mon champ d'expertise.
5. J'ai de l'autonomie quant aux tâches que font mes subordonnés.
6. J'ai la qualité de décider le travail à partager.
7. J'ai l'autonomie de décider entre devenir un généraliste ou un expert.
8. J'ai de l'autonomie quant à ce dont je suis responsable. ▓

1.1.4. NOUVEAUTÉ DANS LE RÔLE

La nouveauté dans le rôle, différence entre le rôle tenu dans le pays d'origine et celui dans le pays d'affectation à l'étranger, devrait augmenter l'incertitude associée au travail. La nouveauté du rôle devrait donc avoir une relation négative avec l'adaptation[21]. Cette nouveauté peut être diminuée lorsque le salarié reçoit une formation de celui qu'il remplace, pendant quelques semaines dans le pays d'affectation en début de mission[22].

Le travail de Louis[23] suggère qu'une source importante de la nouveauté dans le rôle puisse être le nombre de frontières traversées lors du transfert. L'auteur se réfère aux frontières organisationnelles identifiées par Schein[24], à savoir les frontières fonctionnelles (mobilité professionnelle), hiérarchiques (mobilité hiérarchique) et d'inclusion (mobilité en termes de pouvoir informel dans l'entreprise). Il s'agit en fait de l'accompagnement de la mobilité géographique par un ou plusieurs types de mobilité présentés par Schein dans son cône organisationnel (figure 1.1, chapitre 1).

Ces trois mouvements, se produisant le long de lignes horizontales, verticales et latérales, semblent pertinents pour mesurer la nouveauté dans le rôle. Black[25] suggère l'utilisation de mesures objectives telles que, par exemple, les changements de fonction (passer de la vente à la production). La mobilité hiérarchique constitue également une mesure objective. Le troisième type est plus subjectif dans la mesure où il reflète un sentiment d'appartenance de l'individu à un cercle fermé d'influence. Il s'agit du pouvoir ou de l'influence des individus reposant sur des contacts informels. Allant au-delà des positions formelles, seul l'individu est en mesure d'apprécier cette dimension. Nous pourrions, à ce stade, poser le postulat que plus le nombre de mobilités impliquées avec la mobilité géographique sera grand, plus le rôle sera considéré nouveau.

Quand les trois mouvements accompagnent la mobilité internationale, la nouveauté dans le rôle est maximale. Lorsqu'il y en a un ou deux, les comparaisons sont plus délicates à établir. En effet, il est difficile d'affirmer, *a priori*, quel est le mouvement ou la combinaison de deux mouvements qui correspond à la plus grande nouveauté dans le rôle.

1.2. Travail et adaptation des expatriés français

Les réponses des cadres expatriés français pour notre recherche conduisent à retenir pour chacune des caractéristiques du travail une mesure particulière qui servira à examiner le lien travail-adaptation au travail.

Les vingt items relatifs à l'ambiguïté, à l'autonomie et à la contradiction ont subi une analyse factorielle en composantes principales avec rotation varimax. L'objectif est de déterminer dans quelle mesure ces trois concepts sont distincts. À partir de ces items, proposés par les recherches mentionnées précédemment, les caractéristiques détaillées ci-après pour le travail des expatriés français sont retenues dans notre recherche.

L'ambiguïté dans le rôle, définie par trois facteurs par Breaugh et Colihan, revient à deux facteurs dans notre recherche.

Ces deux types d'ambiguïté sont nommés respectivement :

1. Ambiguïté méthode séquence

Elle correspond à l'ambiguïté de méthode et d'ordonnancement qui sont réunis.

2. Ambiguïté performance

Elle correspond à la définition de Breaugh et Colihan de l'ambiguïté des critères de performance.

Ces échelles ont respectivement un alpha de Cronbach de 0,87 et 0,93.

Pour saisir l'autonomie dans le rôle, nous avons proposé aux Français expatriés les huit items détaillés précédemment. Leurs réponses conduisent à retenir six items correspondant à deux formes d'autonomie. Nous les avons nommées :

1. Autonomie personnelle

Elle correspond aux items :

   J'ai de l'autonomie pour ce qui est des tâches à effectuer dans mon travail.

   J'ai de l'autonomie quant à la manière d'effectuer mon travail.

   J'ai de l'autonomie quant à ce dont je suis responsable.

2. Autonomie de délégation

   Cette échelle comprend les items suivants :

   J'ai de l'autonomie quant aux tâches que font mes subordonnés.

   J'ai la qualité de décider le travail à partager.

   J'ai la qualité de décider quelles tâches déléguer.

L'autonomie personnelle présente une bonne cohérence interne avec un alpha de Cronbach égal à 0,84. Il en est de même pour l'autonomie de délégation (alpha = 0,85).

Les réponses fournies par les expatriés français n'ont pas permis de retenir la caractéristique relative à la contradiction dans le rôle (alpha = 0,49).

L'adaptation au travail est la seule forme d'adaptation concernée par les variables relatives au travail. Elle est influencée par une seule variable relative

au travail, à savoir l'autonomie sous ses deux formes. En effet, pour les expatriés français, l'autonomie personnelle et l'autonomie de délégation sont reliées de manière positive et significative à l'adaptation au travail. La liberté d'action de l'expatrié dans le cadre de son travail peut faciliter son adaptation parce qu'elle lui permet de contrôler les événements reliés à son travail. Ainsi l'expatrié peut-il utiliser des modèles de comportements qu'il connaît bien, ce qui réduit le degré d'incertitude et est bénéfique à son adaptation au travail.

L'impact des variables relatives au travail sur l'adaptation au travail est plus important dans les études sur les expatriés anglo-saxons.

À côté des caractéristiques du travail, une autre variable influence l'adaptation. Il s'agit de l'aide logistique.

2. L'aide logistique

L'aide logistique apportée par l'organisation, sous forme, par exemple, d'un certain nombre de facilités concernant le logement, des voyages dans la zone d'affectation, devrait faciliter l'adaptation. Décharger le cadre et sa famille de certains problèmes matériels devrait réduire l'incertitude reliée à ces questions. Le modèle de l'adaptation de Black, Mendenhall et Oddou[26] associe l'aide logistique essentiellement à l'adaptation à l'interaction et à l'adaptation générale. L'aide logistique ne portant pas sur le travail, aucun lien avec l'adaptation au travail n'est prévu.

Trois types d'aide sont prises en compte pour mesurer l'aide logistique apportée par l'organisation :

- aide au logement (recherche, fourniture) ;
- aide à l'accomplissement des formalités administratives dans le pays ;
- aide à la découverte de la zone d'affectation.

Pour les expatriés français, notre recherche montre que l'aide logistique explique l'adaptation aux conditions générales de vie. Décharger les cadres d'un certain nombre de problèmes matériels facilite donc leur adaptation à l'environnement dans lequel ils vivent. En revanche, l'aide logistique n'a aucun effet sur leur adaptation à l'interaction. L'aide apportée par l'organisation ne doit pas isoler le cadre expatrié de son environnement. Par exemple, si l'expatrié vit de façon complètement différente de la communauté hôte, le processus d'acculturation sera inhibé[27]. Dans ce cas, l'adaptation à l'interaction n'aura pas lieu. Fournir un logement dans des zones regroupant une communauté d'expatriés, pas forcément française d'ailleurs, serait alors néfaste à l'adaptation à l'interaction.

L'aide logistique est généralement incluse dans la rémunération globale de l'expatrié. En général, la rémunération de l'expatrié se compose de trois éléments[28] :

1. Le salaire de base.

   C'est, normalement, à ce niveau de rémunération que le salarié sera réintégré à son retour.

2. Les montants incitatifs.

   Ils comprennent les primes d'expatriation, les primes de risques et de difficulté de vie.

3. Les différentiels d'égalisation.

   Ce sont les différentiels de coût de la vie, les indemnités de logement, les frais d'installation, de déplacement, de scolarisation.

L'aide logistique se situe au niveau des différentiels d'égalisation. C'est cette partie de la rémunération qui est supposée, dans le modèle théorique de l'adaptation, avoir une influence sur l'adaptation des expatriés.

3. Le support social

Le support social peut être défini comme « l'existence ou la disponibilité de personnes sur lesquelles nous pouvons compter et qui nous font savoir qu'elles s'occupent de nous, nous apprécient et nous aiment »[29]. Dans le contexte organisationnel, le support social est associé à la réduction du stress lié au travail chez l'individu[30].

Un faible niveau de stress est alors supposé faciliter l'adaptation du cadre. Il reste à vérifier l'existence d'un lien direct entre le support social et l'adaptation.

Fenlason et Beehr[31] précisent que nombre d'auteurs ont avancé que le support social réduit le stress au travail par un ou plusieurs des trois mécanismes suivants :

- en agissant directement sur les tensions (les résultats du stress) ;
- en agissant directement sur les agents de stress (les causes du stress) ;
- en « amortissant » les agents de stress (effet amortisseur).

3.1. Type de support social

Latack[32] rappelle que trois types de support social ont été proposés, à savoir :

1. Le support émotionnel.

   Il s'agit de la dimension affective du support social. Pouvoir compter sur quelqu'un et lui confier ses préoccupations est le moteur de cette dimension.

2. Le support tangible.

   Ce support se matérialise par une aide directe. Cette aide est reliée au travail ou concerne des éléments propres au pays d'affectation.

3. Le support informationnel.

   Information, feed-back et conseils constituent cette dimension.

En fait la dichotomie « émotionnel/instrumental » est la conceptualisation la plus notoire. Le support instrumental comprend à la fois le support tangible et le support informationnel. Les approches adoptant cette dichotomie sont considérées comme des mesures globales du support social car les activités constituant le support ne sont habituellement pas déterminées[33]. Cette mesure du support global peut être complétée de manière intéressante par le contenu de la communication[34]. Ce contenu se décline en communication positive (concernant les aspects positifs du travail), communication négative (conservant les aspects négatifs du travail) et communication non reliée au travail. Comme le reconnaissent Fenlason et Beehr[35], « l'idée même de communication *positive* et *négative* suggère que de l'émotion soit impliquée dans ces deux types au moins ». Le contenu de la communication pourrait alors contribuer à définir empiriquement le support émotionnel. Quant au support instrumental, il correspond à l'aide directe de l'organisation (support tangible) et au support qu'elle apporte sous forme d'informations et de conseils (support informationnel).

3.2. Quatre sources

Trois sources de support social sont généralement proposées :
1. Le supérieur direct du salarié.
2. Les collègues du salarié.
3. La famille et les amis du salarié.
À ces sources classiques de support social vient s'en ajouter une plus spécifique à la situation d'expatriation. À l'étranger, l'expatrié perd vite le contact avec son entreprise d'origine. Il peut alors ignorer certaines modifications

comme des changements dans l'organigramme ou des orientations différentes prises par son organisation. Aussi, pour maintenir le cordon ombilical, certaines entreprises ont-elles instauré un système de parrainage.

La plupart des recherches sur les carrières suggèrent que le parrain dans le pays d'origine semble favorable en termes de support social, de protection des intérêts des expatriés pendant leur séjour et enfin pour repérer les affectations désirables pour le retour[36]. La recherche conduite par Feldman et Thomas[37] sur 118 expatriés corrobore leur hypothèse selon laquelle les expatriés qui ont un parrain ont plus de chance de réussir leur mission. Cette source de support social *via* le parrain aide le cadre à lutter contre son sentiment d'isolement alors qu'il est à l'étranger. Qu'il soit ou non réellement oublié, c'est le sentiment du cadre qui pose problème. Dans ce domaine, Oddou[38] signale, sur la base d'une enquête auprès de 165 expatriés et d'une quarantaine d'interviews d'expatriés et de responsables d'expatriation, les politiques les plus efficaces. Elles seraient au nombre de trois :

1. Des contacts réguliers avec l'expatrié afin d'échanger des informations et discuter de problèmes potentiels.

2. Un effort continu pour organiser des activités sociales.

3. Un privilège d'appel à longue distance (pour la vie privée).

Dans la même enquête, les cadres revendiquent une meilleure sélection d'un parrain qui agirait comme un agent de liaison ou un conseiller. Le rôle du parrain est particulièrement rattaché à la question du retour. L'incertitude du retour s'affirme comme l'inquiétude la plus répandue et la plus forte parmi les managers selon une enquête conduite auprès de 68 cabinets de recrutement en Europe[39]. La question du retour est stressante et nécessite une préparation durant l'affectation à l'étranger[40].

Ne pas se sentir abandonné par son organisation d'origine pendant son affectation à l'étranger peut alors permettre au cadre de mieux se consacrer à sa mission et alors de mieux s'adapter, plus particulièrement à son travail.

L'importance de ce lien n'entache nullement celle du support social fourni par les trois autres sources. Par rapport au travail, il semblerait que les personnes présentes sur le lieu de travail soient les plus efficaces en termes de soutien, notamment le superviseur[41]. La communication positive reliée au travail et ensuite la communication non reliée au travail auraient aussi les effets les plus profitables. De même, le soutien fourni par la famille et les amis pourrait avoir un impact sur le stress généré lors du travail. Il pourrait à son tour faciliter l'adaptation au travail. Ce soutien devrait également faciliter les autres facettes de l'adaptation. La même hypothèse peut être faite pour les sources organisationnelles de soutien. Notamment le soutien sous forme de communication non reliée au travail devrait faciliter toutes les formes d'adaptation.

3.3. Mesure du support social

▨ *Lorsqu'ils proviennent de la même source (par exemple, les collègues), les deux types de support social (émotionnel et instrumental) sont fortement corrélés[42]. Aussi nous utilisons, pour chacune des sources, une mesure globale avec des items concernant à la fois l'aspect instrumental et émotionnel du support social. Les contenus de la communication (reliée au travail, non reliée au travail) sont pris en compte. Fenlason et Beehr trouvent une plus grande validité discriminante aux mesures par les contenus de la communication qu'aux mesures globales par rapport aux différentes sources envisagées.* ▨

L'organisation peut avoir un système de parrainage de ses cadres internationaux avec quelques défaillances quant au service rendu. Aussi, au-delà de la question de savoir si un cadre a réellement un parrain, il paraît incontournable de savoir dans quelle mesure il a été soutenu par ce dernier.

▨ *Quatre items sont proposés se rapportant à la question d'isolement du cadre. La source parrain est traitée séparément dans la mesure où elle est rattachée au pays d'origine. D'ailleurs, le support social du pays d'origine se manifeste autrement que par l'intermédiaire du parrain. L'organisation peut par exemple lutter contre le sentiment potentiel d'isolement du cadre en lui faisant parvenir régulièrement la lettre ou le journal de la compagnie et les informations au sujet des changements majeurs[43]. Aussi, dans le cas où le cadre n'a pas de parrain, l'organisation peut garder le contact par des voies moins personnalisées. Les quatre items proposés ne font donc pas strictement et exclusivement référence au parrain mais à l'organisation d'origine. Ils sont exprimés de la manière suivante :*
1. Mon organisation d'origine lors de mon séjour à l'étranger m'informe de ses changements (courriers, journaux).
2. J'ai des contacts réguliers avec l'entreprise de mon pays d'origine.
3. Une personne de mon organisation d'origine s'occupe de mon retour.
4. J'ai un contact dans mon organisation d'origine (par exemple un parrain) avec lequel je peux soulever divers problèmes (par exemple la carrière, le retour, etc.).
Les expatriés indiquent sur une échelle de Likert à cinq points (1 = tout à fait en désaccord à 5 = tout à fait d'accord) dans quelle mesure ils sont en accord avec chacune de ces propositions. ▨

La figure 10.1 expose les réponses des expatriés français sur l'existence effective d'un parrain.

Figure 10.1 : Le parrain

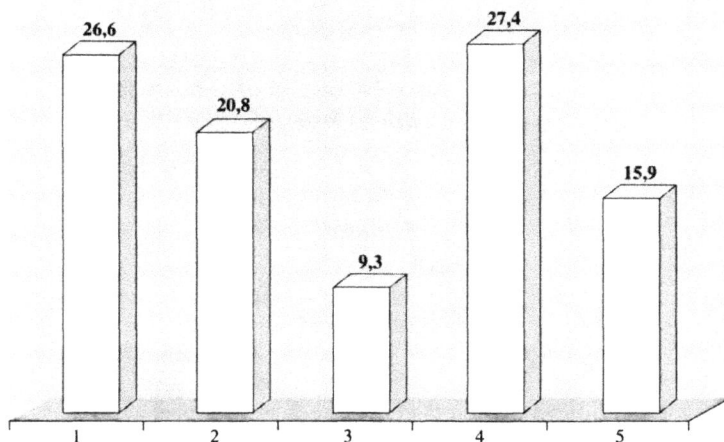

Les modalités des réponses de 1 à 3 correspondent à une absence de parrain ou à l'absence d'efficacité de ce dernier. Ce résultat concerne 56,7 % des expatriés. Seulement 15,9 % de ceux qui ont répondu au questionnaire de la recherche indiquent qu'ils avaient effectivement un contact dans leur organisation d'origine avec lequel ils pouvaient soulever divers problèmes comme leur carrière ou leur retour. Aussi, le recours au parrain ne semble-t-il pas très répandu. En outre, les expatriés français jugent l'intervention de leur parrain peu efficace.

Les collègues de l'expatrié et son supérieur constituent un deuxième support organisationnel dans le pays d'affectation.

▨ *Six items couvrent les aspects émotionnels et instrumentaux du support par rapport au travail et hors travail (trois items pour chacune des deux sources).*
Nous présentons ici uniquement les items qui font référence aux collègues.
1. L'aide de mes collègues est utile à la réalisation de mon travail.
2. Mes collègues, au pays d'accueil, me donnent des renseignements me facilitant la vie.
3. Je peux compter sur l'aide de mes collègues pour des questions n'ayant pas trait directement au travail. ▨

Finalement, la famille est le dernier support social mesuré.

▨ *Elle est limitée à un seul item. Les cadres indiquent dans quelle mesure leur partenaire est un soutien lors de leur séjour à l'étranger. Bien que traité ici, il est clair que le support social fourni par la famille n'appartient pas aux variables organisationnelles mais figure au rang des variables d'environnement.* ▨

Les résultats de notre recherche ne montrant aucun lien entre le support familial et l'adaptation, nous nous focalisons sur les liens entre le support social organisationnel et l'adaptation.

3.4. Support social et adaptation des cadres français expatriés

À partir des réponses des cadres français expatriés, nous obtenons bien trois dimensions du support social organisationnel correspondant aux mesures définies dans la section précédente.

Ces trois types de support social pour les expatriés français, fondés sur une classification des sources du support, sont nommés :
1. Support de l'organisation d'origine (courrier, contacts réguliers, retour, parrain).
2. Support du supérieur direct (aide dans le travail, attention hors travail, aide hors travail).
3. Support des collègues (aide dans le travail, attention hors travail, aide hors travail).

Ces trois formes de support sont corrélées positivement à l'adaptation au travail. En revanche, aucune d'entre elles n'explique l'adaptation au travail comme le montre notre analyse de la régression.

Le soutien apporté par l'organisation du pays d'origine concerne certainement plus le retour de l'expatrié que son adaptation au travail dans le pays. En effet, le parrain protège plus les intérêts de l'expatrié dans l'organisation d'origine qu'il ne peut l'aider dans le pays d'affectation.

Le soutien des collègues et celui apporté par le supérieur direct sont corrélés à l'adaptation générale et à l'adaptation à l'interaction. L'analyse de la régression ne conserve que le lien entre le support du supérieur direct et l'adaptation à l'interaction.

Le supérieur direct apparaît dès lors comme la personne qui dispose des informations utiles facilitant les relations avec les membres du pays d'accueil.

Les recherches futures devraient examiner si le supérieur direct est un « local » ou s'il est également un expatrié. Ce type d'information serait d'ailleurs riche d'enseignements pour les deux autres formes de support.

▼ **Points clés**

- Lors d'une mobilité internationale, l'adaptation des expatriés peut être influencée par des caractéristiques propres au travail ou à l'organisation.

- Les caractéristiques du travail prises en compte sont au nombre de quatre : la clarté, les contradictions, l'autonomie et la nouveauté dans le rôle. En ce qui concerne les expatriés français, nos résultats montrent que seule l'autonomie dans le rôle, sous ses deux formes que sont l'autonomie personnelle et l'autonomie de délégation, explique l'adaptation au travail.

- Parmi les caractéristiques propres à l'organisation, l'adaptation des expatriés peut être influencée par deux types d'aide :
  - Aide matérielle nommée aide logistique.
  - Aide informationnelle et de conseils nommée support social organisationnel.

- L'aide logistique explique particulièrement l'adaptation aux conditions générales de vie.

- Le support social organisationnel explique seulement l'adaptation à l'interaction *via* le rôle du supérieur direct dans le pays d'affectation. Le rôle du parrain semble plus primordial pour les questions de retour de mobilité internationale.

▼ **Fil d'Ariane**

Dans notre étude sur les expatriés français, l'adaptation au travail est influencée par une seule variable relative au travail, l'autonomie, à la différence des études empiriques sur les expatriés anglo-saxons pour lesquelles l'impact des variables relatives au travail est plus important. Nos résultats divergent également de ceux obtenus dans les études anglo-saxonnes pour le support social. Notre modèle de l'adaptation des expatriés suppose un lien entre le support social et les trois facettes de l'adaptation. Dans notre recherche, l'adaptation au travail n'est expliquée par aucune des formes de support social. L'étude empirique montre qu'une seule forme de support social explique une seule facette de l'adaptation. Le support apporté par le supérieur direct de l'expatrié facilite son adaptation à l'interaction. Quant à l'aide logistique, elle n'explique qu'une seule forme d'adaptation, l'adaptation générale. L'adaptation à l'interaction n'est pas concernée, contrairement à ce que le modèle théorique de l'adaptation laissait supposer.

Les résultats obtenus entre les variables du travail et les facettes de l'adaptation ainsi que ceux obtenus entre les deux variables organisationnelles, à savoir l'aide logistique et le support social et les facettes de l'adaptation sont sensiblement différents des hypothèses sous-tendues par le modèle théorique de l'adaptation. La dernière variable organisationnelle du modèle, la nouveauté de la culture organisationnelle, est examinée dans le chapitre suivant. Il regroupe les deux aspects de la nouveauté culturelle puisqu'il développe également la nouveauté de la culture nationale. Il chevauche alors deux ensembles de variables du modèle théorique de l'adaptation, les variables organisationnelles et les variables d'environnement.

Pistes d'action

Les entreprises

Clarifier le rôle tenu durant l'affectation afin d'éviter toute ambiguïté.

Vérifier qu'il n'y ait pas de contradiction entre les différents aspects du rôle de l'expatrié ni entre les attentes des parties, notamment le siège et la filiale ou l'entité d'affectation.

Favoriser l'autonomie dans la réalisation des missions pour faciliter l'adaptation.

Diminuer les problèmes d'adaptation dus à la nouveauté de rôle, notamment par une formation ou un passage de relais quand cela est possible.

Apporter une aide logistique aux expatriés, comme une aide pour trouver un logement et la résolution de problèmes administratifs, avec par exemple l'aide d'une entreprise de « relocation », spécialisée dans ce type d'activité.

Fournir un soutien social durant le séjour à l'international pour favoriser l'adaptation dans le pays d'accueil et surtout faciliter le retour d'expatriation. Un système de parrainage peut s'avérer utile.

Les salariés

Se faire détailler le plus précisément possible les différents aspects de la mission.

Vérifier que votre mission ne comporte pas des demandes contradictoires, notamment en ce qui concerne les attentes de l'entreprise d'origine et celle d'accueil.

Cultiver l'autonomie, source d'adaptation, dans la réalisation de vos tâches à l'international.

Maintenir des liens très réguliers avec votre entreprise d'origine afin de faciliter votre retour, en particulier à travers un système informel de parrainage où vous établissez des liens privilégiés avec des salariés de votre entreprise d'origine.

Être pro-actif par rapport à votre retour, et plus particulièrement avoir des contacts privilégiés avec les personnes influentes par rapport à votre position « cible ».

Notes

1. Black, Mendenhall et Oddou, 1991, Toward a Comprehensive Model of International Adjustment : An Integration of Multiple Theoretical Perspectives.

2. Dawis et Lofquist, 1984, A psychological theory of work adjustment.

3. Dawis et Lofquist, 1984, A psychological theory of work adjustment ; Pinder et Schroeder, 1977, Time to proficiency following transfers.

4. Aryee et Stone, 1996, Work experiences, work adjustment and psychological well-being of expatriate employees in Hong Kong ; Black et Gregersen, 1991, Antecedents to Cross-Cultural Adjustment for Expatriates in Pacific Rim Assignments ; Black, 1988, Workrole transition : A study of American expatriate managers in Japan.

5. Rizzo, House et Lirtzman, 1970, Role conflict and ambiguity in complex organizations.

6. Breaugh et Colihan, 1994, Measuring facets of job ambiguity : Construct validity evidence.

7. Peterson *et al.*, 1995, p. 430, Role conflict, ambiguity, and overload : A 21-Nation study.

8. Black et Gregersen, 1991, p. 501, Antecedents to Cross-Cultural Adjustment for Expatriates in Pacific Rim Assignments.

9. Black, 1988, Workrole transition : A study of American expatriate managers in Japan ; Black et Gregersen, 1991, Antecedents to Cross-Cultural Adjustment for Expatriates in Pacific Rim Assignments.

10. Harris, 1991, Role conflict and Role ambiguity as substance versus artifact : A confirmatory factor analysis of House, Schuler and Levanoni's (1983) scales.

11. Peterson *et al.*, 1995, Role conflict, ambiguity, and overload : A 21-Nation study.

12. Rizzo, House et Lirtzman, 1970, Role conflict and ambiguity in complex organizations ; House, Schuler et Levanoni, 1983, Role ambiguity and ambiguity scales : Reality or artifacts.

13. Aryee et Stone, 1996, p. 152, Work experiences, work adjustment and psychological well-being of expatriate employees in Hong Kong.

14. Aryee et Stone, 1996, Work experiences, work adjustment and psychological well-being of expatriate employees in Hong Kong ; Black et Gregersen, 1991, Antecedents to Cross-Cultural Adjustment for Expatriates in Pacific Rim Assignments ; Black, 1988, Workrole transition : A study of American expatriate managers in Japan.

15. Nicholson, 1984, A theory of work role transitions ; Brett, 1980, The effect of transfer on employees and their families.

16. Black et Gregersen, 1991, Antecedents to Cross-Cultural Adjustment for Expatriates in Pacific Rim Assignments.

17. Black et Gregersen, 1991, Antecedents to Cross-Cultural Adjustment for Expatriates in Pacific Rim Assignments.

18. Stewart, 1982, A model for understanding managerial jobs and behaviors.

19. Gregersen et Black, 1992, Antecedents to commitment to a parent company and a foreign operation.

20. Aryee *et al.*, 1994, An examination of the antecedents of subjective career success among a managerial sample in Singapore.

21. Black, 1988, Workrole transition : A study of American expatriate managers in Japan ; Nicholson, 1984, A theory of work role transitions ; Pinder et Schroeder, 1987, Time to proficiency following transfers.

22. Briody et Chrisman, 1991, Cultural Adaptation on Overseas Assignments.

23. Louis, 1980a, Surprise and sense making : What newcomers experience in entering in unfamiliar organizational settings ; Louis 1980b, Career Transitions : Varieties and Commonalities.

24. Schein, 1971, The Individual, the Organization, and the Career : A Conceptual Scheme.

25. Black, 1988, Workrole transition : A study of American expatriate managers in Japan.

26. Black, Mendenhall et Oddou, 1991, Toward a Comprehensive Model of International Adjustment : An Integration of Multiple Theoretical Perspectives.

27. Tung, 1993, Managing Cross-National and Intra-National Diversity.

28. Audibert et Parlant, 1990, Gestion du personnel expatrié.

29. Walton, 1990, p. 514, Stress management training for overseas effectiveness (se référant à Sarason *et al.* 1983, Assessing social support : The social support questionnaire).

30. Cohen et Wills, 1985, Stress, social support and the buffering hypothesis.

31. Fenlason et Beehr, 1994, p. 158, Social support and occupational stress : Effects of talking to others.

32. Latack, 1993, p. 259, Work, stress, and careers : A preventive approach to maintaining organizational health.

33. Cohen et Wills, 1985, Stress, social support and the buffering hypothesis.

34. Fenlason et Beehr, 1994, Social support and occupational stress : Effects of talking to others.

35. Fenlason et Beehr, 1994, p. 161, Social support and occupational stress : Effects of talking to others.

36. Feldman et Thomas, 1992, Career management issues facing expatriates.

37. Feldman et Thomas, 1992, Career management issues facing expatriates.

38. Oddou, 1991, Managing your expatriates : What the successful firms do.

39. CESMA MBA, 1990 – voir OMI, 1991.

40. Harris, 1989, Moving Managers Internationally : The Care and Feeding of Expatriates.

41. Fenlason et Beehr, 1994, Social support and occupational stress : Effects of talking to others.

42. Kaufmann et Beehr, 1986, Interaction between job stressors and social support : Some counterintuitive results.

43. Oddou, 1991, Managing your expatriates : What the successful firms do.

▼ **Repère**

Le chapitre 10 a montré l'importance de certaines caractéristiques du travail ou de l'organisation pour l'adaptation internationale.

Ce chapitre s'intéresse à une question incontournable dans l'étude de la mobilité internationale, celle des cultures. Le pluriel signifie que nous abordons aussi bien les différences de culture entre les organisations (par exemple société mère et filiale) que celles entre les pays (pays d'origine-pays d'accueil) impliqués dans la mobilité internationale.

Ce chapitre prolonge le précédent avec la culture organisationnelle. En effet, elle s'inscrit dans les variables organisationnelles qui influencent l'adaptation. Mais la culture ne se limite pas à celle de l'organisation. La culture nationale influencerait également l'adaptation. Elle est classée parmi les variables d'environnement dans notre modèle de l'adaptation.

La culture, aussi bien organisationnelle que nationale, est abordée ici en termes de nouveauté. Ce n'est pas la culture en soi qui semble influencer directement l'adaptation mais l'écart qui peut exister entre une culture de départ et une culture de destination. Aussi, sont développées successivement ci-après la nouveauté de la culture organisationnelle et la nouveauté de la culture nationale. Pour chacune de ces variables, nous examinons notamment le lien avec les différentes facettes de l'adaptation.

1. La nouveauté de la culture organisationnelle

Plusieurs auteurs[1] ont avancé que la nouveauté de la culture organisationnelle devrait augmenter l'incertitude associée à l'environnement de travail. Ils ont alors suggéré qu'une culture organisationnelle proche de celle de l'organisation du pays d'origine devrait faciliter l'adaptation du cadre expatrié, et plus particulièrement son adaptation au travail.

Une des difficultés du développement de la recherche en management international des ressources humaines est liée à la variable culturelle[2]. Par rapport à l'adaptation des cadres, la variable « culture » offre un domaine fructueux pour de futures recherches selon Parker et McEvoy[3]. À ce jour, il semble en effet que le lien culture-adaptation, surtout en ce qui concerne la culture organisationnelle, n'ait pas vraiment été analysé. Les problèmes méthodologiques liés à la variable culture ne sont peut-être pas étrangers à ce constat.

Introduire la notion de nouveauté culturelle conduit à tenter de surmonter des problèmes de définitions et de méthodologie relatifs au concept de culture. Ensuite, nous analysons le lien entre la nouveauté de la culture organisationnelle et l'adaptation des Français expatriés avant d'aborder la culture nationale.

1.1. Définitions

Une des premières difficultés pour aborder le lien adaptation-culture réside dans l'éclaircissement même du concept de culture. En effet, tellement de définitions fleurissent qu'il est difficile de s'y retrouver. Kroeber et Kluckhohn[4], au début des années 1950 en dénombrent déjà 164 ! Depuis, d'autres ont vu le jour. Elles procèdent souvent de cadres de références théoriques différents. Celles données respectivement par Payne[5] et Schein[6], assez proches, semblent saisir l'essence même de la culture :

« *Le modèle de toutes ces dispositions, matérielles ou comportementales, qui ont été adoptées par une société (corporation, groupe, équipe) comme le moyen traditionnel de résoudre les problèmes de ses membres ; la culture comprend tous les moyens institutionnels et les croyances culturelles et implicites ainsi que les normes, valeurs et promesses qui sous-tendent et gouvernent le comportement.* »

« *Un modèle d'hypothèses fondamentales – inventées, découvertes ou développées par un groupe donné comme il apprend à faire face à ses problèmes d'adaptation externe et d'intégration interne – qui a assez bien fonctionné pour être considéré valide et donc, être enseigné aux nouveaux membres comme la façon correcte de percevoir, penser et d'être en relation avec ces problèmes.* »

Thévenet[7] tente de formuler une définition de synthèse, peu éloignée des deux précédentes, en se référant aux deux champs théoriques de base que sont l'anthropologie et le management. Cette définition, concernant le contenu de la culture est présentée en trois étages :

- « *un ensemble de références... ;*
- *... partagées dans l'organisation... ;*
- *... construites tout au long de son histoire en réponse aux problèmes rencontrés par l'entreprise* ».

Ces définitions donnent un cadre général à partir duquel la partie de la réalité organisationnelle que représente la culture pourra prendre un contenu explicite.

Ce qui nous intéresse, c'est la différence perçue par les individus entre la culture de leur organisation du pays d'origine et la culture de l'organisation dans laquelle ils sont affectés à l'étranger. Pour interroger cette différence, encore faut-il être d'accord sur ce que décrit une culture. Le niveau de l'organisation à considérer du point de vue culturel est également délicat. L'organisation a-t-elle une culture ou autant de sous-cultures qu'elle a de départements ou encore d'équipes de travail à l'intérieur de chacun de ces départements ? Se concentrant sur les différences perçues, le niveau sera celui retenu par chaque individu. La culture n'existe que par le fait que des individus la partagent. Phénomène collectif, elle est appréhendée dans le cadre de notre étude par la perception qu'en a l'individu.

Ces interrogations nous amènent à considérer quelques questions d'ordre méthodologique.

1.2. Méthodologie

L'idéal serait de pouvoir « mesurer » la culture des deux organisations impliquées pour chacun des individus concernés par l'étude et ensuite d'en mesurer les écarts. Une étude de type « ethnographique » se révèle impraticable, vu le nombre d'entreprises impliquées. Est également hors de portée matérielle une approche par questionnaires adressés à un échantillon de personnes de chaque organisation pour mesurer leur culture respective. Il reste donc le recours à des questionnaires adressés à chaque individu faisant l'objet de notre recherche, les cadres français transférés internationalement, pour évaluer la différence qu'ils perçoivent entre la culture organisationnelle de leur pays d'origine et celle de l'organisation dans laquelle ils sont affectés pour leur expatriation.

Plusieurs auteurs[8] considèrent que l'approche par questionnaires revient à cerner le climat plus que la culture. Néanmoins, notre objectif n'est pas de mesurer la culture des organisations à partir d'un ensemble de perceptions individuelles sur différents aspects de l'organisation, ce qui reviendrait au climat comme le définit Thévenet. Il s'agit plutôt de saisir, à partir de la perception de chaque individu, les « moyens de faire » de son organisation d'origine et ceux de son organisation d'affectation face aux mêmes problèmes organisationnels. Le principe de reconnaissance de sa culture à travers son négatif[9] est ici utile. Les

moyens utilisés face à un problème particulier peuvent être considérés comme évidents et allant de soi dans son organisation d'origine. Le salarié n'en est donc conscient, selon ce principe, que dans la mesure où il rencontre des moyens de faire autres.
La mise en évidence des différences ou similitudes culturelles peut se faire à partir d'un certain nombre de traits de culture dégagés par la littérature. L'inventaire de la culture organisationnelle de Beach[10] fournit quelques pistes intéressantes bien que l'outil ait des limites. En fait, cet outil définit un « profil de personnalité » de l'organisation à partir d'une sommation de perceptions individuelles. En ce sens, il ne correspond pas à notre attente. Mais, pour parvenir à cet inventaire, l'auteur dégage, en observant diverses études à la fois anthropologiques et psychologiques relatives à des organisations publiques et privées, des dimensions récurrentes de la culture. Trois catégories émergent. Elles semblent, après examen par des experts (professeurs d'universités et chefs d'entreprises), bien couvrir le territoire de la culture organisationnelle selon l'auteur. Néanmoins, ces précautions n'écartent pas totalement le doute quant à l'élaboration de ces catégories qui semblent reposer en partie sur le « bon sens ». Ces trois catégories mises en lumière peuvent être rapprochées de celles qui sont récurrentes dans les travaux de Thévenet. Ces dernières ne prétendent pas décrire la totalité de la culture mais fournissent des dimensions à prendre en compte. ■

Ces traits récurrents de la culture sont :

- la personne (conception de la personne) ;
- l'activité (conception de l'activité) ;
- l'environnement (relation entre l'entreprise et son environnement).

■ *Préciser les traits ne suffit pas. Choisir le niveau de manifestation de la culture sur lequel va porter l'attention n'est pas aisé. Schein considère trois niveaux de culture qui interagissent :*

1. *Les artéfacts et créations*
   Ce premier niveau comprend l'environnement physique et social construit par les membres de la culture. Par exemple, l'espace physique, le langage écrit ou parlé, et les comportements apparents des membres de la culture peuvent être observés. Il s'agit du niveau le plus visible mais souvent indéchiffrable. En effet, il semble facile d'observer ces artéfacts, même les plus subtils comme l'expression des statuts de ses membres. En revanche, leur attribuer un sens exige de vivre suffisamment longtemps au contact de la culture, comme seul un anthropologue sait le faire, ses membres n'étant pas toujours conscients de leurs propres artéfacts.

2. *Les valeurs*
   Ce deuxième niveau de la culture correspond aux convictions portées généralement par le fondateur d'une organisation ou par ses leaders. Cependant, les valeurs observées peuvent davantage prédire ce que les personnes affirment faire dans une situation donnée que ce qu'elles font réellement. Ces valeurs sont alors distinguées entre celles qui sont testables dans l'environnement physique et celles testables seulement par consensus social.

3. *Les hypothèses de base*
   Ce troisième niveau de la culture concerne les hypothèses implicites qui guident le comportement des membres d'un groupe. En principe, elles ne sont pas sujettes à discussion et confrontation. Ces hypothèses inconscientes touchent des aspects fondamentaux de la culture. Cependant les mettre en évidence exige un travail minutieux de détective du fait même qu'elles semblent « aller de soi » pour les membres d'une culture donnée.

Ces trois niveaux, du plus invisible (les hypothèses fondamentales, essence de la culture) au plus visible, mais souvent indéchiffrable, (les artefacts) en passant par les valeurs ou ce qui devrait être, pourraient conduire à une première piste d'opérationnalisation, mais aucun mode d'emploi n'est fourni. ■

Hofstede avec d'autres chercheurs[11], sur la base d'interviews en profondeur, proposent une classification des manifestations de la culture en quatre catégories. Cette classification permet de collecter des informations sur chacune des manifestations et ainsi de proposer des dimensions de la culture.

Les trois premières catégories sont subsumées sous le terme de « pratiques » car elles « sont visibles par un observateur bien que leur signification culturelle réside dans la façon dont elles sont perçues par les membres de l'organisation »[12]. Ces pratiques peuvent également être nommées différemment comme « coutume », « habitudes », « mœurs » ou « tradition ». Selon les auteurs mentionnés, Tylor[13] les aurait déjà reconnues comme partie de la culture définie comme :

« Un tout complexe qui inclut connaissances, croyances, arts, morales, et toutes autres capacités et habitudes acquises par l'homme en tant que membre de la société ».

Ces pratiques se déclinent en :
- Symboles.
  Mots, gestes, images ou objets portant un sens particulier dans la culture ;
- Héros.
  Personnes (vivantes ou mortes, réelles ou imaginaires) possédant des caractéristiques hautement prisées dans la culture et servant de modèle ;
- Rituels.
  Activités collectives techniquement superflues mais socialement essentielles dans une culture.

La dernière catégorie est introduite par les auteurs comme le « cœur de la culture » sous le terme de valeurs.

Les valeurs représentent des sentiments souvent inconscients qui ne peuvent être observés en tant que tels mais se manifestent dans des alternatives de comportements.

Une étude qualitative et quantitative a été menée par Hofstede et ses collègues sur vingt unités organisationnelles de dix organisations différentes se répartissant à parts égales dans deux environnements nationaux, le Danemark et la Hollande. Elle montre empiriquement que les perceptions partagées des pratiques quotidiennes constituent le cœur de la culture organisationnelle. Les valeurs semblent plus refléter les différences nationales. Les chercheurs estiment que les valeurs pénètrent dans l'organisation *via* le processus d'embauche. Un individu adulte est recruté avec un ensemble de valeurs fondamentales probablement programmées dans son esprit dès l'âge de dix ans. Quant aux pratiques organisationnelles, elles sont apprises à travers la socialisation sur le lieu de travail. L'étude a permis de dégager six facteurs permettant d'approcher la culture organisationnelle. Aussi leur résultat majeur est « un modèle de la culture organisationnelle à six dimensions, définies comme des pratiques communes perçues : symboles, héros, rituels qui portent une signification particulière à l'intérieur de l'unité organisationnelle »[14].

Certaines de ces dimensions correspondent à des distinctions classiques en gestion. Les dimensions et les distinctions précisées par les chercheurs mentionnés sont présentées dans le tableau ci-dessous.

Tableau 11.1 : Dimensions de la culture organisationnelle/ Distinctions classiques en gestion

	Dimensions	Distinctions
1	Orienté vers le processus / orienté vers le résultat (Moyens contre les buts)	Mécaniste et Organique de Burns et Stalker[15] et première maxime de Peters et Waterman[16]
2	Orienté vers les salariés / orienté vers le travail	Grille managériale de Blake et Mouton[17]
3	Clocher / professionnel (Identification à l'organisation contre identification professionnelle)	Sociologique : locale / cosmopolite, cadre de référence interne et externe[18]
4	Système ouvert / système fermé	Climat de communication[19]
5	Contrôle lâche / contrôle tendu	Lâche / tendu[20] (Littérature sur le contrôle en management)
6	Normatif / pragmatique	Deuxième maxime de Peters et Waterman : Pragmatique : « Rester près des clients »

▥ *L'analyse statistique conduite par les auteurs permet d'illustrer chacune de ces dimensions par des indicateurs clés. La première dimension exprime l'orientation vers le processus par des items du type : « à l'aise dans des situations non familières » ou « chaque jour apporte de nouveaux défis ». La deuxième dimension caractérise les entreprises orientées vers le travail par des items comme « l'organisation s'intéresse seulement au travail que les personnes font » ou « l'organisation montre peu d'intérêt pour les problèmes personnels du salarié ». La troisième dimension exprime l'esprit professionnel de l'organisation par des items tels que « la vie privée des personnes est leur propre affaire » ou « l'organisation se projette au moins trois ans en avant ». La quatrième dimension saisit un système fermé par des items comme « les nouveaux salariés ont besoin de plus d'un an pour se sentir à l'aise » ou « l'organisation et les personnes sont opposées et secrètes l'une envers les autres ». La cinquième dimension saisit le contrôle tendu par des items du type « chacun dans l'organisation est conscient des coûts » ou « les personnes sont ponctuelles aux réunions ». Enfin, la sixième dimension exprime le pragmatisme avec par exemple l'item : « où je travaille, l'accent majeur est mis sur la satisfaction des besoins des consommateurs ».*
Les auteurs ne revendiquent pas l'universalité de leur modèle de la culture organisationnelle à six dimensions à cause de l'échantillon limité à deux environnements nationaux.

Néanmoins, s'appuyant sur d'autres sources (par exemple suisse), ils prédisent que ces dimensions de pratiques devraient se retrouver dans d'autres environnements et donc dans d'autres modèles multidimensionnels. Les études de cette envergure sur le construit de la culture organisationnelle sont rares. Celle-ci fournit six dimensions sur lesquelles il est possible de demander au cadre le niveau de différence ou de similitude perçu entre son organisation d'origine et son organisation d'affectation en utilisant une échelle à cinq points de type Likert (1 = très différent à 5 = très proche).

Les propositions ainsi soumises aux expatriés français sont :

1. L'orientation de l'organisation (buts ou moyens).

2. L'intérêt de l'organisation pour les personnes.

3. Les cadres de références du personnel (interne/externe à l'organisation).

4. La manière de communiquer.

5. Le contrôle exercé (lâche ou tendu).

6. L'orientation envers les clients.

1.3. Culture organisationnelle et adaptation des expatriés français

L'analyse statistique des réponses des cadres français expatriés permet d'obtenir une échelle unidimensionnelle de la nouveauté culturelle organisationnelle composée des six items susmentionnés correspondant aux six dimensions du tableau 11.1.

La nouveauté de la culture organisationnelle est corrélée négativement aux trois formes d'adaptation. Néanmoins, l'analyse de la régression montre que cette variable n'explique aucune des trois facettes de l'adaptation. Ce résultat n'est pas surprenant pour l'adaptation à l'interaction et l'adaptation générale pour lesquelles aucun lien n'est supposé, comme l'indique le modèle théorique de l'adaptation des expatriés. En revanche, ce modèle suppose un lien entre l'adaptation au travail et la nouveauté de la culture organisationnelle. Autrement dit plus l'écart entre la culture de l'organisation d'origine et celle de l'organisation d'affectation à l'étranger est grande, plus l'adaptation au travail devrait être difficile. Ce lien n'a pas pu être mis en évidence dans notre recherche pour les expatriés français.

La nouveauté de la culture organisationnelle n'a pas d'impact significatif sur l'adaptation au travail.

1.4. Vers la culture nationale

Le concept de « culture opérationnelle » proposé par Goodenough[21] a l'avantage de mettre en valeur le côté pluri-culturel des individus dans la société moderne comme, par exemple, la coexistence d'une culture nationale et d'une culture professionnelle internationale chez un même individu ou encore l'influence de la culture d'entreprise ou organisationnelle. Les sources de la culture semblent ainsi multiples. En effet, la nationalité et l'entreprise font partie des sources de la culture aux côtés d'autres éléments tels que le groupe d'appartenance, la profession, l'éducation, la famille ou la religion. Concernant le transfert de personnel d'un pays à un autre, le débat se focalise en grande partie sur la culture nationale et organisationnelle, présentées comme partiellement antinomiques. Thévenet[22] les rapproche en précisant que si « l'entreprise a développé au long de son histoire sa propre culture, elle vit elle-même dans un environnement qui est aussi culturel ».

2. La nouveauté de la culture nationale

Un groupe de chercheurs[23] estime qu'il est important d'identifier les différences culturelles entre le pays de départ et celui de destination du manager. Pour l'expatrié, selon son pays d'origine, certaines cultures seront plus difficiles que d'autres par rapport au processus d'adaptation. Church[24] fait référence à ce phénomène sous la notion de « distance culturelle » alors que Mendenhall et Oddou[25], dans la même lignée, parlent de la « dureté de la culture ». Ces auteurs s'appuient sur des recherches empiriques qui montrent que plus la distance ou différence culturelle est importante, par rapport à celle du pays d'origine de l'individu, plus difficile s'avère être l'adaptation. Les deux premières années de l'expatriation sont celles sur lesquelles la nouveauté culturelle a le plus grand impact[26].

La nouveauté de la culture nationale a une forte probabilité d'avoir un effet sur l'adaptation liée à l'interaction et l'adaptation aux conditions générales de vie. Néanmoins, elle peut également avoir des répercussions sur l'adaptation au travail, l'expatrié étant en contact dans le cadre professionnel avec des nationaux du pays d'accueil. Ces arguments développés intuitivement par Parker et McEvoy[27] n'ont pas été totalement confirmés empiriquement. Les résultats concernant l'adaptation liée à l'interaction sont ceux attendus. À l'inverse, l'adaptation aux conditions générales de vie est associée positivement à la nouveauté de la culture. Les auteurs proposent donc de poursuivre les recherches afin d'explorer le construit du concept de nouveauté culturelle et de ses différentes parties. Au niveau de la culture nationale se posent donc des difficultés similaires à celles rencontrées au niveau de la culture organisationnelle.

La mesure d'Hofstede[28] est probablement la plus utilisée pour opérationaliser la culture, et ce dans différents domaines de recherche. Elle est établie à partir des bases de données d'une importante multinationale (IBM), avec environ 116 000 questionnaires d'enquêtes d'attitudes et des données collectées entre 1967 et 1973. Concernant au départ quarante entreprises et quarante pays (1980), une recherche ultérieure (1983) a ajouté treize pays et trois régions. L'auteur a montré, au moyen de l'analyse factorielle des correspondances, que des différences significatives peuvent exister au travers des cultures suivant quatre dimensions, aujourd'hui bien connues :

1. La distance du pouvoir : indique le degré de tolérance d'une société par rapport à l'inégalité du pouvoir dans les institutions.
2. L'évitement de l'incertitude : indique le degré de tolérance pour l'incertitude et l'ambiguïté. Dans une culture à fort évitement de l'incertitude, la tendance au consensus est forte, rendant inacceptables les comportements déviants.
3. Individualisme-Collectivisme : indique le degré de prééminence du « je » (les individus sont supposés prendre soin d'eux-mêmes et de leur famille immédiate) ou du « nous » (les individus sont membres d'un groupe ou d'une collectivité qui est supposée prendre soin d'eux en échange de leur loyauté).
4. Masculinité-féminité : indique le degré de prédominance des valeurs « masculines » comme l'audace, le goût pour les biens matériels, l'ambition, la performance contre la prédominance des valeurs « féminines » comme la qualité de la vie ou la préoccupation des autres.

Récemment, une cinquième dimension a été mise en lumière par des chercheurs[29], à l'université chinoise de Hong Kong, travaillant sur la culture chinoise. Ils ont testé les dimensions de Hofstede, développées d'un point de vue des sciences sociales occidentales, avec un biais chinois. Cette dimension supplémentaire, connue comme le « dynamisme de Confucius », oppose deux orientations de la vie et du travail, une à court terme et l'autre à long terme. Cette dimension concerne seulement vingt-trois pays et se trouve souvent ignorée. Les quatre dimensions de Hofstede offrant des scores « quantitatifs » pour un peu plus de cinquante pays sont alors les plus utilisées (par exemple Gudykunst et Ting-Toomey[30] pour le lien culture-communication interpersonnelle ; ou Parker et McEvoy pour le lien culture-adaptation). Elles ne peuvent néanmoins être considérées comme la vérité première sur la culture[31].

Pour tester le lien culture nationale-adaptation, la nouveauté de la culture nationale a été approchée de deux manières différentes, une approche « objective »[32] et une approche plus « subjective »[33].

2.1. Mesure objective de la nouveauté
de la culture nationale

Les quatre dimensions de la culture d'Hofstede sont utilisées pour mesurer la nouveauté de la culture de manière objective.

Parker et McEvoy se servent de la moyenne des scores des pays rapportés par Hofstede – avec les renseignements sur la nationalité et le pays d'affectation fournis par les répondants – pour calculer des différences absolues de scores. Les auteurs donnent un exemple de calcul de nouveauté de la culture entre les États-Unis et le Japon. Les cadres français expatriés étant les sujets de notre recherche, ce mode de calcul est illustré avec la France. Quand Hofstede rapporte un score d'individualisme de 71 pour la France et 46 pour le Japon, la différence absolue sur le score de l'individualisme pour un Français vivant au Japon (ou un Japonais vivant en France) devrait être 25. Les trois autres scores de différence pour un Français vivant au Japon sont 14 (distance), 6 (incertitude) et 52 (Masculinité), ce qui donne une différence totale de 97 (25 + 14 + 6 + 52). La différence France-Norvège est de 110 alors que celle entre la France et la Belgique est de 26. En comparant la nationalité de l'individu et son pays d'affectation, la nouveauté de la culture est plus importante pour un Français affecté en Norvège ou au Japon que dans le cas d'une affectation en Belgique.

Cette méthode présente toutefois certaines limites. La différence France-Suisse est relativement élevée (92). Or se pose le problème des pays multiculturels. Le degré de nouveauté culturelle n'est pas forcément le même pour un Français travaillant à Genève ou à Zurich. Qu'en est-il d'un Alsacien ou d'un Savoyard par rapport à ces deux villes ?

Les dimensions globales de Hofstede occultent le problème des « cultures de lien » (par exemple Alsace ou Pays Basque) et les pays apparaissant comme multiculturels.

Autre difficulté, les dimensions concernent 53 pays et 3 régions. Le mode de calcul présenté ci-dessus est alors impossible, par exemple, pour un cadre expatrié en Pologne, Roumanie, Bolivie, à Cuba ou encore au Bangladesh puisque ces pays sont absents de la recherche d'Hofstede. L'évolution historique rend également quelques mesures obsolètes. Les données ont été recueillies entre 1967 et 1973. L'Allemagne était alors divisée en deux. Seules sont disponibles des données sur l'Allemagne de l'Ouest. Rien ne nous indique une équivalence des scores avec la partie Est de l'Allemagne. Quels scores faut-il prendre pour l'Allemagne aujourd'hui ? L'utilisation des scores de la Yougoslavie est également délicate. Le concept de culture nationale peut apparaître alors dangereux à maints égards, résumant une réalité complexe et multiforme. Il représente en effet un croisement de concepts, celui de culture (anthropologie) et l'autre, juridique, d'État-Nation[34]. Or, au découpage des États-Nations ne correspond pas forcément la même réalité culturelle.
Même si la culture évoque ce qui est stable et figé, l'ancienneté des données à partir desquelles les dimensions de la culture ont été dégagées suscite quelques questions comme nous venons de le voir. Ces données, collectées par une multinationale sous forme de questionnaires, recueillent les valeurs des salariés et leur perception des situations de travail. Non destinées a priori à mesurer la culture, elles semblent, en regard de l'approche choisie, mesurer plutôt le climat[35]. L'ensemble des limites présentées conduisent à envisager une autre manière d'aborder la nouveauté de la culture.

2.2. Mesure subjective de la nouveauté de la culture nationale

■ *Black et Stephens[36] proposent huit items aux expatriés sur lesquels il leur est demandé d'indiquer le degré de similarité ou de différence par rapport à leur pays d'origine sur une échelle type Likert à cinq points. Ces huit items, adaptés de Torbiörn[37], sont présentés ainsi par les chercheurs :*

1. Coutumes quotidiennes qui doivent être suivies.
2. Conditions générales de vie.
3. Utilisation des facilités de soins.
4. Les moyens de transport utilisés dans le pays.
5. Coûts généraux de la vie.
6. Qualité et types de nourriture disponibles.
7. Climat.
8. Conditions générales de logement.

Une première remarque par rapport à cette liste d'items s'impose. Mesure-t-elle vraiment la culture ? L'alpha de Cronbach étant égal à 0,64, l'échelle de mesure est considérée par les chercheurs comme ayant une fiabilité acceptable. Pour une étude exploratoire, l'alpha est acceptable s'il est compris entre 0,6 et 0,8[38]. Les indicateurs utilisés ont donc une certaine cohérence entre eux. La fiabilité est une condition nécessaire à la validité. Or, c'est la connaissance de la validité qui pourrait répondre à la question posée au début de ce paragraphe. ■

Les coutumes quotidiennes font manifestement partie de la culture. La religion, par exemple, peut en déterminer une partie.

Les conditions générales de vie et de logement peuvent en partie refléter le niveau de développement économique du pays d'accueil, mais, traduisant également une manière de procéder face à un certain nombre de problèmes, elles peuvent être rattachées à la culture. Les caractéristiques de logement sont représentatives d'une manière de vivre. Hall[39] suggère que l'universalité en matière d'espace n'existe pas. Par exemple, un appartement considéré comme grand par un Japonais au Japon a une forte probabilité d'apparaître petit à un Américain.

Les coûts généraux de la vie semblent être un indicateur simplement économique. La différence potentielle sur cet indicateur devrait alors plus exprimer une différence d'environnement économique que de culture.

Les facilités de soins ont aussi une dimension économique mais peuvent de même refléter la réponse d'une société face à la maladie et alors être abordées en termes de « représentation sociale ». Il en est de même pour les moyens de transport dans la mesure où ils font partie des productions reproduisant les savoir-faire d'une communauté culturelle.

La question du climat est assez délicate. Il nous semble que le climat exprime peut-être plus une différence d'environnement géographique qu'une différence culturelle. Usunier[40] rappelle la théorie des climats de

Montesquieu[41] qui « constitue une sorte de point d'ancrage du stéréotype nord/sud ». La dimension culturelle du climat serait dans la réponse des individus face au milieu physique dans lequel ils vivent. Ces traits culturels seraient alors transmis par l'éducation et la socialisation ou bien génétiquement, comme une adaptation progressive à un milieu.

Les attitudes alimentaires peuvent être appréhendées comme « identificateur » culturel[42]. La nourriture peut alors conduire à un rejet partiel de la culture du pays d'accueil. Le fait de manger des lapins (les Français) ou de les considérer uniquement comme des animaux familiers (les Américains et les Anglais par exemple) relève alors de l'ordre culturel. Il en va de même pour les produits qui manquent ou qui existent mais dont la qualité n'est pas jugée satisfaisante en comparaison au pays d'origine.

La langue est présentée comme l'autre axe de l'oralité aux côtés de la nourriture. Elle inclut le fait de parler, communiquer, interagir et se faire des amis. Elle ne fait pas partie des huit items utilisés par Black et Gregersen[43] et Black et Stephens[44]. Usunier souligne pourtant son rôle prééminent dans la construction culturelle. Les travaux de Whorf, sur lesquels s'appuient de nombreux auteurs, indiquent que la langue structure notre vision du monde et notre comportement social. Les travaux sur la « nouvelle communication » montrent que des éléments non verbaux interviennent dans la communication. « Il est impossible de ne pas communiquer » est le postulat de base de l'école de Palo Alto. Les travaux de Hall vont démonter les codes de la communication interculturelle, notamment avec la proxémique (étude de l'organisation de l'espace social entre les individus)[45]. À plusieurs reprises et notamment dans « *Le langage silencieux* », Hall[46] envisage la culture comme étant principalement un processus de communication.

Le constat de Parker et McEvoy par rapport à la nécessité de réaliser plus de recherches sur la culture s'avère fondé. Nombreuses sont les pages écrites sur la culture sans fournir vraiment, à de rares exceptions près, des pistes concrètes d'opérationalisation. Les différences culturelles perçues par un individu entre son pays d'origine et le pays d'affectation constituent notre centre d'intérêt. La liste d'items proposés par Black et Gregersen et Black et Stephens sur la base des travaux de Torbiörn n'est pas exempte de critiques. Manifestement, ces huit items sont des indicateurs de différence entre pays aisément repérables par l'individu. Cependant, il n'est pas sûr que tous reflètent bien certains traits de la culture. Le coût de la vie et le climat sont sans aucun doute des variables d'environnement, respectivement économiques et géographiques. Les inclure comme indicateur des différences culturelles paraît plus discutable. En revanche, la langue et la communication non verbale devraient, à notre avis, être ajoutées.

Hofstede avec d'autres chercheurs[47] estiment que la culture nationale et la culture organisationnelle sont des phénomènes d'ordre différent, la première étant concernée par les valeurs, la deuxième par les pratiques.

Pour approcher la culture nationale, nous avons néanmoins retenu des pratiques plutôt que des valeurs. L'échelle modifiée de Torbiörn est retenue mais sera maniée avec précaution dans son lien avec l'adaptation. L'ajout de l'item supplémentaire (langue et communication non verbale) constitue un instrument à neuf items.

2.3. Culture nationale et cadres français expatriés

Dans notre recherche, chaque cadre expatrié indique dans quelle mesure les neuf éléments (coutumes, conditions générales de vie, facilités de soins, moyens de transport, logement, coût de la vie, nourriture, climat, langue) du pays d'affectation sont différents ou proches de son pays d'origine (1 = très proche à 5 = très différent). Une analyse en composantes principales montre l'unidimensionnalité de l'échelle. Ces items mesurent effectivement la même chose puisque l'indicateur de fiabilité est élevé ($\alpha = 0,86$). Aussi, la mesure de la nouveauté de la culture est-elle calculée pour chaque personne par son score moyen sur les neuf items

À partir des réponses des 293 cadres expatriés français un classement de six zones géographiques a été établi dans un ordre croissant de nouveauté culturelle.

Figure 11.1 : Classement des zones géographiques/ nouveauté culturelle

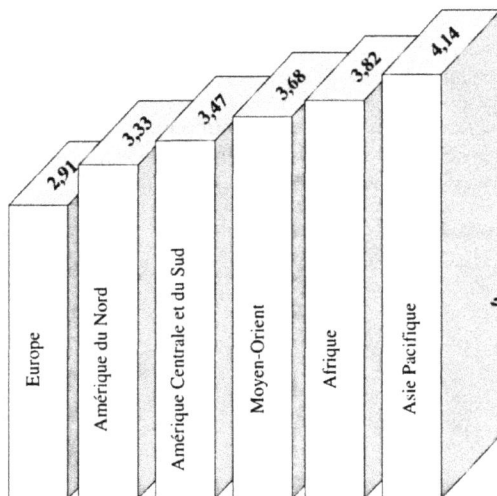

La zone la moins éloignée culturellement de la France est l'Europe. La zone Asie Pacifique est celle qui paraît culturellement la plus nouvelle pour les expatriés français. Il faut garder néanmoins à l'esprit qu'il s'agit de moyenne et que les pays dans chacune des zones ne présentent peut-être pas le même niveau de nouveauté.

Plus la culture du pays de destination est nouvelle par rapport à celle du pays d'origine, plus l'adaptation générale et l'adaptation à l'interaction sont difficiles. Notre recherche montre ainsi un lien négatif entre la nouveauté culturelle et ces deux formes d'adaptation.

▼ Points clés

La compréhension de l'adaptation internationale repose notamment sur les deux types de culture que constituent les cultures organisationnelles et nationales.

Ces cultures sont approchées en termes de « nouveautés culturelles » qui correspondent respectivement aux écarts entre :
- La culture de l'organisation d'origine et celle de l'organisation d'accueil.
- La culture du pays d'origine et celle du pays d'accueil.

Seule la nouveauté de la culture nationale explique l'adaptation des expatriés français aux conditions générales de vie et aux contacts avec les membres de la culture d'accueil (interaction).

La zone Asie Pacifique constitue la zone géographique la plus difficile en termes d'adaptation pour les cadres français expatriés.

▼ Fil d'Ariane

La variable culture s'impose dans l'examen de l'adaptation des expatriés bien qu'elle soit difficile à opérationaliser. Le modèle théorique retient le concept de nouveauté culturelle. Ce concept exprime la différence entre deux organisations ou deux pays sur une liste d'éléments particuliers. La nouveauté de la culture organisationnelle, dans notre recherche, n'explique pas l'adaptation au travail des expatriés français comme le modèle théorique de l'adaptation le suppose. En revanche, les résultats sont en accord avec ce modèle pour la nouveauté de la culture nationale. En effet, la nouveauté de la culture nationale explique l'adaptation générale et l'adaptation à l'interaction des expatriés français. Plus la nouveauté est grande, plus les expatriés s'adaptent difficilement aux conditions générales de vie et aux contacts avec les membres de la culture d'accueil.

L'organisation et l'individu ne peuvent agir directement sur la culture. En revanche, la formation interculturelle peut atténuer l'effet de nouveauté de la culture nationale. Les expatriés qui ont déjà une expérience internationale devraient également avoir moins de difficultés d'adaptation. Ces deux variables apparaissent dans le modèle théorique de l'adaptation comme des déterminants indirects de l'adaptation internationale *via* l'adaptation anticipée. C'est l'objet du chapitre suivant.

Pistes d'action

Les entreprises

Évaluer l'écart entre la culture du pays d'origine et celle du pays d'affectation.

Être d'autant plus vigilant dans la gestion de la mobilité internationale que l'écart culturel est important.

Utiliser les connaissances et expériences des anciens expatriés quant à une culture particulière, à la fois pour former vos futurs expatriés et développer vos activités internationales.

Les salariés

Considérer la nouveauté culturelle ou l'écart entre la culture de votre pays d'origine et la culture de votre pays d'accueil comme une variable importante.

Commencer par « observer » certaines dimensions de votre culture d'origine pour mieux « appréhender » celle de votre pays d'accueil.

Se renseigner le plus précisément possible sur la culture de votre futur pays d'accueil.

Notes

1. Mendenhall et Oddou, 1985, The Dimensions of Expatriate Acculturation : A Review ; Church, 1982, Sojourner adjustment ; Stening, 1979, Problems of cross-cultural contact : a literature review.

2. Dowling et al., 1994, International dimensions of human resources management.

3. Parker et McEvoy, 1993, Initial examination of a model of intercultural adjustment.

4. Kroeber et Kluckhohn, 1952, Culture : A critical Review of Concepts and Definitions.

5. Payne, 1991, p. 26, Taking stock of corporate culture.

6. Schein, 1985, p. 9, Organisational culture and leadership.

7. Thévenet, 1993, p. 45, La culture d'entreprise.

8. Thévenet, 1993 ; La culture d'entreprise ; Payne, 1991, Taking stock of corporate culture.

9. Ratiu et al., 1988, Leaders sans frontières : le management interculturel.

10. Beach, 1993b, Making the right decision.

11. Hofstede et al., 1990, Measuring Organizational Cultures : A Qualitative and Quantitative Study across Twenty Cases.

12. Hofstede et al., p. 291, Measuring Organizational Cultures : A Qualitative and Quantitative Study across Twenty Cases.

13. Tylor, 1924, p. 1, Primitive Culture (cité également par Ratiu et al., 1988).

14. Hofstede et al., 1990, p. 313, Measuring Organizational Cultures : A Qualitative and Quantitative Study across Twenty Cases.

15. Burns et Stalker, 1961, The management of innovation.

16. Peters et Waterman, 1982, In search of excellence : Lessons from America's best-run companies.

17. Blake et Mouton, 1964, The managerial grid.

18. Merton, 1968, Social theory and social structure.

19. Poole, 1985, Communication and organizational climates : Review, critique, and a new perspective.

20. Hofstede, 1967, The Game of Budget Control.

21. Goodenough, 1971, Culture, Language and Society.

22. Thévenet, 1991, p.66, Une gestion des ressources humaines européennes est-elle possible ?

23. Pulatie, Kruse, Bennett et Nadler, 1985, How Do You Ensure the Success of Managers Going Abroad ?

24. Church, 1982, Sojourner adjustment.

25. Mendenhall et Oddou, 1985, The Dimensions of Expatriate Acculturation : A Review.

26. Torbiörn, 1982, Living Abroad : Personal Adjustment and Personnel Policy in the Overseas Setting.

27. Parker et McEvoy, 1993, Initial examination of a model of intercultural adjustment.

28. Hofstede, 1980, Culture's Consequences : International Differences in Work Related Values ; Hofstede, 1983, National Cultures in Four Dimensions : A Research-Based Theory of Cultural Differences Among Nations.

29. Hofstede et Bond, 1988, The Confucius connection : From cultural roots to economic growth.

30. Gudykunst et Ting-Toomey, 1988, Culture and Interpersonal Communication.

31. Hofstede *et al.*, 1990, Measuring Organizational Cultures : A Qualitative and Quantitative Study across Twenty Cases.

32. Parker et McEvoy, 1993, Initial examination of a model of intercultural adjustment.

33. Black et Gregersen, 1991, Antecedents to Cross-Cultural Adjustment for Expatriates in Pacific Rim Assignments ; Black et Stephens, 1989, The influence of the spouse on American expatriate adjustment in overseas assignments ; Torbiörn, 1982, Living Abroad : Personal Adjustment and Personnel Policy in the Overseas Setting.

34. Usunier, 1992, Commerce entre cultures : une approche culturelle du marketing international.

35. Payne, 1991, p. 26, Taking stock of corporate culture.

36. Black et Stephens, 1989, p.542, The influence of the spouse on American expatriate adjustment in overseas assignments.

37. Torbiörn, 1982, Living Abroad : Personal Adjustment and Personnel Policy in the Overseas Setting.

38. Nunnally, 1967, Psychometric Theory.

39. Hall, 1976, Careers in Organizations.

40. Usunier, 1992, p. 67, Commerce entre cultures : une approche culturelle du marketing international.

41. Montesquieu, 1748, De l'esprit des lois.

42. Usunier et Belle, 1994, Plaisir Oral et Expatriation.

43. Black et Gregersen, 1991, Antecedents to Cross-Cultural Adjustment for Expatriates in Pacific Rim Assignments.

44. Black et Stephens, 1989, The influence of the spouse on American expatriate adjustment in overseas assignments.

45. Winkin, 1981, La nouvelle communication.

46. Hall, 1959, The silent language.

47. Hofstede *et al.*, 1990, Measuring Organizational Cultures : A Qualitative and Quantitative Study across Twenty Cases.

CHAPITRE 12
LES DÉTERMINANTS
DE L'ADAPTATION ANTICIPÉE

▼ Repère

Le chapitre 11 a développé la notion de nouveauté culturelle. Il est apparu que plus les cultures nationales en jeu lors d'une mobilité internationale étaient éloignées, plus l'adaptation générale et l'adaptation à l'interaction étaient difficiles pour les personnes expatriées.

Ce chapitre conserve un lien avec la culture en introduisant les déterminants de l'adaptation anticipée. En effet, il aborde l'expérience internationale antérieure et la formation interculturelle qui permettent, d'une certaine manière, d'atténuer l'effet négatif des différences culturelles sur l'adaptation internationale des expatriés.

Les deux déterminants de l'adaptation anticipée considérés dans le modèle de l'adaptation internationale sont l'existence d'une expérience internationale antérieure et la formation interculturelle. Le lien étudié est donc un lien indirect avec l'adaptation dans le pays d'accueil. Nous avons vu que chacune des formes d'adaptation anticipée était reliée avec la forme correspondante de l'adaptation dans le pays d'accueil. La question qui se pose ici est celle de savoir si l'expérience internationale antérieure et la formation interculturelle facilitent l'adaptation dans le pays d'accueil, que ce soit directement ou par le mécanisme de l'adaptation anticipée.

1. L'expérience internationale antérieure

Nous partons des résultats d'études sur le lien entre l'existence d'une expérience internationale antérieure et l'adaptation des expatriés, principalement anglo-saxons. Ensuite, nous examinons l'expérience internationale antérieure des expatriés français.

1.1. Expérience internationale et adaptation

Les résultats empiriques reliés à l'expérience internationale antérieure, principalement focalisés sur les expatriés anglo-saxons, divergent quant à leur effet sur l'adaptation. Il est néanmoins logique de supposer qu'une expérience antérieure de vie à l'étranger – surtout si le pays de cette expérience et celui de l'affectation sont identiques ou proches – devrait faciliter l'adaptation même si quelques chocs culturels peuvent toujours survenir. Church[1] a trouvé, dans sa revue de la littérature empirique dans ce domaine, que :

« Les résultats empiriques attestent l'importance d'une première expérience culturelle précise ou d'une exposition antérieure (...) pour l'adaptation des personnes qui séjournent à l'étranger ».

Source d'attentes réalistes et du développement des capacités interculturelles chez l'individu, l'expérience internationale antérieure devrait favoriser l'adaptation lors d'affectations ultérieures[2].

L'expérience à l'étranger peut être reliée au travail, aux études ou à des voyages. Une importante variable individuelle proposée par les théoriciens est l'expérience internationale antérieure de travail. Elle réduit l'incertitude puisqu'elle permet aux individus d'utiliser ces informations quant à la transition imminente[3]. Elle devrait donc favoriser l'adaptation. Cette hypothèse n'est pas vérifiée dans le contexte national[4]. Il a été alors suggéré que l'adaptation pourrait être « spécifique au transfert ». Elle serait alors plus due aux aspects du nouveau lieu ou travail qu'à des capacités génériques à faire face à un nouveau transfert, capacités apprises lors d'un transfert précédent.

■ *En revanche, Black[5] a découvert qu'une expérience antérieure de travail à l'étranger était reliée à l'adaptation au travail des expatriés mais non à l'adaptation générale. Parker et McEvoy[6] parviennent aux résultats, non statistiquement significatifs, que l'expérience dans le travail est reliée à l'adaptation au travail. Cependant c'est le nombre d'années d'expérience dans un type de travail qui est retenu et non l'expérience internationale antérieure de travail. Seule la corrélation entre l'expérience internationale et l'adaptation générale est statistiquement significative dans leur étude. L'expérience internationale est mesurée en nombre de mois vécus à l'étranger sans expliciter l'activité de l'individu.* ■

Reste à observer les expériences non reliées directement au travail. Logiquement, et pour les raisons déjà évoquées (attentes réalistes), les expériences non reliées directement au travail devraient avoir une influence sur l'adaptation générale et l'adaptation à l'interaction et peu d'influence sur l'adaptation au travail.

La durée de l'expérience doit aussi être considérée. Torbiörn[7] a trouvé que la longueur spécifique de l'expérience antérieure à l'étranger n'était pas reliée à une meilleure adaptation. Les expériences antérieures à l'étranger, considérées en termes de quantité, ne semblent donc pas nécessairement reliées à l'adaptation à l'étranger.

Pour résumer, l'expérience antérieure, appréhendée dans sa nature, dans sa durée, et en termes de similarité de lieux (pays similaires) semble avoir des influences diverses sur les différentes formes d'adaptation.

Chacun de ces aspects est examiné dans la section suivante pour les expatriés français. Les cadres indiquent, dans le cas où ils auraient une expérience antérieure, la nature de cette dernière (expatriation, accompagnateur de parents expatriés, études et autres à préciser), sa durée et dans quelle mesure le ou les pays de l'expérience antérieure sont proches du pays de l'expérience étudiée.

1.2. Expérience internationale pour les expatriés français

Dans notre recherche, une forte majorité de cadres (71,7 %) ont eu une expérience internationale avant leur expatriation actuelle. Ces expériences sont de différentes natures. Le tableau suivant les détaille et les classe par ordre décroissant d'importance. La deuxième colonne du tableau précise le pourcentage de personnes, parmi l'ensemble des répondants, pour chacune des expériences antérieures. La dernière colonne donne les pourcentages parmi les personnes ayant indiqué qu'elles avaient une expérience internationale. Le total de cette colonne est supérieur à 100, les cadres cumulant parfois plusieurs expériences.

Tableau 12.1 : Classement des expériences internationales

Nature de l'expérience antérieure	Total répondants (%)	Expérience antérieure (%)
Expatriation antérieure	45,1	62,9
Études	12,6	17,6
Accompagnateur parents expatriés	8,9	12,4
Coopération, VSNE, Service militaire	8,2	11,4
Missions	7,2	10,0
Autres (non précisé)	3,4	4,8
Longs voyages	2,0	2,9

Dans notre modèle théorique de l'adaptation des expatriés, le lien direct supposé est établi entre l'existence d'une expérience internationale antérieure et l'adaptation anticipée. Les résultats sur l'échantillon d'expatriés français indiquent que l'adaptation anticipée au travail et l'adaptation anticipée à l'interaction sont en moyenne semblables entre les personnes qui avaient une expérience internationale antérieure et celles qui n'en avaient pas. En revanche, une différence apparaît pour l'adaptation anticipée générale. Les personnes ayant une expérience internationale sont, en moyenne, plus réalistes envers les conditions générales de vie que les personnes sans aucune expérience. Le lien entre l'existence d'une expérience internationale et l'adaptation générale est seulement indirect. En effet, la moyenne de l'adaptation générale est similaire entre les personnes qui ont une expérience internationale antérieure et celles qui n'en ont aucune. Les résultats montrent également l'absence de liens directs entre les deux autres formes d'adaptation, l'adaptation au travail et à l'interaction et l'existence d'une expérience internationale antérieure.

2. La formation interculturelle

Tout d'abord, nous examinons dans quelle mesure la formation interculturelle est efficace en termes d'adaptation internationale des expatriés. Les différentes méthodes de formation sont ensuite exposées. Elles sont illustrées par des exemples et des contenus de formation. La pratique des organisations en matière de formations interculturelles fait alors l'objet d'une attention particulière pour constater l'insuffisance des formations délivrées aussi bien en général que pour les expatriés français.

2.1. Efficacité de la formation

La formation avant le départ a pour objectif de fournir à l'individu un ensemble d'informations concernant la position qu'il va occuper ainsi que des informations plus générales comme la culture dans laquelle va se dérouler sa mission. Une conséquence de cette formation est la diminution de l'incertitude quant au travail lui-même et à la culture du pays d'accueil. Par ricochet, cette réduction de l'incertitude devrait favoriser l'adaptation dans ses trois dimensions.

Black et Mendenhall[8] ont subsumé à l'intérieur de leur revue de la littérature les résultats de précédents articles de comptes rendus de recherches. Cette revue détaillée de la littérature, concernant l'efficacité de la formation interculturelle, les amène à la conclusion miti-

gée suivante : « Donc, la littérature empirique donne un support réservé à la proposition que la formation interculturelle a un impact positif sur l'efficacité interculturelle »[9]. Elle repose sur une critique de la méthodologie des études qu'ils ont revues. Ils ont trouvé que 48 % d'entre elles incluaient des groupes de contrôle et que presque la moitié de ces études comprenaient à la fois l'utilisation de groupes de contrôle et des études longitudinales. Cependant, l'ensemble des études, quelle que soit leur rigueur, démontre une relation positive entre la formation interculturelle et l'adaptation interculturelle, le développement des capacités interculturelles et la performance au travail[10]. Une méta-analyse, conduite par Deshpande et Viswesvaran[11] à partir d'études publiées (reprenant les références entre autres de Black et Mendenhall) et non publiées (thèses, par exemple), parvient au même résultat. Cette analyse fournit, selon les auteurs, « la preuve nécessaire aux universitaires pour soutenir leur croyance en l'efficacité de la formation interculturelle et devrait lever les doutes que les leaders des organisations peuvent avoir envers les effets de la formation interculturelle »[12].

2.2. Méthodes de formation

Toute une variété de techniques sont disponibles pour préparer les individus à des affectations internationales et donc réduire le niveau d'incertitude.

Tung[13] fournit une classification utile pour distinguer les méthodes de formations interculturelles présentées comme complémentaires :
* les programmes documentaires.
  Ils exposent les personnes à une nouvelle culture au travers de documents écrits sur l'histoire, les aspects sociaux et politiques du pays, sa géographie, son économie, etc. ;
* les programmes d'assimilation.
  Cette méthode expose le stagiaire à des incidents critiques spécifiques rattachés aux succès de l'interaction avec une nouvelle culture ;
* la préparation en langue.
* la formation à la sensibilité.
  Augmentation de la conscience de soi ;
* les expériences de terrain.
  Les stagiaires sont exposés à des cultures différentes dans leur propre pays pendant de courtes périodes.

Au-delà de leur complémentarité, l'auteur suggère que ces méthodes s'inscrivent dans un continuum sur une échelle de « rigueur », les programmes documentaires se positionnant à l'extrémité « faible » et les expériences de terrain à l'extrémité « forte » du continuum. Earley[14] a testé les extrêmes du continuum de Tung. Les approches documentaires et interpersonnelles (formation à la sensibilité et expériences de terrain) sont comparables en ce qui concerne l'efficacité pour améliorer la conscience interculturelle. Néanmoins, la recherche de l'auteur s'intéresse à des managers expatriés seulement sur une courte période de temps. Les effets de la nouvelle culture n'ont peut-être pas eu le temps de se manifester, ce qui limite la portée des résultats et de la conclusion principale de cette étude. Hammer et Martin[15] parviennent à des conclusions similaires à celles de Earley sur des managers américains. Les deux approches sont tout aussi efficaces. En revanche, l'étude de Pruegger et Rogers[16] établit la prééminence de l'apprentissage interpersonnel sur les stratégies d'instructions plus conventionnelles (documentaires) en termes d'efficacité dans le changement d'attitudes envers des cultures différentes. Ce résultat est obtenu sur la base d'une étude qualitative. Une étude quantitative, menée de front, ne réussit pas à montrer l'efficacité des deux types de formation. Les auteurs insistent sur l'aspect provisoire de ces résultats à cause de la taille modeste de l'échantillon. Une autre réserve tient aux caractéristiques des sujets de l'étude, qui sont des étudiants en psychologie.

Black, Gregersen et Mendenhall[17] développent la notion de rigueur de la formation et la définissent comme le « degré d'implication mentale et d'efforts devant être consacrés par le formateur et le stagiaire afin que ce dernier apprenne les concepts demandés ». La rigueur de la formation est ainsi proportionnelle au degré de participation active du stagiaire dans la formation. La longueur de la formation est également associée à la notion de rigueur.

Ces deux dimensions peuvent être regroupées dans un tableau synthétique (Tableau 12.2).

Tableau 12.2 : Continuum de la rigueur de la formation

	Rigueur de la formation		
	Faible	**Modérée**	**Élevée**
Degré de participation/ type de formation	– Conférences – Films – Ouvrages – Briefing de la zone d'expatriation	Colonne précédente et – Jeux de rôles – Études de cas – Assimilation – Étude de langues (niveau de survie)	Colonnes précédentes et – Assessment centers – Simulations – Voyages de courte durée – Langues (niveau avancé)
Durée de formation	Moins de 20 heures	de 20 à 60 heures	Plus de 60 heures

Source : adapté de Black, Gregersen et Mendenhall, 1992, p. 97.

Il est clair que le type même de formation est en relation avec celui de l'affectation. Les méthodes de formation utilisées devraient être contingentes à deux facteurs déterminants[18] :
- degré d'interaction interpersonnelle entre le manager et les « locaux » (dureté de la communication) ;
- similarité entre la culture d'origine de l'expatrié et la culture d'accueil (dureté de la culture).

Dans le premier cas, il s'agit du degré de « dureté de la communication ». Elle est liée à la fonction et au rôle du manager expatrié. Black, Gregersen et Mendenhall l'illustrent par l'exemple résumé ci-après :

Un manager marketing au Pérou devrait avoir un degré d'interaction avec les locaux plus élevé qu'un expert sur une plate-forme pétrolière en Arabie Saoudite. Le premier peut avoir des contacts constants avec les clients locaux et les milieux liés à la communication alors que le second peut n'avoir que rarement l'occasion de s'adresser à un Saoudien dans ou hors de son travail.

La notion de « dureté de la culture » exprime l'idée qu'il est plus facile de s'adapter à certaines cultures qu'à d'autres. La « quantité » et la « qualité » de l'expérience antérieure sont supposées réduire cette dureté. D'autre part, les travaux d'Hofstede[19] montrent que par rapport à certaines dimensions les pays sont plus ou moins proches.

Selon Tung, la dureté de la culture et la dureté de la communication permettent de mettre l'accent essentiellement sur la tâche à accomplir ou alors de choisir plutôt une formation à contenu plus « culturel » visant le développement des capacités interculturelles de l'individu et les aspects culturels de sa tâche.

La notion de « dureté du travail » fait référence à tout ce que le travail peut avoir de nouveau en termes, par exemple, de plus grande autonomie, de liberté, de responsabilités ou d'implication personnelle. La recherche montre que l'adaptation au travail est plus facile que celle concernant la culture ou la communication[20]. La formation apparaît alors peut-être moins nécessaire à ce niveau.

Le degré de rigueur de la formation devrait dépendre alors de la « dureté » des trois éléments que sont la culture, la communication et le travail. De plus, comme le montre le modèle de formation interculturelle de Mendenhall, Dunbar et Oddou[21], la longueur du séjour importe. Un séjour d'un mois, selon le modèle, peut correspondre à un degré de rigueur faible alors qu'au-delà d'une année une forte rigueur semble de mise. Ce modèle, prenant en compte à la fois la longueur de la formation, son contenu, le degré de rigueur et la longueur du séjour, semble plus orienté sur l'aspect culturel que sur celui de tâche.

Figure 12.1 : Modèle de formation interculturelle

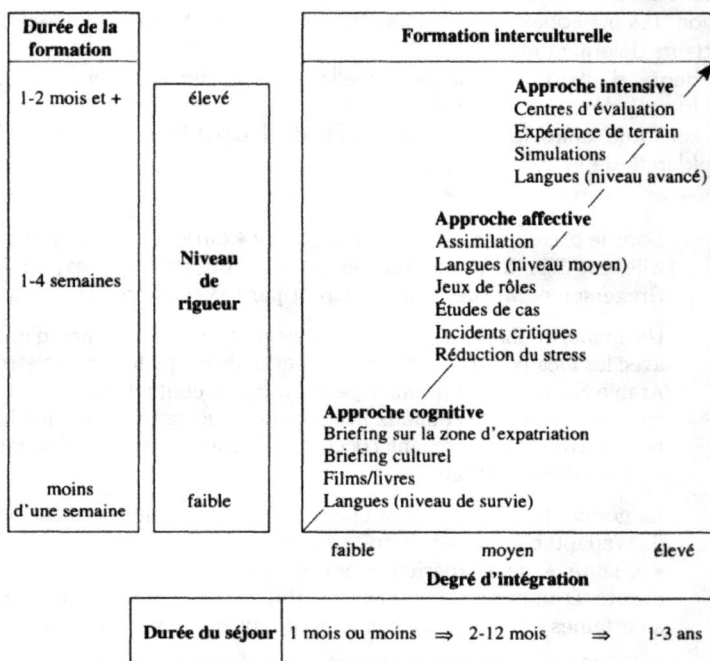

Durée de la formation		Formation interculturelle
1-2 mois et +	élevé	**Approche intensive** Centres d'évaluation Expérience de terrain Simulations Langues (niveau avancé)
1-4 semaines	**Niveau de rigueur**	**Approche affective** Assimilation Langues (niveau moyen) Jeux de rôles Études de cas Incidents critiques Réduction du stress
moins d'une semaine	faible	**Approche cognitive** Briefing sur la zone d'expatriation Briefing culturel Films/livres Langues (niveau de survie)

faible   moyen   élevé

Degré d'intégration

Durée du séjour	1 mois ou moins	⇒	2-12 mois	⇒	1-3 ans

Source : d'après Mendenhall, Dunbar et Oddou, 1987, p. 338.
Copyright © 1987 John Wiley & Sons, Inc. Reproduit avec autorisation.

Ce modèle comporte une limite majeure. En effet, aucune base théorique n'émerge explicitement comme fondement d'un modèle qui peut alors apparaître intuitif. D'autres chercheurs[22] évitent cet écueil en introduisant la théorie de l'apprentissage social dans leur modèle qui relie la formation interculturelle à l'adaptation et la performance de l'expatrié.

Néanmoins, des données empiriques concernant ces deux modèles font encore cruellement défaut. Ils ne peuvent alors que donner des lignes directrices aux organisations en termes de formation. Il semble utile de développer quelques exemples de formation afin d'avoir un aperçu des pratiques des organisations.

2.3. Exemples et contenu des formations

Un rapport pour la Commission des Communautés européennes[23] signale trois organismes actuellement reconnus par les entreprises comme efficaces pour préparer sur le plan culturel le départ du personnel à l'étranger :

- Farnham Castle (aptitude à la langue, négociation internationale, communication interculturelle) ;
- CIBS (Cabinet néerlandais spécialisé proposant des programmes d'orientation) ;
- SAS (formation pour l'ensemble des pays scandinaves).

L'auteur du rapport note (p. 60) que :

« Toutes ces initiatives concourent au moins à deux objets :

- *sensibiliser le candidat à l'expatriation et sa famille aux différences culturelles et à une nouvelle culture afin de développer leurs capacités d'adaptation ;*

- *former l'expatrié à l'encadrement de personnel étranger. »*[24]

Nombreuses sont les multinationales européennes étudiées par Tung[25] qui utilisent les formations offertes par le « Center for International Briefing » à Farnham Castle au Royaume-Uni. Une présentation succincte de certains programmes proposés illustre ce que peut être une formation interculturelle. Le centre offre, par exemple, deux types de programmes résidentiels, un programme régional de quatre jours (deux jours pour l'Europe) et un programme de conscience culturelle d'une semaine. Ces programmes sont généralement suivis par l'expatrié et son conjoint. Le programme régional se concentre sur la région spécifique ou le pays dans lequel l'individu est envoyé. Il s'agit d'informations factuelles concernant les facteurs historiques, politiques, religieux et économiques qui façonnent la mentalité des habitants d'une région. L'accent est principalement mis sur les différences entre le pays d'origine et celui d'accueil. L'information est véhiculée *via* un mélange de conférences, de présentations audiovisuelles et de discussions avec des intervenants extérieurs. Ces intervenants peuvent être des expatriés rentrés du pays dont il est question ou des nationaux de ce pays. Le programme résidentiel de prise de conscience ne se concentre pas sur une région du monde. Le but est plutôt d'élargir la compréhension et la sensibilité aux autres pays à travers des conférences et des exercices.

Cet exemple illustre que la formation peut être générale ou spécifique à une culture. Gertsen[26] indique que la formation générale a pour objet de faire comprendre aux personnes les variations de comportements déterminées par la culture en général, en d'autres mots de leur donner une large compréhension de la signification du concept de culture. Ce type de formation repose sur l'hypothèse qu'une compréhension de sa propre culture signifie une meilleure possibilité de comprendre la culture des autres. Quant à la formation spécifique, elle a pour objectif de rendre les personnes compétentes dans une culture particulière. L'auteur introduit également la distinction entre formation traditionnelle et formation expérimentale selon l'implication des participants, élevée dans le deuxième type. Les formateurs utilisent les deux approches, étant donné qu'aucune ne donne satisfaction employée seule. Gertsen parvient alors à présenter quatre types de formation, exposées dans la figure 12.2.

Figure 12.2 : Quatre types de formation

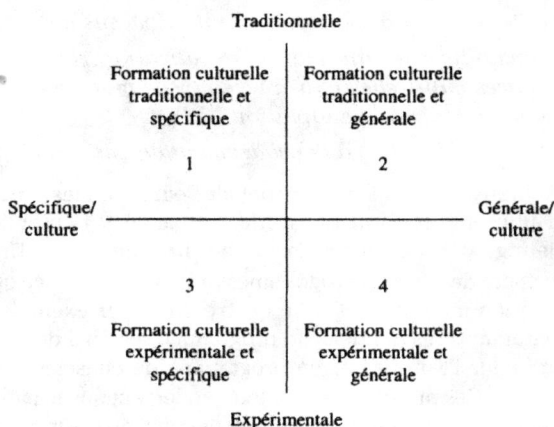

Traditionnelle

Formation culturelle traditionnelle et spécifique	Formation culturelle traditionnelle et générale
1	2

Spécifique/culture — — — — — — — — — — — — — — Générale/culture

3	4
Formation culturelle expérimentale et spécifique	Formation culturelle expérimentale et générale

Expérimentale

Source : d'après Gertsen, 1990, p. 354.

La formation traditionnelle et spécifique à la culture (1) couvre des domaines d'un pays aussi variés que, par exemple, la géographie, l'économie, l'attitude envers le temps et l'espace, la communication non verbale, la religion, les normes comportementales.

Lorsque cette formation est générale (2), elle consiste entre autres en des conférences dans des domaines tels que l'anthropologie, la communication interculturelle ou la psychologie interculturelle. Les phases d'adaptation avec la célèbre courbe en U font l'objet par exemple d'une présentation.

Les formations expérimentales spécifiques à une culture (3) comportent des jeux de rôles et de simulation dont le but est de rendre les participants plus compétents dans une culture donnée.

Les mêmes exercices constituent la formation expérimentale générale (4), à la différence près qu'ils ne sont pas rattachés à une culture particulière. L'approche de Gertsen est une manière alternative de présenter la formation interculturelle par rapport à celles proposées précédemment. Elle rejoint les différentes formations exposées par Tung à partir de l'exemple du Farnham Castle.

Au côté de ces formations, la plupart des firmes européennes étudiées par Tung offrent également aux familles l'opportunité de discuter de leur mission avec des expatriés qui sont rentrés. Ces expatriés peuvent ainsi mettre au courant les futurs expatriés et leur conjoint sur la situation à l'étranger. L'étude de Briody et Chrisman[27] sur quinze familles d'expatriés de General Motors confirme la pertinence des résultats établis une trentaine d'années auparavant, selon lesquels :

> *« La formation culturelle est bien plus bénéfique si elle est construite autour de situations véritables que les personnes peuvent rencontrer dans une zone particulière ».*

2.4. Pratiques des organisations

La panoplie des méthodes de formations interculturelles est large. Pourtant, les organisations ne semblent pas en faire une utilisation suffisante.

2.4.1. INSUFFISANCE GÉNÉRALE

La formation préparatoire à une affectation à l'étranger n'est pas toujours satisfaisante. L'étude de Domsch et Lichtenberger[28] se concentrant sur onze filiales allemandes ou sociétés mixtes au Brésil et en Chine révèle que la formation dans les compagnies allemandes ne couvre pas la variété des challenges informationnels et comportementaux d'une affectation à l'étranger. Seul le contenu professionnel de la mission et les cours de langues sont abordés. Derr et Oddou[29] mentionnent deux études récentes de managers expatriés ayant moins de 40 ans montrant l'insuffisance des formations. En effet, elles révèlent le fait surprenant que 65 % des expatriés n'ont reçu ni formation, ni orientation avant leur départ, 35 % avaient le sentiment que leur entreprise avait fait un effort pour les préparer à maximiser leur expérience, et seulement 26 % de ceux-là avaient le sentiment que la formation était efficace et adéquate.

Black et Gregersen[30] mentionnent que sur les 220 managers américains expatriés au Japon, en Corée, à Taiwan et Hong Kong qui ont répondu à leur enquête, seulement 25 % ont reçu une formation. Les auteurs signalent également que les personnes formées l'ont été de manière très courte dans le temps. Cette constatation pourrait expliquer que la formation interculturelle fournie par l'entreprise ne soit pas significativement associée à l'adaptation au travail ou aux conditions générales de vie. En outre, la recherche montre un lien négatif entre la formation interculturelle et l'adaptation à l'interaction. Une formation faible en termes de quantité pourrait conduire à ce résultat surprenant. Les auteurs suggèrent dans l'étude du lien adaptation-formation de prendre en compte la qualité de la formation. Notre recherche a donc considéré la formation non seulement en termes de quantité (heures de formation) mais également en termes de qualité (type de formation, contenu et initiateur de la formation). Les résultats indiquent pour les expatriés français des résultats similaires à ceux mentionnés ci-dessus pour les expatriés américains au Japon.

2.4.2. CAS DES EXPATRIÉS FRANÇAIS

La recherche sur les expatriés français étudie dans quelle mesure il existe un lien entre la formation et l'adaptation anticipée.

■ *Dans ce but, des tests de différence de moyenne sont effectués pour examiner si les moyennes de l'adaptation anticipée au travail, à l'interaction et aux conditions générales de vie sont différentes entre les personnes qui ont suivi une formation interculturelle et celles qui n'en ont pas suivi.* ■

En fait, l'adaptation anticipée au travail, l'adaptation anticipée à l'interaction et l'adaptation anticipée générale sont, en moyenne, semblables entre les personnes qui ont suivi une formation et celles qui n'en ont pas reçu. Le fait que la formation ne soit pas reliée aux différentes formes d'adaptation dans notre étude s'explique principalement par le faible nombre de personnes formées.

Ainsi, sur l'ensemble des 293 cadres français expatriés qui ont répondu au questionnaire de l'enquête, 58,9 % n'ont suivi aucune formation interculturelle avant le départ. Les cadres formés représentent donc la minorité. Cette formation est fournie par l'organisation dans 76 % des cas, conjointement par l'organisation et le cadre dans 22 % des cas. En dehors des deux situations précédentes, seulement 1,7 % des cadres se forment par leurs propres moyens.

Comme le montre le tableau 12.3, les personnes formées ont surtout étudié les langues.

Parmi les personnes formées, 83,2 % ont reçu une formation en langues. La durée moyenne de cette formation est de 58,6 heures. La moitié des personnes ont eu une formation ne dépassant pas les 40 heures. Par rapport à la population totale, seulement 33,8 % des expatriés ont suivi une formation en langues. Ce pourcentage contraste avec le niveau dans la langue du pays d'affectation. En effet, 40,3 % des expatriés jugent leur niveau avant le départ comme faible à plutôt faible et 16,2 % d'entre eux le considèrent comme moyen.

Tableau 12.3 : Classement des formations reçues

Type de formation	Personnes formées (%)		Durée de la formation (Heures)	
	Formées	Total	Moyenne	Médiane
Études de langues	83,2	33,8	58,6	40,0
Programmes documentaires	27,7	11,3		
Programmes interpersonnels	10,9	4,4	18,5	16,0
Programmes d'assimilation	9,2	3,8		

Loin derrière la formation en langues viennent les programmes documentaires avec 27,7 % de personnes formées. Ce sont les formations les plus accessibles. Les programmes interpersonnels et les programmes d'assimilation ne concernent qu'environ 10 % des personnes formées. Ces trois programmes considérés comme un tout sont en moyenne d'une durée de 18,5 heures.

La rigueur de la formation dépend, dans la littérature, de la « dureté » de la culture. Une analyse de la variance montre que les différents pays ou zones géographiques de l'étude n'ont pas la même dureté culturelle. Nous avons montré dans le chapitre consacré à la culture que la nouveauté culturelle ou la dureté culturelle n'est pas la même selon les zones étudiées. L'Europe est la zone géographique la moins difficile pour les expatriés français alors que la zone Asie-Pacifique est la plus délicate. Cette dernière zone exigerait alors une rigueur de la formation plus importante. D'ailleurs la recherche met en lumière pour les expatriés français un lien entre l'existence d'une formation culturelle et la « dureté de la culture » du pays d'affectation. En d'autres termes, plus le pays d'affectation est difficile au niveau culturel, plus les expatriés français ont reçu une formation. En revanche, cette formation, comme nous l'avons mentionné, manque de rigueur, se limitant souvent à des études de langues.

▼ Points clés

L'existence d'une expérience internationale antérieure ainsi que la formation interculturelle sont deux facteurs qui peuvent réduire l'incertitude des personnes quant à leur future mobilité internationale. Ainsi, leur adaptation dans le pays d'accueil sera-t-elle facilitée.

La majorité des expatriés français dans notre recherche ont eu une expérience internationale avant leur affectation. L'existence d'une telle expérience a réduit leur incertitude quant aux conditions générales de vie du pays d'affectation.

La formation interculturelle recouvre tout un éventail de méthodes. Ces différentes méthodes ne présentent pas toutes la même rigueur. La notion de rigueur de la formation inclut à la fois la durée de la formation et le degré de participation des individus dans la formation interculturelle.

En général les organisations forment peu ou mal leurs futurs expatriés. Les résultats sont semblables pour les expatriés français. Peu d'entre eux reçoivent une formation. Quand ils sont formés, cette formation est peu rigoureuse.

▼ Fil d'Ariane

L'existence d'une expérience internationale antérieure facilite indirectement l'adaptation générale des cadres expatriés français *via* l'adaptation anticipée générale. L'existence d'une telle expérience n'a, en revanche, pas d'influence sur l'adaptation au travail et l'adaptation à l'interaction.

Les résultats de cette étude suggèrent également que les expatriés reçoivent peu de formation avant le départ et que cette formation n'a pas de lien avec les différentes formes d'adaptation. Cependant, on ne peut pas conclure que la formation interculturelle est inefficace en général. L'existence d'une formation ne suffit pas. Elle doit être de bonne qualité, c'est-à-dire en adéquation avec la « dureté de la culture ». Aussi, si la formation en langues est nécessaire, elle n'est pas suffisante. Les programmes documentaires sont facilement accessibles pour les individus. Des programmes plus rigoureux comme les programmes d'assimilation et les programmes interpersonnels présentés dans cette recherche sont peut-être plus du ressort de l'organisation.

Un dernier déterminant exposé dans le modèle théorique de l'adaptation des expatriés est l'adaptation du conjoint ou du partenaire de l'expatrié qui l'accompagne à l'étranger. Le chapitre suivant examine cette variable.

Pistes d'action

Les entreprises

Former les expatriés avant leur départ à leur nouvel environnement interculturel.

Former de manière rigoureuse en adaptant les méthodes de formation interculturelle à la « distance » culturelle, le niveau de communication impliqué dans l'affectation internationale et le niveau de nouveauté dans le travail confié à l'expatrié.

Continuer à les former une fois dans le pays d'accueil, dans la logique de la formation séquentielle, jugée aujourd'hui comme la plus efficace.

Envisager la mise en place d'un système de coaching interculturel où l'expatrié est accompagné dans sa prise de fonction et dans les premières étapes de la mobilité internationale.

Les salariés

Se confronter le plus tôt possible à des mobilités internationales facilite l'adaptation internationale.

Ne pas hésiter à demander une formation interculturelle, pour vous et votre famille, avant une mobilité internationale, surtout pour des pays difficiles en termes d'adaptation internationale.

Veiller à ce que la formation interculturelle proposée soit suffisamment rigoureuse en fonction du pays d'accueil et de la nature de votre mission.

Obtenir une formation interculturelle pendant les premières étapes d'une mobilité internationale s'avère également incontournable pour une réussite d'expatriation.

Notes

1. Church, 1982, p.549, Sojourner adjustment.

2. Black, Mendenhall et Oddou, 1991, Toward a Comprehensive Model of International Adjustment : An Integration of Multiple Theoretical Perspectives ; Church, 1982, Sojourner adjustment.

3. Louis, 1980b, Career Transitions : Varieties and Commonalities.

4. Pinder et Schroeder, 1987, Time to proficiency following transfers.

5. Black, 1988, Workrole transition : A study of American expatriate managers in Japan.

6. Parker et McEvoy, 1993, Initial examination of a model of intercultural adjustment.

7. Torbiörn, 1982, Living Abroad : Personal Adjustment and Personnel Policy in the Overseas Setting.

8. Black et Mendenhall, 1990, Cross-cultural training effectiveness : A review and theoretical framework for future research.

9. Black et Mendenhall, 1990, p. 120, Cross-cultural training effectiveness : A review and theoretical framework for future research.

10. Black, Mendenhall et Oddou, 1991, Toward a Comprehensive Model of International Adjustment : An Integration of Multiple Theoretical Perspectives ; Black et Mendenhall, 1990, Cross-cultural training effectiveness : A review and theoretical framework for future research.

11. Deshpande et Viswesvaran , 1992, Is cross-cultural training of expatriate managers effective : a meta analysis.

12. Deshpande et Viswesvaran , 1992, p.306, Is cross-cultural training of expatriate managers effective : a meta analysis.

13. Tung, 1981, Selection and Training of Personnel for Overseas Assignments.

14. Earley, 1987, Intercultural training for managers : A comparison of documentary and interpersonal methods.

15. Hammer et Martin, 1992, The effects of cross-cultural training on American managers in a Japanese-American joint-venture.

16. Pruegger et Rogers, 1994, Cross-cultural sensitivity training : Methods and assessment.

17. Black, Gregersen et Mendenhall, 1992, p.97, Global Assignments.

18. Tung, 1981, Selection and Training of Personnel for Overseas Assignments.

19. Hofstede, 1980, Culture's Consequences : International Differences in Work Related Values.

20. Black, Gregersen et Mendenhall, 1992, Global Assignments.

21. Mendenhall, Dunbar et Oddou, 1987, Expatriate Selection, Training and Career-Pathing : A Review and Critique.

22. Black et Mendenhall, 1990, Cross-cultural training effectiveness : A review and theoretical framework for future research.

23. Deroure, 1992, Mobilité professionnelle en Europe : dimension familiale et pratiques d'entreprise.

24. Deroure, 1992, p.60, Mobilité professionnelle en Europe : dimension familiale et pratiques d'entreprise.

25. Tung, 1987, Expatriate Assignments : Enhancing Success and Minimizing Failure.

26. Gertsen, 1990, Intercultural competence and expatriates.

27. Briody et Chrisman, 1991, p. 278, Cultural Adaptation on Overseas Assignments.

28. Domsch et Lichtenberger, 1991, Managing the global manager : Predeparture training and development for German expatriates in China and Brazil.

29. Derr et Oddou, 1993, Internationalizing Managers : Speeding Up the Process.

30. Black et Gregersen, 1991, Antecedents to Cross-Cultural Adjustment for Expatriates in Pacific Rim Assignments.

CHAPITRE 13

L'ADAPTATION DU CONJOINT

▼ **Repère**

Le chapitre 12 a examiné dans quelle mesure l'existence d'une expérience internationale antérieure à une expatriation donnée et la formation interculturelle peuvent influencer l'adaptation anticipée des personnes.

Ce chapitre poursuit l'étude de l'adaptation des personnes en situation de mobilité internationale en se focalisant sur le partenaire de l'expatrié. Plus particulièrement, il examine l'adaptation des protagonistes de la mobilité internationale lorsque cette dernière est vécue en couple.

La mobilité internationale est le plus souvent vécue en couple. Dans notre recherche, 83,3 % des cadres expatriés le sont avec leur conjoint qui les accompagne. Ces conjoints sont essentiellement des femmes. Nous avons déjà mentionné que la disposition d'un salarié envers la mobilité internationale tient fortement compte de la disposition de son conjoint. Dans le modèle de l'adaptation internationale de l'expatrié que nous avons retenu, l'adaptation du conjoint est une variable d'environnement qui est supposée influencer l'adaptation de l'expatrié.

1. Adaptation du conjoint et du salarié expatrié

Dans les sections suivantes, nous montrons que les travaux anglo-saxons sur la mobilité internationale indiquent que l'adaptation du conjoint accompagnateur et celle du salarié expatrié sont de nature différente. Ils signalent également que le conjoint peut se retrouver devant le fait accompli lors d'une décision d'expatriation. Nous avons introduit cette question dans le chapitre sur la liberté de choix avec l'éclairage de la théorie des images pour comprendre la concertation d'une décision pour un couple face à la mobilité internationale. Enfin, nous interrogeons, avant d'examiner le cas des expatriés français, le sens de la relation entre l'adaptation du partenaire accompagnateur et celle du salarié expatrié.

1.1. Différence de nature

Quand un conjoint suit son partenaire employé à l'étranger, il a un contact plus direct avec l'aspect « étranger » de la nouvelle culture. Le partenaire salarié travaille généralement dans la couche de la société la plus internationale alors que le conjoint rencontre des personnes « plus locales ». Alors que le salarié a souvent une secrétaire ou un collègue pour lui expliquer les coutumes étrangères, le conjoint doit compter sur ses propres capacités et sa propre ingéniosité.

Ce conjoint est le plus souvent une femme. « Même dans les années 90, les femmes ont encore trois fois plus de chance d'accompagner leur mari lors d'une affectation à l'étranger que l'inverse, et plus de la moitié des femmes envoyées à l'étranger sont célibataires » remarquent Reynolds et Bennett[1]. Stone[2] avance, sur la base d'une étude de Moran, Stahl et Boyer Inc, que 5 % des expatriés américains sont des femmes. La recherche de l'auteur confirme la persistance des trois mythes, mis en lumière par Adler[3], concernant les femmes expatriées, à savoir :

1. Les femmes ne veulent pas être des managers internationaux.

2. Les compagnies refusent d'envoyer des femmes à l'étranger.

3. Les préjugés envers les femmes dans certains pays rendent celles-ci inefficaces.

En Europe, les femmes représentent moins de 5 % des salariés expatriés[4]. Une publicité récente concernant la Sécurité sociale des expatriés, dans un hebdomadaire spécialisé en gestion des ressources humaines[5], voyait les collaborateurs expatriés des entreprises comme principalement des hommes, les femmes étant simplement des « accompagnatrices ». Dans cette situation, une femme n'est donc pas envoyée à l'étranger pour remplir une mission professionnelle mais parce que l'organisation qui emploie son mari le transfère sur un poste à l'international. Alors que l'homme côtoie d'autres expatriés dans le cadre de son travail, la femme se sent plus isolée dans l'univers de son foyer. Ce tableau sommaire conduit Adler[6] à présenter la mobilité internationale comme « plus dure pour le conjoint ».

Selon le même auteur, la femme peut souffrir de solitude et éprouver un sentiment d'exclusion. Elle a laissé sa famille et ses amis au pays et les absences fréquentes du partenaire employé aggravent les difficultés présentes pour s'adapter au nouvel environnement. De plus, l'auteur signale que beaucoup de femmes se décrivent comme passant de nombreuses heures à ne rien faire.

« Elles vivent dans des « cages dorées » : elles ont de jolies maisons
et des domestiques mais n'ont pas de rôle significatif à remplir »[7].

Un des principaux résultats de l'étude qualitative de Briody et
Chrisman[8] parvient à la même conclusion. Les conjoints (uniquement
des femmes) font l'expérience d'une période d'adaptation plus difficile
et prolongée que les salariés. Cette plus grande difficulté des conjoints
est due, selon les auteurs, à leur manque initial d'affiliation organisationnelle et d'appartenance à des réseaux sociaux. Dans l'étude sur
General Motors, les modèles d'adaptation diffèrent pour les salariés et
leur conjoint. Deux composantes principales du style de vie à l'étranger
ont été dégagées des interviews :

• interaction sociale avec les nationaux du pays d'accueil ;
• interaction sociale avec la communauté des expatriés.

Les auteurs utilisent ces deux composantes pour approcher l'adaptation
à l'étranger. Cette dernière est évaluée à partir de la lecture totale de
chacune des interviews. Ce sont les relations personnelles qui sont
prises en compte, les interactions sociales contenant de nombreuses
facettes (par exemple, fréquence des contacts, multitude des contacts,
durée de l'échange, nature et contenu de l'échange ou encore le
contexte dans lequel l'échange a lieu). Les « véritables modèles d'adaptation » dégagés par Briody et Chrisman pour les hommes salariés et
leur partenaire femme, à partir d'un échantillon de quinze foyers, sont
présentés dans la figure 13.1.

Figure 13.1 : Modèles d'adaptation pour le salarié et le conjoint

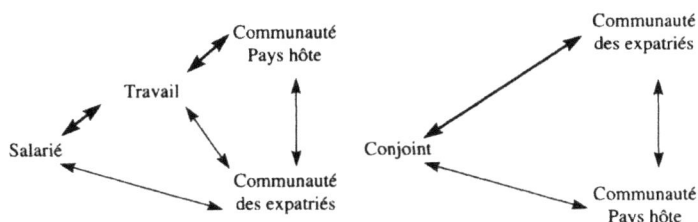

Source : d'après Briody et Chrisman, 1991, p. 269-270.

Ces modèles montrent que les salariés interagissent dans une plus
grande mesure avec les nationaux du pays d'accueil alors que les
conjoints interagissent principalement avec la communauté des expatriés (représenté par l'épaisseur des flèches). La présence d'une forte
communauté d'expatriés peut expliquer la forte interaction des
conjoints avec cette dernière. Cependant, les réponses des conjoints
font apparaître que leurs premiers contacts se font avec la culture du
pays d'accueil. En effet, il leur incombe souvent de résoudre les affaires

du foyer. Au contraire, les salariés ont pour routine quotidienne leur travail, ce qui leur permet de ne pas se préoccuper autant de la culture du pays d'accueil. Les difficultés des conjoints sont surtout aiguës en début de séjour[9].

Le travail semble faciliter l'adaptation des expatriés, particulièrement lorsqu'il présente un degré de nouveauté faible. Le conjoint a rarement l'aide de cette activité structurante. Face aux difficultés légales restrictives ou au marché du travail, certains conjoints doivent renoncer à leur carrière à l'extérieur de leur pays. Pour d'autres, il peut s'agir d'un choix. Cette non appartenance à une structure sociale semble être la source de difficultés d'adaptation du conjoint qui atteignent par ricochet l'adaptation du salarié.

Une autre source de difficultés peut résider dans le mécanisme même de la prise de décision quant à la mobilité internationale.

1.2. Conjoint et décision de mobilité internationale

L'adaptation du conjoint rejoint la question de la décision d'expatriation abordée sous l'angle de la possibilité de refus du conjoint de s'expatrier. Adler[10] se demande si une femme, en tant qu'accompagnatrice, peut refuser un transfert à l'étranger. Elle présente ainsi ce qu'elle qualifie de « décision prise à l'avance » :

« Bien que la compagnie et le salarié croient habituellement que la femme a un rôle dans la décision de bouger internationalement, elle l'a rarement en réalité. De subtiles pressions découragent une discussion pesant le pour et le contre du transfert. Un salarié a souvent le sentiment qu'il pourrait décevoir la compagnie s'il n'acceptait pas et sa femme qu'elle pourrait décevoir son mari... Un salarié a souvent le sentiment qu'il pourrait compromettre sa carrière en disant non, et sa femme est peu disposée à ne pas être d'accord. Dans une période où la communication est critique, une communication ouverte est souvent absente. »

L'auteur illustre cette situation par le cas des « Carpenter », couple américain avec trois enfants. Pour l'homme la mobilité est significative de promotion et de défis importants. La femme a le sentiment de ne pas pouvoir choisir, sentiment renforcé lors du repas chez le patron du mari. L'objectif de ce repas devait permettre au couple de réfléchir sur la possibilité d'une mobilité internationale en Amérique latine. En fait, tout concourt à renforcer le sentiment de la femme que la décision est déjà prise, son mari répondant même pour elle favorablement envers la perspective de s'expatrier.

Les résultats de la recherche de Brett et Stroh[11] semblent aller à l'encontre de la situation décrite par Adler. Leur recherche démontre que la disponibilité des managers américains pour une affectation internationale dépend fortement de leur conjoint. Néanmoins, dans un cas, il s'agit d'intentions face à une mobilité hypothétique alors que dans l'autre, il s'agit d'une description d'une décision concrète de mobilité. La concertation dans la prise de décision peut alors faire défaut. Elle ne présage pas d'une bonne adaptation pour les deux protagonistes du couple concernés par la mobilité internationale. La littérature sur la mobilité internationale établit généralement que c'est l'adaptation du conjoint accompagnateur qui influence celle du salarié expatrié.

1.3. Influence réciproque ?

Le niveau de performance du salarié qui a été transféré peut pâtir des difficultés rencontrées chez son conjoint[12]. L'expatrié peut avoir toutes les qualités requises pour une adaptation internationale réussie et pourtant finir prématurément sa mission à l'étranger si son conjoint ou l'ensemble de sa famille ne parvient pas à s'adapter. Les problèmes reliés à la non adaptation du conjoint et de la famille sont avancés comme une des causes majeures de l'échec de l'expatrié[13]. Certains[14] y voient la cause la plus importante. Pourtant, les conjoints sont parfois ignorés dans le processus de sélection par les entreprises multinationales.

Black, Gregersen et Mendenhall[15] signalent que les conjoints sont interviewés et participent à une réunion préparatoire dans 52 % des cas aux États-Unis, 41 % en Europe, 28 % dans les pays scandinaves. Quant au Japon, la famille n'étant pas une préoccupation dans le processus de sélection, le conjoint est totalement négligé. Ces faibles taux sont justifiés par les employeurs qui considèrent que la vie privée des salariés est leur propre affaire et ne devrait donc pas être un sujet de considération pour l'entreprise[16]. Cette volonté affichée des employeurs de ne pas vouloir s'immiscer dans la vie privée du salarié est certes louable. Cependant, comme le remarque Hall[17], « ils s'immiscent déjà dans sa vie privée et familiale à travers l'exigence d'une performance élevée, des voyages, des transferts et autres pressions de travail ».

L'étude du lien adaptation du conjoint-adaptation de l'expatrié conduit à examiner la relation travail-famille. À la suite des travaux de Kanter[18], les influences mutuelles des expériences du travail et de la famille sont de plus en plus étudiées. Lambert[19] procède à une revue critique des différentes théories du lien travail-famille. Le « spillover » ou « débordement » d'une sphère sur l'autre semble la théorie la plus pertinente dans la mesure ou les différentes études sur les transferts, nationaux et internationaux, mettent en exergue l'existence d'une interaction entre ces deux sphères. L'explication théorique majeure de la relation entre les conjoints concernant le lien travail-famille envisage le débordement dans la direction salarié-conjoint. Le débordement implique alors que les expériences de travail d'un conjoint affectent l'état psychologique de l'autre conjoint[20]. L'effet de « débordement » de la vie de famille dans le lieu de travail est la partie négligée de l'étude de l'interaction travail-famille[21]. Cette constatation générale ne s'applique pas aux études sur la mobilité internationale. En effet ces études abordent la relation dans le sens conjoint-expatrié. C'est l'adaptation du conjoint qui est supposée affecter celle du cadre expatrié.

L'« effet débordement » n'a pas été beaucoup examiné en utilisant les données fournies par les expatriés eux-mêmes. Mais les études, très rares jusqu'à présent, tendent à se multiplier[22]. Ces études concluent que l'adaptation de l'expatrié et l'adaptation de son conjoint sont fortement corrélées. Black et Stephens[23] parviennent à ce résultat en mesurant l'adaptation du conjoint de la même manière que celle du salarié. L'adaptation au travail n'est pas abordée, les conjoints, selon les auteurs, travaillant rarement lors de leur séjour à l'étranger.

▨ L'adaptation générale du conjoint est mesurée avec les mêmes items que ceux des expatriés, à savoir :
1. Conditions de vie en général.
2. Conditions de logement.
3. Nourriture.
4. Shopping.
5. Coût de la vie.
6. Les facilités et opportunités pour se détendre.
7. Les facilités pour se faire soigner.
L'adaptation à l'interaction du conjoint ne reprend que deux des quatre items de l'adaptation à l'interaction de l'expatrié que nous rappelons ci-après :
1. Socialisation avec les nationaux hôtes.
2. Contacts avec les nationaux hôtes en général.
3. Contacts avec les nationaux hôtes en dehors du travail.
4. Parler avec les nationaux hôtes.
Les auteurs ont écarté un item faisant référence au travail (item 3) et celui « parler avec les nationaux hôtes » ce qui paraît plus discutable, les auteurs ne justifiant pas ce choix. Au total, 157 épouses d'expatriés américains en Asie ont répondu par questionnaire à leur adaptation concernant ces neuf éléments. L'analyse factorielle des neuf items résulte bien en deux facteurs représentant l'adaptation générale et à l'interaction. ▨

Dans les résultats de Black et Stephens relatifs à la mobilité internationale des nord-américains, l'adaptation générale du conjoint est reliée aux trois facettes de l'adaptation de l'expatrié, alors que l'adaptation à l'interaction du conjoint est seulement reliée au même type d'adaptation chez l'expatrié. Les auteurs sont parmi les premiers à avoir tenté de vérifier empiriquement l'existence d'une relation entre l'adaptation de l'expatrié, son intention de rentrer prématurément ou non et l'adaptation de son conjoint. L'adaptation du conjoint et celle de son partenaire salarié sont reliées positivement à l'intention de rester de ce dernier. En revanche, aucune recherche ne semble avoir étudié dans quelle mesure l'adaptation de l'un a le plus d'influence sur l'adaptation de l'autre. L'adaptation de l'expatrié peut favoriser l'adaptation de son conjoint et inversement l'adaptation du conjoint peut avoir un effet positif sur l'adaptation de l'expatrié. Des recherches supplémentaires doivent être conduites sur l'interdépendance de l'adaptation du conjoint et de l'expatrié avant que puisse être obtenue une compréhension complète du processus selon Black et Gregersen[24].

Notre recherche sur les expatriés français tente de contribuer, à son niveau, à cette compréhension du lien entre l'adaptation du salarié expatrié et l'adaptation de son conjoint (ou partenaire) accompagnateur.

2. Cas des conjoints français

Dans notre recherche, les partenaires accompagnateurs sont essentiellement des femmes, à de rares exceptions près. Comme dans les études anglo-saxonnes susmentionnées, notre recherche examine deux facettes de l'adaptation des partenaires, à savoir leur adaptation générale et leur adaptation à l'interaction. Pour faciliter la comparaison avec ces études, les mêmes mesures sont retenues.

Dans un premier temps, nous comparons l'adaptation du partenaire accompagnateur et celle du cadre français expatrié. Ensuite, nous examinons la relation entre les deux types d'adaptation. Cet examen nous conduit à approfondir la question de l'adaptation du partenaire afin de mieux la comprendre. Le support familial est ensuite abordé. La dernière étape va au-delà du conjoint en soulignant l'importance de la famille dans son ensemble pour l'adaptation de l'expatrié et donc pour la réussite d'une affectation globale.

2.1. Comparaison des adaptations du cadre expatrié et du conjoint

La comparaison entre l'adaptation des cadres français expatriés et des conjoints permet de tester l'hypothèse selon laquelle l'adaptation des conjoints est plus faible que celle des cadres. Ce test porte sur les personnes mariées ou cohabitant.

Les résultats de notre recherche montrent que l'adaptation générale des cadres français expatriés est en moyenne supérieure à l'adaptation générale de leur partenaire. Par contre, il n'existe pas de différence significative entre les moyennes de l'adaptation à l'interaction des cadres français expatriés et l'adaptation à l'interaction de leur partenaire

2.2. Relations entre l'adaptation du cadre et celle de son partenaire

Sur la base des travaux de Black et Stephens[25], nous avons formulé les deux hypothèses selon lesquelles :

1. L'adaptation générale du partenaire devrait être reliée aux trois facettes de l'adaptation du cadre.

2. L'adaptation à l'interaction du partenaire devrait être reliée uniquement à l'adaptation à l'interaction du cadre.

Les auteurs précités ont testé la relation entre l'adaptation du partenaire et celle du conjoint. Ils ont contrôlé le temps passé dans le pays d'affectation et les adaptations du partenaire. Nous procédons de manière similaire. En effet, il semble exister une relation positive entre l'adaptation générale du partenaire et son adaptation à l'interaction. De plus, le temps passé dans le pays d'affectation a un effet positif et significatif sur chacune des formes de l'adaptation. Tout d'abord, la relation entre l'adaptation générale du partenaire et les trois facettes de l'adaptation du cadre français expatrié est examinée en contrôlant l'adaptation à l'interaction du partenaire et le temps de présence dans le pays d'affectation. Ensuite, la relation entre l'adaptation à l'interaction du partenaire et toutes les facettes de l'adaptation du cadre est examinée en contrôlant l'adaptation générale du partenaire et le temps de présence dans le pays d'affectation. Les résultats sont résumés dans le tableau 13.1.

Tableau 13.1 : Corrélation de second ordre entre l'adaptation du cadre
et celle de son partenaire

Adaptation du partenaire	Adaptation du cadre		
	Générale	Interaction	Travail
Générale	0,69***	0,04	0,08
Interaction	-0,11	0,44***	0,05
* p < 0,05 ; ** p < 0,01 ; *** p < 0,001			

Les résultats de notre recherche indiquent que l'adaptation à l'interaction du partenaire est reliée positivement et de manière significative à l'adaptation à l'interaction du cadre uniquement. Cette conclusion, relative aux expatriés français, est identique à celle de Black et Stephens concernant les expatriés américains. En revanche, nos résultats divergent au niveau de l'adaptation générale du conjoint. Contrairement aux résultats des auteurs, l'adaptation générale du partenaire de l'expatrié français est uniquement reliée, de manière positive et significative, à l'adaptation générale de l'expatrié français.

Dans l'analyse de la régression, l'adaptation générale du conjoint est fortement reliée à l'adaptation générale du cadre expatrié français et l'adaptation à l'interaction du conjoint est fortement reliée à l'adaptation à l'interaction du cadre français expatrié.

Pour résumé, nous pouvons retenir, à l'issue de notre recherche sur les expatriés français, que :

L'adaptation générale de l'expatrié est expliquée par l'adaptation générale de son partenaire accompagnateur.
L'adaptation à l'interaction de l'expatrié est expliquée par l'adaptation à l'interaction de son partenaire accompagnateur.

La nature causale de la relation ne peut être déterminée précisément. L'adaptation du partenaire, comme le modèle théorique de l'adaptation en fait l'hypothèse, peut avoir pour effet l'adaptation du cadre. La relation inverse est également possible, avec l'adaptation du cadre entraînant celle de son partenaire. Une relation réciproque d'influence mutuelle paraît peut-être la plus probable, les adaptations des deux parties prenantes du couple se nourrissant mutuellement.

La femme d'un expatrié, lors d'un entretien, indique que la mauvaise adaptation du conjoint influence négativement l'adaptation du cadre :

« *Lorsque la femme est mal adaptée, le cadre essaie de maîtriser cette situation comme le reste. Au bout d'un moment, ça lui rend les choses difficiles. Il devient agressif, son travail marche moins bien, son adaptation s'en ressent.* »

Afin de pouvoir étudier de manière plus approfondie cette relation, les antécédents de l'adaptation du conjoint devraient être mieux connus.

2.3. Antécédents de l'adaptation du partenaire

L'étude des antécédents de l'adaptation du partenaire accompagnateur n'était pas le premier objectif de notre recherche. L'adaptation du partenaire mérite une recherche consacrée à ce seul sujet. Néanmoins, notre recherche aborde trois variables qui permettent d'éclairer l'adaptation du conjoint :

1. Le fait pour le partenaire d'avoir ou non un travail avant l'affectation du salarié.

2. Les réticences personnelles du partenaire (hors travail).

3. Le degré de concertation de la décision.

2.3.1. TRAVAIL DU PARTENAIRE AVANT LE DÉPART

Il apparaît tout à fait intéressant de comparer l'adaptation des conjoints qui travaillaient avant le départ et ceux qui ne travaillaient pas. Il faut noter que 76,4 % des conjoints qui travaillaient avant le départ avaient un revenu inférieur à celui des cadres expatriés. Avant l'affectation à l'étranger, le pouvoir conjugal (revenu et statut) des cadres est supérieur à celui de leur partenaire pour 77,2 % des couples à double carrière. L'abandon de la carrière du conjoint au profit de l'expatrié peut s'expliquer par un pouvoir conjugal plus faible.

Une femme d'expatrié a souligné que :

« *Quand on se retrouve dans un pays étranger, il y a toujours des difficultés à résoudre. Les femmes qui travaillaient avant l'expatriation sont habituées à résoudre des difficultés. Ce sont celles qui font les plus gros efforts de langue, d'activité, de visite du pays et d'intégration.* »

Les résultats statistiques ne confirment pas cette observation. En effet, la moyenne de l'adaptation générale des partenaires accompagnateurs n'est pas significativement différente entre ceux qui travaillaient avant le départ et ceux qui ne travaillaient pas. La même conclusion s'impose pour l'adaptation à l'interaction des conjoints. Le fait d'avoir un travail avant de partir ne constitue peut-être pas un atout pour l'adaptation internationale. Si c'était le cas, cet avantage pourrait être anéanti par une plus grande rupture chez les conjoints qui passent d'une situation de travail à une situation au foyer comme l'exprime cette femme d'expatrié :

« *Celles qui ne travaillaient pas avaient déjà une vie de retrait. Alors que pour les personnes qui travaillaient, il s'agit d'une rupture brutale. On revient dans le giron de la femme au foyer, ce qu'on n'avait pas souhaité. Ce qui est difficile à digérer.* »

2.3.2. RÉTICENCES PERSONNELLES DU PARTENAIRE

Les réticences personnelles du conjoint par rapport à la mobilité peuvent se traduire par des différences d'adaptation.

La moyenne de l'adaptation générale est inférieure pour les partenaires qui avaient des réticences personnelles (hors travail) envers la mobilité internationale en comparaison avec ceux qui n'en avaient pas. La moyenne de l'adaptation à l'interaction est également plus faible pour les partenaires qui avaient des réticences personnelles envers la mobilité internationale.

Ce résultat est important dans la mesure où les adaptations des deux partenaires du couple sont « intimement » liées :

L'adaptation générale et l'adaptation à l'interaction des conjoints sont plus faibles pour les conjoints qui avaient des réticences personnelles envers la mobilité. Cela ne favorise pas l'adaptation des expatriés que ces conjoints accompagnent dans l'affectation globale.

2.3.3. CONCERTATION

Le fait que la décision soit concertée ou non entre les membres du couple peut également apporter un éclairage sur l'adaptation des conjoints. La moyenne de l'adaptation générale n'est pas significativement différente pour les partenaires dont la décision de mobilité internationale est une décision concertée entre les deux membres du couple. En revanche, la moyenne de l'adaptation à l'interaction est supérieure pour les partenaires pour lesquels la décision est concertée dans leur couple en comparaison avec l'adaptation à l'interaction des partenaires dont les expatriés ont pris leur décision sans vraiment les consulter.

Le manque de concertation dans un couple au sujet de la décision d'expatriation est néfaste pour l'adaptation à l'interaction du conjoint. Ce résultat a une conséquence sur l'adaptation de l'expatrié :

L'adaptation du conjoint étant reliée à celle du cadre, l'absence de concertation sur la décision d'expatriation – d'une certaine manière l'expatrié impose la décision au conjoint – est désastreuse pour l'adaptation de l'expatrié *via* la mauvaise adaptation du conjoint.

La question de la concertation a été introduite lors de l'examen de la question du libre choix. Une bonne décision de mobilité internationale est une décision qui conduit à l'adaptation. Lorsque le conjoint n'est pas impliqué dans la décision de mobilité par son partenaire expatrié, son adaptation en pâtit. L'absence de concertation n'est pas un phénomène rare comme le montre notre recherche.

La concertation peut être captée par un item unique ainsi formulé :
Dans quelle mesure votre décision de partir est-elle prise en concertation avec votre partenaire ?
Notre recherche a adressé cette question aux cadres expatriés en leur demandant de se placer dans la situation de prise de décision. Un risque de rationalisation a posteriori *n'est donc pas à exclure. Ils avaient sept options de réponse (1 = pas du tout à 7 = complètement).*

Le conjoint n'ayant pas la possibilité de répondre, la réponse ne reflète que la perspective de la concertation de l'expatrié. Connaître celle du partenaire et comparer les deux apporterait bien évidemment de la richesse aux informations recueillies. Atteindre cet objectif exigeait alors de poser de manière séparée une question similaire au partenaire. Cette approche a été écartée pour des raisons de non-faisabilité dans le cadre de notre étude. ■

Figure 13. 2 Degré de concertation

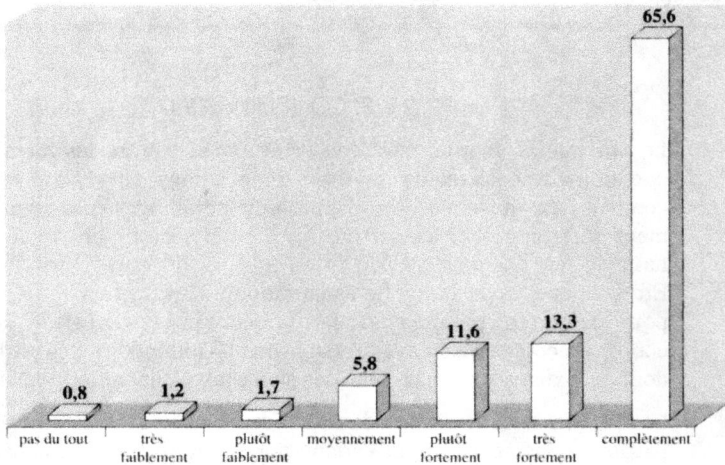

Pour 65,6 % des expatriés français, la décision de mobilité internationale a été complètement prise en concertation avec leur partenaire. Aussi, bien qu'il existe des écarts importants dans la concertation des autres expatriés (pas du tout à très fortement concerté), 34,4 % des personnes partent sans une concertation totale. En considérant les réponses allant de pas du tout à moyennement concerté comme une absence de concertation, près de 10 % des couples sont dans cette situation. C'est un chiffre important étant données les conséquences de l'absence de concertation sur l'adaptation du conjoint, et donc sur celle de l'expatrié.

L'adaptation du conjoint explique l'adaptation du salarié expatrié. Une dernière variable d'environnement qui pourrait également influencer l'adaptation de l'expatrié aux conditions générales de vie et aux contacts avec les membres de la culture d'accueil est le soutien familial.

2.4. Soutien du partenaire lors de l'affectation

Le soutien familial revient principalement dans l'étude de l'adaptation internationale au soutien apporté au salarié par le partenaire au cours de l'affectation. Il est d'ailleurs intéressant de constater que la question du

soutien familial est fortement liée à celle de la concertation de la décision dans le couple. Nous pouvons formuler ce résultat pour les expatriés français de la manière suivante :

**Plus la décision de mobilité internationale est concertée dans un couple confronté
à une décision de mobilité internationale, plus le partenaire « accompagnateur »
apporte son soutien au cadre expatrié pendant l'affectation globale.**

---

*Dans notre recherche, les expatriés se prononcent sur le soutien de leur conjoint pendant
leur séjour à l'étranger à partir d'un choix entre sept options allant d'un soutien nul (pas
du tout soutenu) à un soutien total (complètement soutenu).*

La figure 13.3 indique le niveau de soutien des partenaires aux expatriés
durant l'affectation.

Figure 13.3 : Le soutien des partenaires

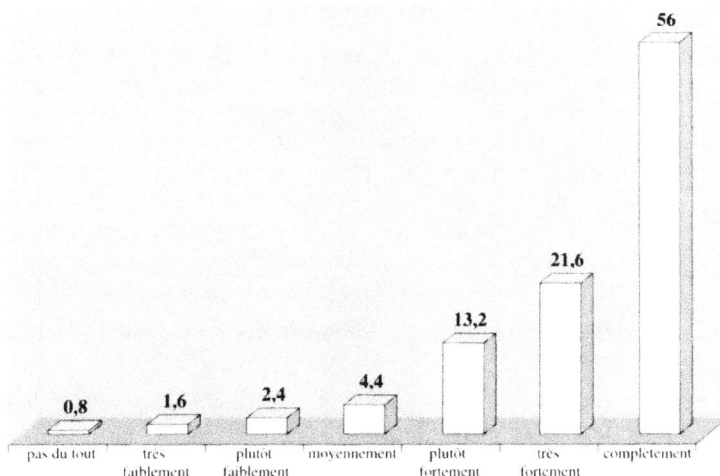

Les expatriés pas du tout soutenus à plutôt faiblement soutenus représentent 4,8 % des répondants. Si nous ajoutons les expatriés moyennement soutenus, nous obtenons 9,2 % des personnes pas vraiment soute-
nues lors de leur séjour par leur conjoint. Ce chiffre est loin d'être
négligeable. Cependant, les cadres indiquent le plus souvent un fort
soutien de leur conjoint.

Il faut noter toutefois que le soutien du conjoint, s'il peut expliquer
l'adaptation générale et l'adaptation à l'interaction de l'expatrié, le fait

seulement de manière indirecte. Les conjoints qui s'adaptent sont peut-être plus aptes à apporter un soutien aux expatriés qu'ils accompagnent, facilitant ainsi l'adaptation de ces derniers.

L'importance de la question du couple a été notée par plusieurs expatriés. Les trois extraits suivants en donnent une illustration :

« Une chose importante m'est apparue très vite après plusieurs mois au Canada, ainsi qu'à mon épouse : il ne faudrait pas partir à l'étranger pour raccommoder un couple battant de l'aile. Le couple doit être fort et soudé, il en ressort plus fort et plus soudé. »

« Lorsqu'un couple explose, l'expatriation n'est en fait qu'un accélérateur, les problèmes existant avant le départ. »

« Cet aspect [le soutien du conjoint] est bien plus important qu'on le croit. L'épouse doit faire face à beaucoup de problèmes et par conséquent être complètement motivée pour cela. »

2.5. Au-delà du conjoint, la famille

Le cadre théorique de Black, Mendenhall et Oddou[26] considère la variable « adaptation de la famille et du conjoint » comme antécédent de l'adaptation du cadre. Notre modèle théorique n'a repris que le conjoint. Notre objectif était de tester la totalité du modèle sur les cadres français expatriés. Il nous semblait difficile de demander aux expatriés d'indiquer le niveau d'adaptation de leurs enfants et encore moins de le demander directement aux enfants. Néanmoins, quelques cadres ont tenu à noter en marge du questionnaire leurs impressions sur l'adaptation des enfants. Le commentaire suivant résume bien leurs propos :

« L'adaptation et la scolarité des enfants peuvent être un très gros problème. »

Au cours des entretiens avec les responsables de la mobilité internationale, lors de la phase de présentation du questionnaire aux organisations, l'adaptation des enfants a été évoquée.

En ce qui concerne les enfants, les difficultés semblent plus aiguës pour les adolescents qui n'arrivent pas à créer des liens durables avec leurs camarades, à cause de la mobilité de leurs parents.

Certains responsables ont attribué des suicides d'adolescents à cette instabilité. Lu et Cooper[27] notent que les adolescents ont plus de problèmes avec un transfert géographique que les plus jeunes enfants.

L'expatrié est le centre de cet ouvrage. Le conjoint est pris en compte, de manière accessoire, dans la mesure où c'est principalement le lien adaptation du conjoint-adaptation de l'expatrié qui est examiné le plus amplement. Des recherches pourraient se concentrer sur les conjoints et les enfants. Se focaliser à la fois sur les expatriés et tous les membres de sa famille est envisageable en conduisant des entretiens sur un petit échantillon, comme l'ont fait Briody et Chrisman[28] sur quinze foyers d'anciens expatriés. Cette approche permettrait de mieux comprendre les liens qui existent entre l'adaptation du conjoint et celle du cadre expatrié. L'étude du degré d'adaptation laisserait la place à celle du mode d'adaptation.

▼ Points clés

- Les partenaires sont en général moins bien adaptés que les salariés expatriés, notamment parce qu'ils n'ont pas l'activité structurante que constitue le travail pour l'expatrié.

- Les adaptations des protagonistes d'un couple sont fortement liées.

- L'adaptation aux conditions générales de vie du partenaire explique fortement l'adaptation générale du cadre français expatrié.

- L'adaptation aux contacts avec les membres de la culture d'accueil du partenaire explique fortement l'adaptation à l'interaction du cadre français expatrié.

- L'adaptation du partenaire s'explique notamment par l'absence de réticences personnelles envers la mobilité internationale avant le départ et une décision concertée avec le salarié expatrié. Le soutien que le partenaire apportera à l'expatrié peut également faciliter indirectement l'adaptation de ce dernier.

▼ Fil d'Ariane

L'adaptation du conjoint ne peut s'analyser sans considérer attentivement la nature de la décision d'expatriation. Cette adaptation a un très fort impact sur l'adaptation générale de l'expatrié accompagné. Comme dans les principales études empiriques sur l'adaptation des expatriés anglo-saxons, la variable qui a le plus fort impact sur l'adaptation générale du manager français expatrié est l'adaptation générale du conjoint. L'adaptation à l'interaction du manager français expatrié est également fortement influencée par l'adaptation de son conjoint. Ce résultat est de nouveau très proche de celui obtenu sur les expatriés anglo-saxons. Le modèle théorique fait l'hypothèse d'un lien entre l'adaptation du conjoint et les trois facettes de l'adaptation de l'expatrié. Notre recherche montre que l'adaptation des conjoints, qui accompagnent les expatriés français, n'explique pas directement l'adaptation au travail de ces derniers.

L'étude de l'adaptation du conjoint constitue la dernière étape dans l'examen des déterminants des trois facettes de l'adaptation. L'importance du conjoint dans l'adaptation de l'expatrié devrait inciter tout candidat à l'expatriation à se préoccuper dès le départ du fait que son projet d'expatriation est bien partagé et admis par sa famille.

Le chapitre suivant se consacre à deux conséquences de l'adaptation, intégrées dans le modèle théorique de l'adaptation des expatriés. Il s'agit d'aborder directement la réussite d'une mobilité internationale sous deux angles :

- la performance au travail ;
- la réalisation de la mission dans sa totalité.

Pistes d'action

Les entreprises

Prendre en compte le conjoint ou le partenaire de l'expatrié dans toutes les phases d'une mobilité internationale car son adaptation est fortement corrélée à celle de l'expatrié.

Recruter un expatrié revient à recruter sa famille, ce qui constitue une particularité du choix d'un salarié pour une affectation internationale.

Répondre aux préoccupations du conjoint ou partenaire en apportant des solutions « sur mesure », comme du conseil en carrière, une aide à la création et/ou recherche d'une activité ou la poursuite d'études dans le pays d'affectation.

Les salariés

Prendre une décision de mobilité internationale nécessite une concertation approfondie avec votre conjoint ou partenaire, quelle que soit sa situation professionnelle, travail ou non.

S'assurer que la mobilité internationale réponde à un projet pour l'ensemble des membres de votre famille.

Vérifier que vous aurez le soutien de votre conjoint ou de votre partenaire pendant la mobilité internationale.

Notes

1. Reynolds et Bennett, 1991, p. 47, The Career Couple Challenge.

2. Stone, 1991, Expatriate selection and failure.

3. Adler, 1987, Pacific Basin Managers : A Gaijin, Not a Woman.

4. Deroure, 1992, Mobilité professionnelle en Europe : dimension familiale et pratiques d'entreprise.

5. Entreprise et Carrières, janvier 1994, n° 231.

6. Adler, 1986, International Dimensions of Organizational Behavior.

7. Adler, 1986, p. 231, International Dimensions of Organizational Behavior.

8. Briody et Chrisman, 1991, Cultural Adaptation on Overseas Assignments.

9. Briody et Chrisman, 1991, Cultural Adaptation on Overseas Assignments.

10. Adler, 1986, p. 221, International Dimensions of Organizational Behavior.

11. Brett et Stroh, 1995, Willingness to relocate internationally.

12. Reynolds et Bennett, 1991, The Career Couple Challenge.

13. Tung, 1982, Selection and training procedures of U.S., European, and Japanese multinationals.

14. Adler, 1986, International Dimensions of Organizational Behavior.

15. Black, Gregersen et Mendenhall, 1992, Global Assignments.

16. Reynolds et Bennett, 1991, The Career Couple Challenge.

17. Hall, 1986, p. 10, An overview of Current Career Development Theory, Research, and Practice.

18. Kanter, 1977, Work and family in the United States : A critical review and agenda for research and policy.

19. Lambert, 1990, Processes linking work and family : A critical review and research agenda.

20. Brett et Stroh, 1995, Willingness to relocate internationally.

21. Gonyea et Googins, 1992, Linking the world of work and family : Beyond the productivity trap.

22. Par exemple, Black, 1988, Workrole transition : A study of American expatriate managers in Japan. ; Black et Stephens, 1989, The influence of the spouse on American expatriate adjustment in overseas assignments ; Black et Gregersen, 1991, Antecedents to Cross-Cultural Adjustment for Expatriates in Pacific Rim Assignments.

23. Black et Stephens, 1989, The influence of the spouse on American expatriate adjustment in overseas assignments.

24. Black et Gregersen, 1991, Antecedents to Cross-Cultural Adjustment for Expatriates in Pacific Rim Assignments.

25. Black et Stephens, 1989, The influence of the spouse on American expatriate adjustment in overseas assignments.

26. Black, Mendenhall et Oddou, 1991, Toward a Comprehensive Model of International Adjustment : An Integration of Multiple Theoretical Perspectives.

27. Lu et Cooper, 1995, The Impact of Job Relocation : Future Research.

28. Briody et Chrisman, 1991, Cultural Adaptation on Overseas Assignments.

CHAPITRE 14

LA RÉUSSITE
DE LA MOBILITÉ INTERNATIONALE

▼ Repère

Le chapitre 13 clôt l'étude des déterminants de l'adaptation en se focalisant sur une dimension incontournable de la mobilité internationale : l'adaptation du conjoint ou partenaire qui accompagne le salarié expatrié.

Ce chapitre poursuit l'analyse du modèle de l'adaptation avec les conséquences de l'adaptation. Il examine particulièrement deux conséquences qui semblent bien définir la réussite d'une mobilité internationale, à savoir la performance au travail et la réalisation de la mission dans son intégralité.

La question de la réussite/échec des cadres expatriés est posée de façon explicite dans la plupart des articles et ouvrages consacrés à la gestion des expatriés. La réussite de l'expatriation est développée ici comme une des conséquences de l'adaptation. La perspective adoptée est principalement celle de l'organisation mais nous évoquons néanmoins aussi la perspective de l'individu.

Évoquer la réussite revient à aborder le problème de l'échec. Les entreprises qui expatrient des personnes s'en préoccupent car l'échec éventuel amplifie le coût d'une expatriation.

1. Les coûts de l'échec

La mobilité a déjà des coûts non négligeables en elle-même. Lors d'un échec, les coûts se révèlent encore plus lourds. En effet, il n'y a pas de retour sur investissement à long terme pour l'organisation. L'individu s'en sort également rarement indemne.

Deux types de coûts peuvent être distingués pour chacune des parties concernées par la mobilité, l'organisation et l'individu :

- les coûts directs ;
- les coûts indirects.

1.1. Les coûts pour l'organisation

Les coûts directs s'expriment notamment par la performance et la productivité. En effet, l'incapacité des managers expatriés à s'adapter à l'environnement social et à celui des affaires de la culture du pays d'accueil est coûteuse, notamment en termes de performance et de productivité, dans les opérations à l'étranger[1]. Black Gregersen, et Mendenhall[2] listent les dommages pour l'organisation en séparant les coûts directs et indirects. Ils incluent dans les coûts directs les coûts de déplacement comprenant le rapatriement du cadre en situation d'échec et l'envoi d'un remplaçant. La préparation et le début de la mission de l'expatrié ont entraîné des coûts sans possibilité de retour sur investissement.

Les dommages indirects concernent les relations de l'organisation avec le gouvernement, ses fournisseurs, ses clients et les membres de la communauté. Il ne faut pas oublier que l'expatrié est souvent l'ambassadeur de l'entreprise qu'il représente à l'étranger. Il est difficile d'évaluer les torts causés à la réputation de l'organisation[3]. Cependant, une détérioration des relations de l'entreprise avec certains de ses interlocuteurs ne facilite pas la tâche du remplaçant de l'expatrié rentré prématurément pour être à l'origine de ces problèmes.

1.2. Les coûts pour l'individu

La première sanction directe pour l'expatrié en situation d'échec peut être relative à sa carrière. Si la réussite est parfois perçue comme un accélérateur de carrière, l'échec peut au contraire s'avérer un frein puissant. Cependant, le développement de carrière ne se limite pas à la progression hiérarchique comme le montre le cône organisationnel de Schein[4] présenté en introduction de cet ouvrage. La promotion n'est qu'un aspect du développement de carrière. L'individu en situation d'échec peut aussi être pénalisé dans sa mobilité horizontale (fonction) et dans sa mobilité périphérique. Dans ce dernier cas, son influence et son pouvoir informel dans l'organisation peuvent considérablement diminuer.

Ces coûts directs conduisent à des coûts indirects ou « coûts invisibles » dans la mesure où ils sont moins perceptibles. L'échec peut se traduire par au moins trois sortes de pertes :

- la perte de l'amour-propre ;

- la perte de la confiance en soi ;
- la perte de prestige vis-à-vis de ses pairs.

Les gestionnaires reconnaissent la difficulté extrême de tenter de réparer les dommages causés, à la fois au salarié et à la compagnie, par l'échec d'une mission à l'étranger. Prévenir plutôt que guérir est donc l'un des objectifs de la sélection des expatriés[5]. Cependant avant d'examiner les solutions au problème, il semble nécessaire de définir le terme « échec » et par ricochet celui de réussite.

2. Définition de l'échec/réussite

L'échec des expatriés a été notamment défini comme « l'incapacité à fonctionner efficacement dans un environnement étranger, avec comme résultat la fin de l'emploi ou le retour précoce dans le pays d'origine »[6].

Plus globalement, le manque de réussite dans la littérature anglo-saxonne est exprimé par un indicateur clé, le taux d'échec. Les taux mentionnés vont en général de 16 à 50 % pour les firmes américaines[7]. Les études résumées par Zeira et Banai[8] donnent un éventail de taux d'échec des managers américains expatriés de 30-70 %. Les taux d'échec les plus élevés (70 %) se rencontrent dans les pays en voie de développement et les pays relativement distants culturellement comme le Japon. Les firmes japonaises ont un taux inférieur à 10 %[9]. Dans une étude[10] récente sur le management des expatriés en Nouvelle Zélande, les firmes néo-zélandaises, sous propriété étrangère, et les firmes nationales, utilisant du personnel expatrié, affirment connaître un taux d'échec nul ou presque nul parmi leurs expatriés. Les chiffres publiés varient fortement pour le même pays et entre les pays. Il est parfois difficile de savoir ce qui est exactement mesuré.

En général ce taux d'échec comptabilise pour 100 cadres expatriés le nombre de cadres qui ont demandé un rapatriement prématuré, c'est-à-dire avant d'avoir mené à terme leur mission, et celui des cadres rappelés prématurément par leur entreprise. Ce taux apparaît comme un indicateur global, ne distinguant pas l'initiateur de la décision de terminer précocement la mission à l'étranger.

L'échec ne se limite pas seulement à cet abandon de mission. En effet, un certain nombre d'expatriés effectuent complètement le temps prévu tout en étant jugés peu performants par leur entreprise[11].

Ces expatriés n'apparaissent habituellement pas dans le taux d'échec comme il est défini ci-dessus. Ils sont en situation de « panne partielle » (Brownout). Entre 30 et 40 % de tous les expatriés américains tombent dans cette catégorie selon Copeland et Griggs[12]. La plupart des expatriés interrogés par Black, Gregersen et Mendenhall[13] terminent leur mission par peur des conséquences d'un départ précoce, ce qui expliquerait en partie ces pourcentages élevés. La difficulté de mesure explique en partie que la performance soit rarement prise en compte comme indicateur de l'échec ou de la réussite[14].

Le turn-over et l'absentéisme sont parfois rangés au rang des indicateurs de l'échec. Le fait de quitter son entreprise s'apparente quelque peu au retour précoce dans la mesure où l'individu met fin à son expérience internationale. L'absentéisme, exprimant comme le turn-over un retrait de l'expatrié, constitue un échec dans la mesure où il est conséquent. Dans ce cas, il devrait déboucher également sur la conclusion de l'expérience internationale, sur l'initiative de l'expatrié, ou bien sur celle de l'entreprise.

L'échec ainsi précisé s'inscrit uniquement dans le temps de présence de l'expatrié dans le pays d'accueil. Aussi, les difficultés qu'il éprouve à son retour, comme le contre-choc culturel ou des problèmes de carrière qui l'inciteraient à quitter son entreprise ou diminueraient ses performances, ne sont pas prises en compte. Il faut donc parler d'échec dans le pays d'accueil. Le concept antagonique est celui de réussite dans le pays d'accueil.

En résumé, un expatrié qui a réussi dans le pays d'accueil est un individu :
*   non rappelé avant la fin de la mission dans le pays d'origine (sauf pour un besoin spécifique reposant sur son expertise) ;
ou
*   qui ne demande pas son retour précocement ;
et
*   qui est jugé performant pour la mission.

Le troisième élément mérite une attention particulière car la difficulté pour le saisir entraîne souvent son retrait des indicateurs d'échec ou de réussite. L'évaluation de la performance semble avoir reçu moins d'attention par rapport aux autres aspects du management international[15]. La performance tient ici une place prépondérante.

3. La performance comme indicateur de la réussite

Parmi les trois éléments précédents définissant la réussite, les deux premiers apparaissent comme une réalité objective. L'évaluation de la performance se situe à un autre niveau de difficulté. Selon Gosselin et Murphy[16] :

« ... toute la pratique de l'évaluation tient largement pour acquis que la performance est une réalité objective qui peut se définir et donc se mesurer avec précision. Notre vision rationnelle ne tient généralement pas la route, car la performance est davantage un construit social relatif à celui à qui on s'adresse et au contexte organisationnel dans lequel on se trouve ».

Récapitulant des croyances erronées sur la performance telle que « la performance peut se définir et se mesurer avec précision », ces auteurs renvoient l'écho positif : « la performance est une réalité subjective et la précision de l'évaluation est un objectif quasi impossible en entreprise ».

3.1. Particularité de l'évaluation dans un contexte international

L'évaluation dans un contexte international est similaire sous certains aspects à celle dans un contexte national. Cependant des particularités significatives existent.

L'évaluation d'un cadre affecté à l'étranger devrait se faire en prenant en compte au moins quatre éléments[17] :
1. Les objectifs poursuivis par l'organisation au travers de cette affectation (objectifs stratégiques ou « éteinte d'incendie »).
2. L'approche de management international des ressources humaines.
3. Le stade de globalisation dans lequel l'organisation se trouve.
4. Les situations particulières propres à chaque pays (fluctuation des monnaies par exemple).

Enjeu stratégique pour les entreprises, la gestion de la performance des salariés ne consiste pas seulement à la mesurer selon Gosselin et St-Onge[18].

Au-delà de la mesure, les auteurs indiquent que gérer la performance nécessite :
• de déterminer la performance qui est attendue ;

- de communiquer ces attentes aux personnes concernées ;
- de les responsabiliser face au mandat qui leur est confié ;
- de les appuyer dans la réalisation de ce mandat.

Un contexte organisationnel favorable doit être créé au moyen de la rétroaction sur la performance et une collaboration organisation-individu devrait permettre une amélioration continue de la performance. Le développement est ainsi une des justifications de l'évaluation. Une autre, non moins importante mais de nature différente, est l'estimation. Selon le Petit Robert, l'estimation est « l'action de déterminer la valeur qu'on attribue à la collaboration d'une personne ». Dans ce cas, l'instrument d'évaluation sert à appuyer des décisions de gestion comme la paye, les promotions, ou encore les licenciements. L'estimation permet aux évalués de mieux se situer dans l'organisation en termes de performance.

Notre objectif est de pouvoir appréhender la performance du cadre français expatrié comme indicateur de son échec ou de sa réussite lors de son affectation à l'étranger. Aussi, est-il nécessaire d'aborder les conditions de l'élaboration de sa mesure ainsi que ses qualités.

3.2. Qualités des instruments d'évaluation

Petit et Haines[19] *proposent huit qualités primordiales d'un bon instrument d'évaluation du rendement individuel. Nous les reprenons dans le tableau 14.1.*

Tableau 14.1 : Qualités primordiales d'un bon instrument d'évaluation du rendement

Qualités	Explications
Pertinence	Correspondance entre le contenu de l'évaluation et celui de l'emploi
Discrimination	Capacité à détecter les variations dans la performance individuelle
Validité, et Fidélité	Capacité de l'instrument à mesurer correctement ce qu'il prétend mesurer, et capacité à fournir des résultats identiques lorsqu'on l'utilise à plusieurs reprises
Facilité d'utilisation	Pas trop difficile à comprendre et à utiliser
Acceptabilité	Ceux qui vont l'utiliser doivent le trouver juste (également les évalués)
Coûts	La complexité est en général proportionnelle au coût
Rétroaction	La transmission d'informations permet d'améliorer la performance
Légalité	Décisions basées sur l'instrument sont légitimes et « justes » (au tribunal)

La validité d'un instrument d'évaluation n'est pas facile à établir. La performance au travail n'est pas une réalité objective comme le début de cette partie le souligne. La réalité « vraie » n'existe donc pas pour une performance apparaissant plutôt comme une réalité « perçue ».

Cependant, pour Petit et Haines[20], « certains instruments sont plus efficaces que d'autres pour limiter les erreurs (halo, tendance centrale, générosité) qui réduisent la validité des évaluations ».

Il est difficile de trouver un instrument répondant très favorablement à toutes les qualités exposées ci-dessus. Les auteurs offrent une analyse critique des trois instruments d'évaluation les plus répandus :
* *la direction par objectifs ;*
* *les échelles graphiques basées sur les caractéristiques personnelles ;*
* *les échelles graphiques basées sur les comportements observables.*

Tous ont leurs avantages et leurs limites. Ces instruments reflètent l'utilisation de trois types principaux de critères d'évaluation. En effet, les performances d'un individu peuvent être évaluées contre un ensemble d'objectifs définis à l'avance en termes par exemple de quantité, de qualité, de temps ou de coût. À côté des objectifs, l'évaluateur peut s'intéresser aux traits de personnalité ou caractéristiques personnelles possédés par l'individu. Les comportements observables sont également un critère sur lequel l'attention de l'évaluateur peut porter. Par rapport à chaque situation particulière de l'expatriation, l'organisation a donc le choix parmi une large palette de critères.

3.3. Les critères d'évaluation

Il est possible de faire une distinction entre trois catégories de critères, à savoir les critères opérationnels, managériaux et stratégiques[21]. Les deux premiers critères sont pertinents pour le personnel expert et les managers juniors alors que l'évaluation stratégique est réservée aux managers seniors et aux dirigeants de filiales.

3.3.1. LE CAS DES DIRIGEANTS

Pour les dirigeants de filiales ou les managers seniors, l'évaluation stratégique revient à évaluer les performances de leur unité. Leurs qualités personnelles et comportements spécifiques envers leurs subordonnés ou leurs clients, par exemple, entrent évidemment en ligne de compte lors de l'évaluation. Cependant, les critères qui semblent primer sont d'ordre économique et notamment financier.

Or, les résultats financiers pour une filiale particulière ne reflètent pas toujours sa contribution dans les résultats de l'organisation prise dans son ensemble[22]. En effet, des transactions financières entre filiales ont parfois pour but, par exemple, de minimiser les risques de change. Privilégier un système fiscal plus avantageux n'est pas non plus étranger à ces pratiques. Les résultats financiers ne sont pas faciles à mesurer et les différences d'environnement (taux de change, inflation, convertibilité des monnaies, par exemple) ne facilitent pas les comparaisons de filiales à filiales. Viennent se rajouter à ces difficultés les différences entre les systèmes comptables utilisés.

3.3.2. LE CAS DES CADRES EN GÉNÉRAL

La définition des critères à prendre en compte correspond aux facteurs clés de succès dans le pays en question. Dans certains pays, comme le Chili, l'obtention de la production désirée repose en grande partie sur la gestion des relations avec les salariés[23]. Dans un pays différent, pour obtenir le même résultat, de bonnes relations avec le gouvernement local seront conseillées.

Aussi, les critères de performance et les clés du succès varieront-ils. Tout un ensemble de clés de succès propres au contexte international peut être avancé. Sans en donner une liste exhaustive, un cadre performant peut être, par exemple, celui qui sait tisser de bonnes relations avec le gouvernement local ou les leaders syndicaux. Instaurer une bonne image de l'entreprise dans l'environnement local peut contribuer à la performance. Cela peut en effet être un objectif à court terme afin de pouvoir développer plus amplement les activités de l'organisation dans cette région du monde. En fait, il y a autant de critères de performance que d'objectifs à atteindre. Les deux relèvent de la prérogative de l'organisation qui conduit l'évaluation.

Choisir les critères de performance n'est pas tout. Le choix de la ou des personnes qui vont évaluer le cadre international n'est pas anodin.

3.4. Évaluateur ou évaluateurs : les sources de l'évaluation

La question de l'évaluateur conduit à introduire le concept de rétroaction à 360 degrés. Ce terme est trompeur dans la mesure où il suggère un nouveau concept et un nouvel ordre de précision[24]. Nullement nouveau, il est devenu populaire et « il se réfère à la pratique d'impliquer de multiples évaluateurs, incluant souvent l'auto-évaluation, dans l'évaluation des individus »[25]. Ces sources d'informations sont communément au nombre de quatre, à savoir le superviseur ou supérieur, les pairs, les subordonnés et l'individu s'auto-évaluant.

Ces sources ne sont pas limitatives. Passant en revue les nombreuses sources d'évaluation à partir desquelles les dirigeants et les cadres peuvent obtenir de l'information sur la performance du personnel, Werner[26] complète les sources traditionnelles par les clients (internes et externes), les actionnaires et les ordinateurs. L'auteur[27] signale que « ... Plusieurs millions de salariés en Amérique du Nord sont actuellement placés sous une forme ou une autre de surveillance électronique au travail ». Cependant, l'avenir de ce procédé est incertain du fait de son empiétement sur la vie privée, et ce malgré les qualités d'objectivité que lui attribuent ses partisans. De plus, un tel procédé semble mieux se prêter à l'évaluation de personnel de bureau qu'à l'évaluation de cadres. Ces sources sont représentées dans la figure 14.1 (l'ordinateur a été omis, semblant non pertinent pour une population de cadres, de surcroît affectée à l'international).

Figure 14.1 : Les sources multiples d'information

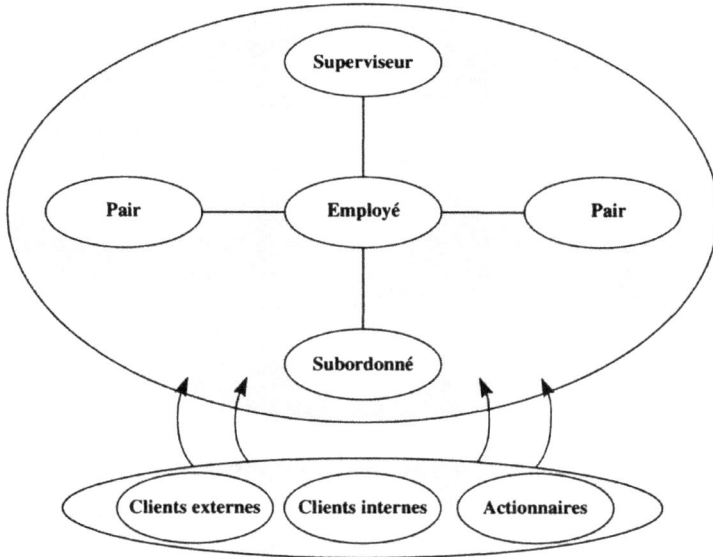

Source : adapté de Werner, 1994, p. 72.

La source la plus populaire liée à la performance aux fins de l'évaluation selon Werner est le superviseur.

Dans le contexte international, le superviseur peut être le supérieur direct du cadre sur le site étranger ou/et un manager au pays d'origine. Les supérieurs du pays d'origine et les supérieurs qui sont des nationaux du pays d'accueil peuvent avoir des attentes contradictoires quant à la performance des cadres expatriés[28].

Le personnel du siège social se fie souvent à des indicateurs globaux de performance tels que le retour sur investissement, le cash-flow ou la part de marché. Évaluer les comportements du cadre semble plus délicat. En effet, le supérieur du pays d'origine est éloigné du cadre affecté à l'étranger. Aussi, ne dispose-t-il pas de l'opportunité suffisante d'observation sur une période de temps raisonnable, condition préalable pour conduire une évaluation[29]. En revanche, cette condition est en principe remplie par le supérieur du site. Dunnette[30] souligne l'importance pour un évaluateur d'apprécier uniquement les comportements qu'il est à même d'observer.

Les subordonnés constituent aussi une source d'évaluation possible. Leur appréciation concerne, par exemple, les aspects de communication, de gestion interculturelle et les performances de leadership de leurs supérieurs. L'évaluation par les pairs s'affirme délicate lorsqu'elle est utilisée à des fins d'estimation. L'appel aux clients de l'organisation pour évaluer les cadres semble naturel. Les clients internes représentent d'autres départements passant par les services du département auquel appartient le cadre évalué. Ce sont souvent des pairs du cadre. Quant aux clients externes, leurs appréciations se limitent aux cadres avec lesquels ils sont directement en contact. De plus, leur satisfaction générale est influencée par l'ensemble d'un service rendu, parfois difficilement imputable à des cadres pris de manière isolée. La collecte des informations n'est pas toujours aisée, surtout quand il s'agit de porter un jugement sur des personnes bien définies.

La nationalité des évalués et des évaluateurs importe. Si le supérieur hiérarchique et le cadre évalué ont la même nationalité, une surestimation due à l'effet de halo n'est pas à écarter. Au contraire, la nationalité du supérieur évaluateur étant celle du pays d'accueil, une sous-estimation du cadre évalué est possible.

Black et ses collègues[31] préconisent alors le recours à plusieurs évaluateurs. Le lien « nationalité-justesse de l'évaluation » apparaît comme un domaine de recherche qui reste à explorer. Il ne se pose évidemment pas dans la dernière source liée à la performance, à savoir le cadre lui-même.

3.5. Mesures : des objectifs différents pour les praticiens et les chercheurs

Pour les chercheurs, les études sur les mesures de l'évaluation apparaissent comme une fin en soi. Pour les praticiens d'entreprise, la mesure est un moyen dans le but d'obtenir une évaluation valable, et non une fin en soi.

Ces idées développées par Tornow[32], par rapport à des perspectives multiples de mesures, sont illustrées dans le tableau 14.2 par six exemples où l'auteur oppose la fin et les moyens des outils d'évaluation.

Tableau 14.2 : Outils d'évaluation : Fins versus Moyens.

	Fins	**Moyens**
1	Mesures	Objectifs de la mesure
2	Justesse, précision	Utilité/Impact
3	« Vrai » score	Perspectives subjectives
4	Erreurs de mesures	Réalités multiples
5	Réduire les variations entre les évaluateurs	Apprendre des variations entre les évaluateurs
6	Chercheurs/scientifiques	Managers/Praticiens

Source : adapté de Tornow, 1993b, p. 222.

Nous avons présenté quelques préoccupations du point de vue du praticien afin d'illustrer les difficultés associées au processus d'évaluation. Ces dernières ne peuvent être ignorées du chercheur qui souhaite approcher la performance d'un cadre dans un contexte international. Les deux sources les moins difficiles d'accès semblent être le cadre lui-même et l'organisation représentée par le supérieur hiérarchique ou le service qui gère ce processus et en garde les traces comme un responsable des ressources humaines.

De ces deux sources, quelle est celle qui permet d'approcher avec le plus de précision la « vraie » performance ? Une méta-analyse d'études sur le degré de relation entre différentes sources d'évaluateurs réalisée par Harris et Schaubroeck[33] fournit quelques indications. Les auteurs trouvent seulement une corrélation modérée entre l'auto-évaluation et l'évaluation des superviseurs. Il en est de même de la corrélation entre l'auto-évaluation et l'évaluation des pairs. Seule la corrélation entre l'évaluation des pairs et celle des superviseurs est relativement élevée. D'autres recherches suggèrent également que des observateurs bien informés donnent des évaluations plus valides et précises de comportements observables que ne le font les auto-évaluateurs[34]. En général, les auto-évaluateurs tendent à être indulgents (généreux) envers eux-mêmes bien que certains estiment à leur juste valeur leur performance au travail ou encore la sous-estiment.

Des facteurs situationnels semblent avoir un impact sur la justesse de l'auto-évaluation. Farh et Werbel[35] l'illustrent sur une population d'étudiants évaluant leur participation en classe. Cette participation est évaluée plus justement quand sa connaissance est destinée à des objectifs de recherche que lorsque les étudiants pensent qu'elle sera prise en compte dans leur notation. Il paraît raisonnable d'envisager le même schéma pour des cadres évaluant leur performance dans la perspective d'une recherche. ▓

3.6. Mesure de la performance dans une perspective de recherche

▓ Lorsque les conditions de la recherche le permettent, une combinaison de l'évaluation du superviseur et du cadre lui-même est intéressante. Earley[36] réussit à obtenir, de leur superviseur coréen, l'évaluation de 80 managers américains juste avant qu'ils ne rentrent aux États-Unis après une courte mission de trois mois en Corée. L'auteur demande également une auto-évaluation des cadres sur la base des mêmes éléments que les superviseurs. Quatre items sont utilisés :

• *la performance globale ;*
• *la capacité à s'entendre avec les autres ;*
• *la capacité à mener à bien les missions demandées dans les délais ;*
• *la qualité de la performance.*

La fiabilité (alpha de Cronbach) des items, lorsque l'évaluation est effectuée par les superviseurs, est égale à 0,87. Aussi, l'auteur a-t-il fait la moyenne des réponses pour obtenir le score de performance délivré par les superviseurs. L'alpha est de 0,82 pour l'auto-évaluation, ce qui conduit à un exercice identique. Une forte corrélation entre l'évaluation des superviseurs et les auto-évaluations permet d'obtenir un score de performance composé en faisant la moyenne des deux indices (superviseur et cadre).

La conception de la recherche (questionnaires anonymes par exemple), parfois, ne permet pas de recueillir l'évaluation des superviseurs. Aussi, le chercheur se repose-t-il uniquement sur l'auto-évaluation des cadres comme Parker et McEvoy[37]. Ils utilisent comme mesure la moyenne des quatre items d'évaluation de la performance de Earley avec une fiabilité élevée.

Une solution intermédiaire revient à demander aux cadres, une fois rentrés dans leur pays (six à douze mois après), d'examiner leur dernière évaluation de la performance par leur organisation[38].

Les cadres indiquent où cette évaluation les place relativement à leurs pairs sur un pourcentage fondé sur cinq dimensions. Par exemple, le cadre évalué estime que 30 % des autres cadres ont dû recevoir une évaluation supérieure à la sienne. Ces dimensions sont celles de Earley complétées par une cinquième relative à l'atteinte des objectifs dans le travail. Seuls ceux qui ont reçu une évaluation formelle peuvent répondre. On leur demande de se rappeler la véritable évaluation qu'ils ont reçue et non de fournir leur propre évaluation de leur performance. Au moins deux inconvénients sont attachés à cette approche. La transmission de l'évaluation effectuée par un superviseur peut subir quelques distorsions si le cadre conteste certains résultats de cette évaluation ou désire émettre une image plus favorable que celle reçue. La comparaison avec l'évaluation des pairs a, quant à elle, une forte probabilité d'être spéculative. Ce cumul de subjectivité conduit à écarter cette méthode.

Sur un petit échantillon d'une vingtaine de cadres appartenant à la même organisation, avec l'accord de toutes les parties prenantes, l'approche de Earley, croisant les évaluations par les superviseurs et celles par les cadres eux-mêmes, est envisageable. Sur une population plus importante, les informations étant recueillies de manière anonyme, l'évaluation délivrée par l'organisation s'avère impossible à recueillir. Il faut alors se limiter à l'auto-évaluation des cadres. Recueillie dans une perspective de recherche, le biais de l'indulgence des cadres (ou de la sévérité) envers leur propre performance a peut-être une possibilité d'être réduit. Cette auto-évaluation, dans notre recherche, est faite par rapport aux quatre éléments retenus par Earley exposés au début de cette section. L'auto-évaluation de la performance par les cadres peut être utilement complétée par leur perception de l'évaluation de leur mission par leur organisation. Les quatre mêmes items sont utilisés. Dans cette perspective, les cadres ne sont plus jugés directement. Leur performance en tant qu'individu laisse la place à la réussite de la mission perçue par l'organisation. Les cadres sont alors plus en retrait, la mission occupant le devant de la scène. Savoir si le biais de l'indulgence sera réduit n'est, en revanche, pas certain. ■

4. La réussite des cadres français expatriés

Dans notre recherche, la réussite de la mission, au moment où l'expatrié répond, est appréciée principalement à trois niveaux :

1. Performance appréciée par l'expatrié dans une perspective individuelle.
2. Performance appréciée par l'expatrié dans une perspective organisationnelle.
3. Accomplissement de la mission dans son intégralité.

4.1. La performance des cadres expatriés français

Elle est approchée par deux auto-évaluations, la première dans la perspective de l'individu en utilisant le terme performance, l'autre dans la perspective organisationnelle en privilégiant le terme réussite.

4.1.1. PERFORMANCE DANS UNE PERSPECTIVE INDIVIDUELLE

Le cadre expatrié évalue son niveau de performance.

Il le fait par rapport aux quatre éléments suivants sur une échelle en cinq points (1 = faible à 5 = excellent) :
1. Performance globale.
2. Capacité à s'entendre avec les autres.
3. Capacité à mener à bien les missions demandées dans les délais.
4. Qualité de la performance.
L'unidimensionnalité de cette échelle est vérifiée par une analyse en composantes principales. La cohérence interne de ces quatre items permet de les regrouper (alpha = 0,78). ∎

4.1.2. PERFORMANCE
DANS UNE PERSPECTIVE ORGANISATIONNELLE

L'expatrié se prononce également sur la réussite de sa mission en se plaçant ici dans la perspective de son organisation

Il le fait à partir de cinq options de réponses (1 = pas réussie à 5 = très réussie). Les items sont proches de ceux de l'échelle précédente. Cependant, il n'est plus question de « performance » mais de « réussite » de la mission. Une analyse en composantes principales permet de vérifier également l'unidimensionnalité de l'échelle. Elle a une bonne cohérence interne (alpha = 0,83). Elle est formée des quatre items suivants :
1. La mission dans son ensemble.
2. L'aspect relationnel de la mission.
3. Le respect des délais imposés par la mission.
4. La qualité de la mission.

4.2. Accomplissement de la mission dans son intégralité

Le bilan de la mission est apprécié sous l'angle complémentaire de la durée du séjour. Les expatriés répondent par oui ou non aux trois questions suivantes :

1. Pensez-vous rester la totalité de votre mission ?
2. Avez-vous demandé d'écourter votre séjour à l'étranger ?
3. Votre organisation vous a-t-elle rappelé(e) dans le pays d'origine avant la fin prévue de votre affectation ?

Le tableau suivant expose les réponses des 293 expatriés français sur les trois questions relatives à l'accomplissement de la mission dans sa totalité. Le « non » à la première question et les « oui » aux deux dernières représentent des taux d'échecs. Le taux élevé de non réponse est souvent justifié par les répondants par le fait qu'il est « trop tôt pour répondre », ces expatriés étant en début de mission.

Tableau 14.3 : Réponses aux questions/accomplissement de la mission

Expatriés	Oui (%)	Non (%)	Pas de réponse (%)
Pensent rester la totalité de la mission	86,3	7,2	6,5
Ont demandé d'écourter leur séjour	1,4	92,8	5,8
Sont rappelés en France avant la fin de l'affectation	5,1	87,7	7,2

Le faible pourcentage des réponses oui à la rubrique « ont demandé d'écourter leur séjour » ne permet pas de retenir cet indicateur pour l'analyse du lien accomplissement de la mission-adaptation qui est l'objet de la prochaine section. Cela suggère un commentaire. Il est probable que ce faible pourcentage manifeste la peur des conséquences d'un départ précoce.

Demander son rapatriement avant terme revient à reconnaître publiquement son échec avec les risques mentionnés au début de ce chapitre. L'individu se prémunit alors des conséquences directes (carrière) et indirectes (psychologiques) d'un tel échec affiché en accomplissant la totalité de sa mission.

5. Adaptation et réussite des cadres français expatriés

De nouveau, le lien adaptation-réussite conduit à analyser deux types de liens :

- adaptation et performance au travail ;
- adaptation et accomplissement de la mission dans son intégralité.

5.1. Adaptation et performance au travail

La performance au travail est abordée sous forme de deux auto-évaluations effectuées par les cadres expatriés français :

- auto-évaluation dans leur propre perspective (perspective individuelle) ;
- auto-évaluation en se plaçant dans la perspective de leur organisation (perspective organisationnelle).

5.1.1. AUTO-ÉVALUATION DANS LA PERSPECTIVE INDIVIDUELLE

La performance au travail (auto-évaluation dans la perspective individuelle) est expliquée par une seule forme d'adaptation, l'adaptation au travail.

L'adaptation au travail, l'adaptation à l'interaction et l'adaptation générale sont corrélées positivement et significativement reliées à la performance au travail. Une analyse de la régression de cette approche de la performance sur les trois facettes de l'adaptation est alors réalisée. Le seul antécédent significatif de la performance individuelle (auto-évaluation dans la perspective individuelle) est l'adaptation au travail (Bêta = 0,38 ; p<0,001). La part de la variance de la performance expliquée par l'adaptation au travail est de 14 %.
Il semble pertinent de comparer nos résultats avec ceux de Parker et McEvoy concernant des expatriés anglo-saxons. La comparaison est justifiée dans la mesure où les variables des deux études ont été opérationalisées de manière identique. L'échelle utilisée pour la performance est composée des quatre items proposés par Earley. Les résultats de Parker et McEvoy indiquent une relation négative inattendue entre la performance et l'adaptation générale. Notre recherche ne reproduit pas ce résultat surprenant. En revanche, l'adaptation au travail, à l'instar de notre recherche, est bien un antécédent positif de la performance comme auto-évaluation dans une perspective individuelle.

5.1.2. AUTO-ÉVALUATION DANS LA PERSPECTIVE ORGANISATIONNELLE

La performance au travail (auto-évaluation dans la perspective organisationnelle) est expliquée par deux formes d'adaptation, à savoir l'adaptation au travail et l'adaptation à l'interaction.

Les trois facettes de l'adaptation sont reliées positivement à la réussite de la mission du cadre, telle que ce dernier la perçoit du point de vue de l'organisation. Une analyse de la régression de cette approche de la performance sur les trois facettes de l'adaptation est alors réalisée. Les deux antécédents significatifs de la performance organisationnelle (auto-évaluation dans la perspective organisationnelle) sont l'adaptation au travail (Bêta = 0,32 ;

p<0,001) et l'adaptation à l'interaction (Beta = 0,16 ; p<0,05). Ces deux facettes de l'adaptation expliquent 14 % de la variance de la performance dans la perspective organisationnelle. ▦

5.2. Adaptation et accomplissement de la mission dans son intégralité

L'accomplissement de la mission dans son intégralité, dans l'étude de son lien avec les trois facettes de l'adaptation, se résume pour les raisons évoquées précédemment aux deux événements :

- penser rester la totalité de la mission ;
- rappel par l'organisation avant la fin prévue de l'affectation.

5.2.1. PENSER RESTER LA TOTALITÉ DE LA MISSION

▦ *L'influence des trois formes d'adaptation sur l'événement « les expatriés pensent rester la totalité de leur mission à l'étranger » est analysée à l'aide d'une régression logistique. Nous rappelons que la régression logistique a pour objet de déterminer les facteurs qui peuvent expliquer le fait qu'un événement se produise ou pas[39].* ▦

Des trois facettes de l'adaptation, seule l'adaptation au travail explique l'événement « penser rester la totalité de la mission ».

Lorsque l'adaptation au travail augmente, la probabilité que le cadre pense réaliser son expatriation dans son intégralité augmente également.

L'indicateur « penser rester la totalité de la mission » capte une intention ou un état d'esprit à un moment donné. Ne pas penser rester la totalité de la mission est associé négativement et significativement à l'adaptation au travail. Aucun lien significatif n'existe avec les deux autres formes d'adaptation. Le travail est certainement la priorité d'une expatriation. Il en est en tous les cas la raison d'être. Aussi, ne pas s'adapter à son travail lors d'une expatriation peut impliquer d'envisager de terminer la mission.

5.2.2. RAPPEL AVANT LA FIN PRÉVUE DE L'AFFECTATION

Les résultats de l'analyse de la régression logistique, en considérant l'événement d'être rappelé en France avant la fin de l'affectation par rapport au degré d'adaptation des individus, conduisent à deux conclusions :

1. Lorsque l'adaptation au travail diminue, la probabilité d'être rappelé en France par l'organisation avant la fin prévue de la mission augmente.
2. Lorsque l'adaptation à l'interaction diminue, la probabilité d'être rappelé en France par l'organisation avant la fin prévue de la mission augmente.

Le fait de retrouver l'adaptation au travail n'est pas surprenant. En général, l'organisation rappelle dans le pays d'origine des personnes qui sont plutôt mal adaptées au travail dans le pays d'affectation. Elle rappelle également des personnes mal adaptées à l'interaction. Les contacts avec les membres du pays d'accueil sont incontournables pour certains expatriés, spécialement quand ces derniers s'expriment comme ambassadeurs de leur organisation. En revanche, aucun lien n'a pu être mis en évidence entre l'adaptation générale et le fait d'être rappelé en France avant la fin de l'affectation.

Une poignée de cadres, par leurs commentaires, ont voulu signifier que ce rappel n'était surtout pas la conséquence d'un échec. Par exemple, deux cadres ont noté les propos suivants pour accompagner leur réponse « oui » à la question « votre organisation vous a-t-elle rappelé(e) dans le pays d'origine avant la fin prévue de votre affectation ? » :

« *Pour rejoindre un nouveau poste plus important au siège.* »

« *Changement de stratégie, continuation de la mission basée en France.* »

Rares sont ceux qui ont explicité leur réponse positive en attribuant le rappel à leur partenaire :

« *Contrat prévu initialement de 3 ans renouvelable chaque année. L'expatriation est écourtée d'une année par le partenaire* ».

▼ Points clés

Deux indicateurs de la réussite d'une mobilité internationale sont retenus :
- L'absence de retour précoce (sur l'initiative de l'expatrié ou de son organisation).
- La performance au travail.

L'indicateur performance est certainement le plus difficile à mesurer.

Il apparaît nécessaire de communiquer aux salariés les performances attendues, de mettre en place des instruments de mesures efficaces et de tenir compte du contexte international de la mobilité.

Suivant les mesures choisies pour évaluer la performance, cette dernière sera expliquée soit uniquement par l'adaptation au travail, soit par l'adaptation au travail et l'adaptation à l'interaction.

Plus l'expatrié est adapté à son travail ou à l'interaction avec les membres de la culture d'accueil, plus la probabilité qu'il rentre précocement dans son pays d'origine est faible. Aussi, plus la probabilité de réussite de la mobilité internationale est-elle élevée.

▼ Fil d'Ariane

Tung[40] avait déjà identifié la mauvaise adaptation des cadres comme l'une des principales causes d'un rappel précoce de l'expatrié dans son pays d'origine. Évidemment, certaines personnes peuvent être rappelées pour d'autres raisons que l'échec. L'indicateur qui semble le plus utile pour saisir l'échec est le fait de penser rentrer avant la fin de la mission. Dans cette recherche, environ 7 % des cadres en cours d'expatriation sont en situation d'échec. Ce n'est pas négligeable même si ce chiffre est nettement inférieur à celui avancé dans les études américaines.

Ce chapitre constitue l'étape finale dans la présentation des variables contenues dans le modèle théorique de l'adaptation des expatriés. En guise de conclusion, le chapitre suivant fait le point sur l'ensemble des résultats obtenus sur les expatriés français dans un souci constant de tester le modèle théorique retenu dans cet ouvrage. L'objectif est de pouvoir construire un pont entre ces résultats et des recommandations pratiques pour les organisations et les personnes.

Pistes d'action

Les entreprises

Suivre la performance des expatriés durant leur affectation.

Mettre en place un système d'évaluation à 360 degrés.

Établir un lien clair entre les résultats obtenus durant l'affectation à l'international et l'affectation suivante, notamment lorsqu'il y a retour dans le pays d'origine.

Les salariés

Se faire préciser avant le départ les méthodes et les critères d'évaluation pour apprécier vos performances durant votre affectation internationale.

Vérifier qu'il y aura un lien entre vos performances obtenues à l'international et votre prochaine affectation, notamment en cas de retour dans votre pays d'origine.

Notes

1. Mendenhall et Oddou, 1985, The Dimensions of Expatriate Acculturation : A Review.

2. Black, Gregersen, et Mendenhall, 1992, Global Assignments.

3. Walton, 1990, Stress management training for overseas effectiveness.

4. Schein, 1971, The Individual, the Organization, and the Career : A Conceptual Scheme.

5. Holmes et Piker, 1980, Expatriate failure – prevention rather than cure.

6. Tung, 1982, Selection and training procedures of U.S., European, and Japanese multinationals cité par Enderwick et Hodgson, 1993, p. 418, Expatriate management practices of New Zealand business.

7. Black, Mendenhall et Oddou, 1991, Toward a Comprehensive Model of International Adjustment : An Integration of Multiple Theoretical Perspectives ; Copeland et Griggs, 1985, Going International.

8. Zeira et Banai, 1985, Selection of Expatriate Managers in MNCs : The Host-Environment Point of View.

9. Tung, 1981, Selection and Training of Personnel for Overseas Assignments.

10. Enderwick et Hodgson, 1993, Expatriate management practices of New Zealand business.

11. Black et Gregersen, 1991, Antecedents to Cross-Cultural Adjustment for Expatriates in Pacific Rim Assignments. ; Black, 1990, The relationship of Personal Characteristics with the Adjustment of Japanese Expatriate Managers ; Copeland et Griggs, 1985, Going International.

12. Copeland et Griggs, 1985, Going International.

13. Black, Gregersen et Mendenhall, 1992, Global Assignments.

14. Briody et Chrisman, 1991, Cultural Adaptation on Overseas Assignments.

15. Black, Gregersen et Mendenhall, 1992, Global Assignments.

16. Gosselin et Murphy, 1994, p. 20, L'échec de l'évaluation de la performance.

17. Black, Gregersen et Mendenhall, 1992, Global Assignments.

18. Gosselin et St-Onge, 1994, Gestion et évaluation de la performance : un enjeu stratégique.

19. Petit et Haines, 1994, Trois instruments d'évaluation du rendement.

20. Petit et Haines, 1994, p.60, Trois instruments d'évaluation du rendement.

21. Dowling *et al.*, 1994, International dimensions of human resources management.

22. Dowling *et al.*, 1994, International dimensions of human resources management.

23. Black, Gregersen et Mendenhall, 1992, Global Assignments.

24. Moses, Hollenbeck et Sorcher, 1993, Other People's Expectation.

25. Tornow, 1993a, p. 283, Editor's Note : Introduction to Special Issue on 360-Degree Feedback.

26. Werner, 1994, Que sait-on de la rétroaction à 360 degrés ?

27. Werner, 1994, p. 75, Que sait-on de la rétroaction à 360 degrés ?

28. Feldman et Thomas, 1992, Career management issues facing expatriates.

29. Black, Gregersen et Mendenhall, 1992, Global Assignments.

30. Dunnette, 1993, My Hammer or Your Hammer ?

31. Black, Gregersen et Mendenhall, 1992, Global Assignments.

32. Tornow, 1993b, Perceptions or Reality : Is Multi-Perspective Measurement a Means or an End ?

33. Harris et Schaubroeck, 1988, A meta-analysis of self-supervisor, self-peer, and peer-supervisor ratings.

34. Nilsen et Campbell, 1993, Self-Observer Rating Discrepancies : Once an Overrater, Always an Overrater ?

35. Farh et Werbel, 1986, Effects of purpose of the appraisal and expectation of validation on self-appraisal leniency.

36. Earley, 1987, Intercultural training for managers : A comparison of documentary and interpersonal methods.

37. Parker et McEvoy, 1993, Initial examination of a model of intercultural adjustment.

38. Black, 1992, Coming Home : The Relationship of Expatriate Expectations with Repatriations Adjustment and Job Performance.

39. Hosmer et Lemeshow, 1989, Applied Logistic Regression.

40. Tung, 1982, Selection and training procedures of U.S., European, and Japanese multinationals.

CHAPITRE 15

DES RÉSULTATS
AUX IMPLICATIONS PRATIQUES

▼ Repère

Le chapitre 14 s'intéresse à la réussite de la mobilité internationale comme conséquence de l'adaptation des expatriés.

Ce chapitre fait le point sur l'adaptation des expatriés français. Il présente les implications pratiques à la fois pour les entreprises et les personnes pour qui la mobilité internationale s'inscrit dans une réalité présente ou en devenir.

Ce chapitre vise dans un premier temps à faire le point sur l'adaptation des expatriés français en reprenant l'ensemble des résultats présentés au cours de l'ouvrage. Cela revient à exposer trois modèles de l'adaptation pour les expatriés français correspondant à chacune des trois facettes de l'adaptation. Nous examinons également le lien entre ces différentes facettes.

Dans un second temps, nous établissons les implications pratiques suggérées par l'ensemble des résultats obtenus sur les cadres français expatriés. Nous développons ces implications dans une double perspective, à savoir pour les organisations qui gèrent des expatriés et pour les personnes qui envisagent une mobilité internationale.

1. Les trois facettes de l'adaptation
des expatriés français

Les résultats de notre recherche montrent que l'adaptation des expatriés français peut se décomposer en trois facettes comme l'expose le modèle théorique de l'adaptation des expatriés retenu dans cet ouvrage. Les expatriés français sont mieux adaptés à leur travail qu'ils ne le sont respectivement aux conditions générales de vie et aux contacts avec les membres de la culture d'accueil. Ces résultats sont similaires à ceux des études empiriques relatives aux expatriés anglo-saxons. Le niveau d'incertitude attaché au travail est peut-être en moyenne plus faible que pour les conditions générales de vie et surtout pour les relations avec les membres du pays d'accueil. La sphère du travail est probablement celle qui est la moins bouleversée lors d'un transfert international.

Nous avons, dans chacun des chapitres précédents, mentionné les résultats de notre recherche en partant des déterminants supposés des trois facettes de l'adaptation et en terminant par plusieurs de ses conséquences. Nous proposons maintenant une présentation synoptique des résultats en partant de chacune des trois facettes de l'adaptation. Cette démarche permet de faire le point sur la comparaison entre les résultats attendus par hypothèses, c'est-à-dire ceux sous-tendus par le modèle théorique de l'adaptation, et ceux observés sur l'échantillon des cadres français.

Nous présentons en premier lieu les résultats de l'adaptation au travail, suivi respectivement de l'adaptation à l'interaction et de l'adaptation générale. Cela revient à exposer trois modèles de l'adaptation des expatriés français. Nous terminons par l'examen du lien entre ces trois facettes de l'adaptation.

1.1. L'adaptation au travail

Le modèle de l'adaptation au travail des expatriés français (figure 15.1) s'éloigne sensiblement du modèle théorique de l'adaptation. Pour faciliter la comparaison, nous conservons les couleurs utilisées dans l'exposé du modèle théorique de l'adaptation. Le gris très clair est introduit quand les hypothèses contenues dans le modèle théorique ne peuvent être retenues à l'épreuve des faits pour les expatriés français.

La partie gris clair du modèle qui reprend les antécédents de l'adaptation proposés par le cadre théorique de Black, Mendenhall et Oddou[1] vire, pour une grande part, au gris très clair. Aucune des deux variables organisationnelles, à savoir le support social organisationnel et la nouveauté de la culture organisationnelle, n'a d'effet sur l'adaptation au travail. Une seule variable d'environnement est supposée avoir un effet sur l'adaptation au travail dans le modèle théorique. Ce lien est inexistant pour les expatriés français. En effet, l'adaptation du partenaire n'a pas d'impact direct sur l'adaptation au travail de l'expatrié. Les qualités individuelles expliquent également peu l'adaptation au travail. La seule qualité retenue pour les expatriés français est la confiance en ses compétences. Réductrice de l'incertitude au travail, elle facilite l'adaptation.

Les variables relatives au travail apparaissent avec l'autonomie. L'autonomie dans le rôle est reliée positivement à l'adaptation au travail. Ce résultat est valable, que ce soit au niveau de l'autonomie personnelle (manière d'effectuer son travail) ou à celui de l'autonomie de délégation (qualité de décider quelles tâches déléguer). La liberté d'action de l'expatrié dans le cadre de son travail facilite son adaptation parce qu'elle lui permet de contrôler les événements reliés à son travail. Son degré d'incertitude est alors réduit, ce qui est favorable à son adaptation au travail.

> Les variables relatives au travail sont généralement plus importantes dans les études empiriques consacrées aux expatriés anglo-saxons.
>
> L'adaptation anticipée au travail a un fort impact sur l'adaptation au travail. La comparaison avec d'autres études ne peut se faire car, à notre connaissance, l'adaptation anticipée n'a pas été mesurée directement avant cette recherche. Elle est généralement approchée par la formation interculturelle et l'expérience internationale antérieure. Cependant, ni l'existence d'une expérience internationale antérieure, ni la formation interculturelle n'expliquent l'adaptation au travail, même indirectement par l'adaptation anticipée au travail.

Ici, c'est directement le réalisme envers le travail avant le départ qui facilite l'adaptation au travail. Ce réalisme peut s'expliquer par une certaine continuité dans le travail malgré un changement de pays.

L'adaptation au travail des expatriés français est surtout expliquée par les variables relatives à la décision d'expatriation. Le libre choix, défini à partir de la théorie des images développée par Beach[2] a un impact sur l'adaptation au travail. Dans cette optique, plus les personnes pensent que la mobilité internationale est compatible avec leurs valeurs, leurs buts et leurs plans au niveau des différents domaines que sont la famille, les amis, le travail et les loisirs, plus leur adaptation au travail sera bonne.

> La nature des motifs, comme le modèle théorique l'anticipe, a un impact sur l'adaptation au travail. En effet, deux motifs apparaissent saillants pour l'adaptation au travail des expatriés français. L'absence totale du motif négatif « s'éloigner d'un contexte économique ou social lié au pays d'origine » est favorable à l'adaptation au travail. En revanche, l'absence totale du motif positif relatif à une meilleure évolution de carrière est associée négativement à l'adaptation au travail.

Figure 15.1. Modèle de l'adaptation au travail des cadres français expatriés

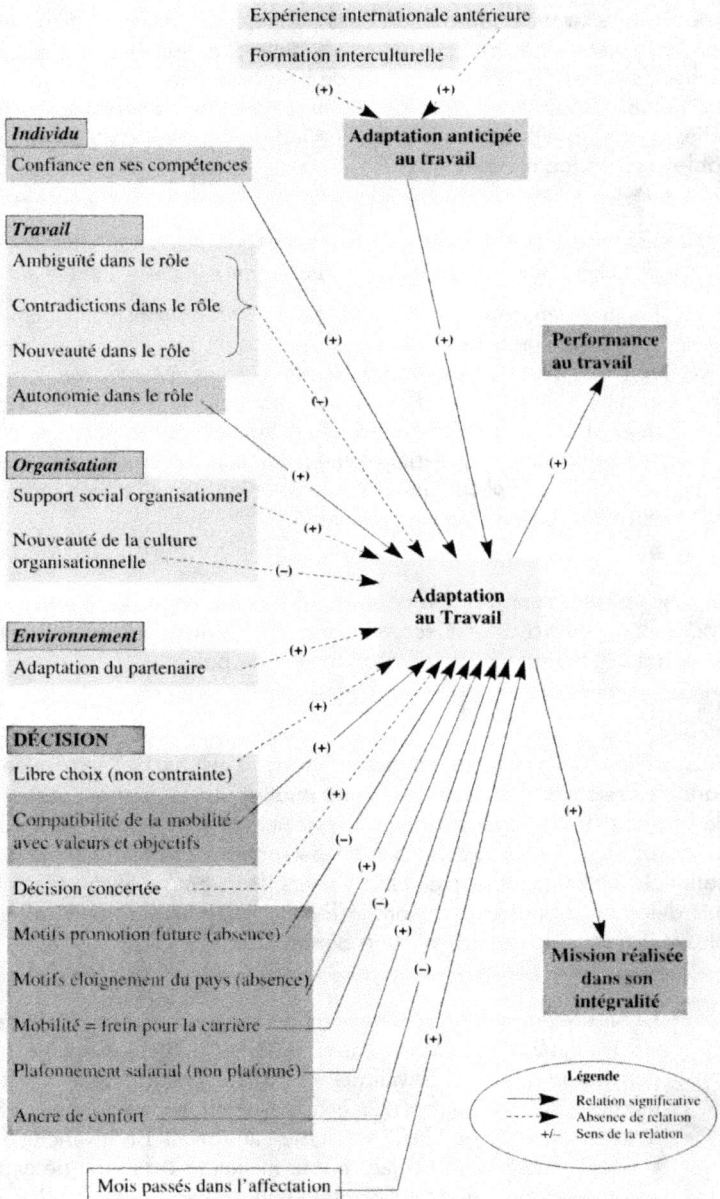

Expérience internationale antérieure

Formation interculturelle

(+)   (+)

Adaptation anticipée au travail

Individu

Confiance en ses compétences

Travail

Ambiguïté dans le rôle

Contradictions dans le rôle

Nouveauté dans le rôle

Autonomie dans le rôle

(+)   (+)

Performance au travail

(−)

Organisation

(+)

Support social organisationnel

(+)

Nouveauté de la culture organisationnelle

(−)

(+)

Adaptation au Travail

Environnement

(+)

Adaptation du partenaire

DÉCISION

(+)

Libre choix (non contrainte)

(+)

Compatibilité de la mobilité avec valeurs et objectifs

(+)

Décision concertée

(−)

Motifs promotion future (absence)

(+)

Motifs éloignement du pays (absence)

(−)

Mobilité = frein pour la carrière

(+)

Plafonnement salarial (non plafonné)

(−)

Ancre de confort

(+)

(+)

Mission réalisée dans son intégralité

Mois passés dans l'affectation

Légende

→ Relation significative
--→ Absence de relation
+/− Sens de la relation

En résumé, les personnes qui partent pour des raisons étrangères à des problèmes liés à leur pays d'origine et celles qui partent plutôt dans la perspective d'une meilleure évolution de carrière ont plus de chance de s'adapter au travail.

L'absence du motif se rapportant à une meilleure évolution de carrière renvoie à une autre variable de décision dans le modèle explicatif de l'adaptation au travail. En effet, percevoir la mobilité internationale comme un frein pour la carrière est associé négativement à l'adaptation, comme l'anticipe le modèle théorique de l'adaptation des expatriés. Ce résultat rejoint les conclusions de Feldman et Thomas[3] selon lesquelles un expatrié qui voit une forte connexion entre l'affectation à l'étranger et son cheminement de carrière à long terme a plus de chance de réussir son affectation que celui qui ne fait pas une telle connexion.

Dans notre recherche, l'absence de connexion perçue par l'individu entre la mobilité internationale et son évolution de carrière explique uniquement un aspect de l'adaptation, à savoir l'adaptation au travail. De même, la situation de plafonnement concerne uniquement l'adaptation au travail.

L'absence de plafonnement salarial au moment de la décision d'expatriation (probabilité non faible de voir son salaire progresser au-delà du coût de la vie) est associée positivement à l'adaptation au travail.

Finalement, plus les personnes sont ancrées « confort », moins elles sont adaptées au travail lors de leur affectation à l'étranger. En d'autres termes, les personnes qui privilégient le confort et la sécurité dans leur choix de carrière s'adaptent plus difficilement à leur travail lors d'une expatriation que les personnes n'exprimant pas cette orientation de carrière.

La théorie de la courbe en U, présentée au début de cet ouvrage (page 28), suggère que l'adaptation varie en fonction du nombre de mois passés dans l'affectation. Cette variable n'a pas été insérée dans le modèle théorique de l'adaptation. Examinée pour chacune des formes d'adaptation, elle est représentée en hachuré lorsque l'adaptation dépend du temps de présence à l'étranger.

Pour les expatriés français, l'adaptation au travail augmente en fonction du nombre de mois passés dans l'affectation.

Les onze variables, répertoriées dans le modèle de l'adaptation au travail des cadres français expatriés, expliquent 60,2 % de la variation de l'adaptation au travail.

L'adaptation au travail, quant à elle, comporte bien les deux conséquences anticipées dans le modèle théorique.

La performance au travail (auto-évaluation à la fois dans la perspective individuelle et organisationnelle) est expliquée par l'adaptation au travail. Il en est de même pour la réalisation de la mission dans son intégralité (« non rappel précoce par l'organisation » et « penser rester la totalité de la mission »).

1.2. L'adaptation à l'interaction

Le modèle de l'adaptation à l'interaction des cadres français expatriés (figure 15. 2) indique un écart relativement important avec le modèle théorique de l'adaptation. L'écart le plus important se situe au niveau des variables de la décision, la partie gris foncé du modèle théorique. Elle est devenue presque gris très clair pour les expatriés français, à une exception, avec l'ancre projet.

Mettre en avant dans ses choix de carrière le désir de travailler sur des projets importants est associé positivement à l'adaptation à l'interaction. Ces personnes sont animées par la volonté d'aller vers les membres de la culture d'accueil pour mener à bien leurs projets, ce qui a comme résultat une bonne adaptation.

La partie gris clair du modèle théorique est bien conservée avec cinq variables explicatives de l'adaptation à l'interaction des expatriés français.

L'impact le plus important se trouve au niveau des variables d'environnement avec l'adaptation à l'interaction du partenaire. Cette dernière est fortement associée à l'adaptation à l'interaction de l'expatrié. Ce résultat est similaire à ceux obtenus dans les études anglo-saxonnes. De plus, comme le modèle théorique l'anticipe, la nouveauté de la culture du pays a un impact négatif sur l'adaptation à l'interaction.
En revanche, le soutien apporté par le conjoint n'a pas d'influence directe sur l'adaptation à l'interaction de l'expatrié.
L'adaptation anticipée à l'interaction offre, après l'adaptation à l'interaction du partenaire, un fort pouvoir explicatif de l'adaptation à l'interaction de l'expatrié.

**Figure 15.2. Modèle de l'adaptation à l'interaction
des cadres français expatriés**

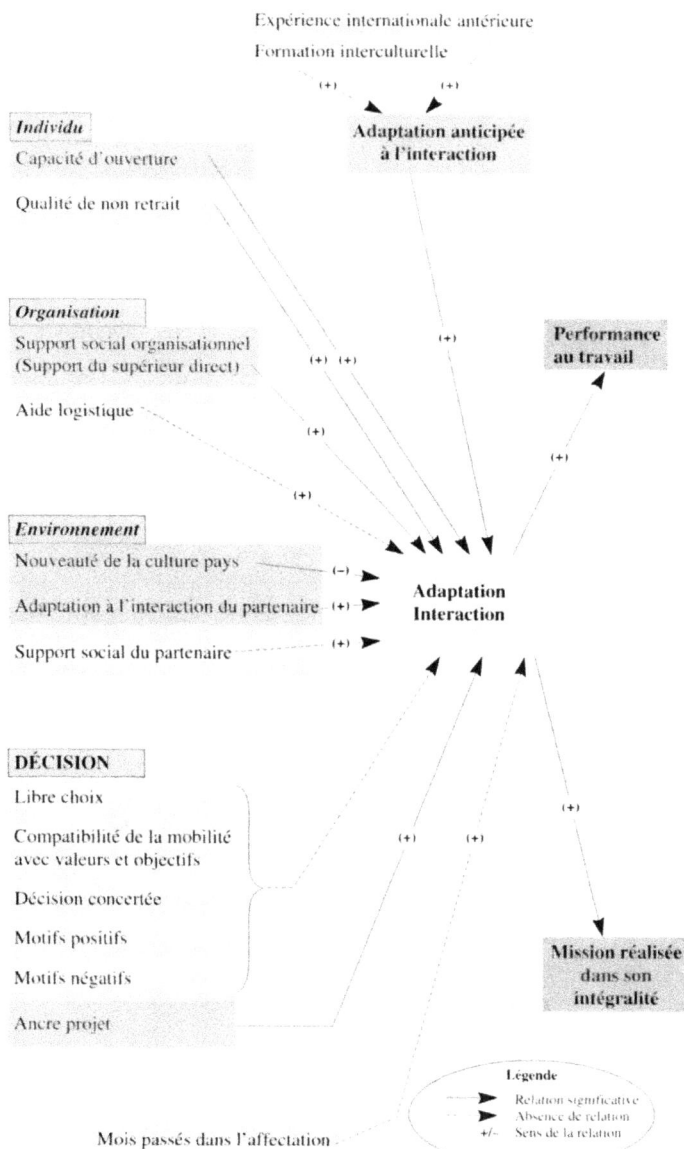

Expérience internationale antérieure

Formation interculturelle

(+)   (+)

Individu

Capacité d'ouverture

Qualité de non retrait

**Adaptation anticipée
à l'interaction**

Organisation

Support social organisationnel
(Support du supérieur direct)

Aide logistique

(+) (+)

(+)

**Performance
au travail**

(+)

(+)

Environnement

Nouveauté de la culture pays

Adaptation à l'interaction du partenaire

Support social du partenaire

(−)

(+)

(+)

**Adaptation
Interaction**

DÉCISION

Libre choix

Compatibilité de la mobilité
avec valeurs et objectifs

Décision concertée

Motifs positifs

Motifs négatifs

Ancre projet

(+)

(+)   (+)

**Mission réalisée
dans son
intégralité**

Légende

▶ Relation significative
▶ Absence de relation
+/− Sens de la relation

Mois passés dans l'affectation

Mais cette adaptation anticipée n'est expliquée ni par l'existence d'une expérience internationale antérieure, ni par la formation interculturelle.

Au niveau de l'organisation, seul le support social apporté par le supérieur direct est associé positivement à l'adaptation à l'interaction. La transmission de ses connaissances des membres de la culture d'accueil favorise certainement l'adaptation de l'expatrié.

Quant aux variables individuelles, deux qualités apparaissent dans le modèle. La capacité d'ouverture (montrer un intérêt dans la culture d'accueil) est associée positivement à l'adaptation à l'interaction. La qualité de non-retrait est associée positivement à cette facette de l'adaptation, contrairement à ce que la théorie laissait supposer. Se retirer dans des « zones de stabilité » pour faire face à une situation non familière ne favorise pas l'adaptation.

L'adaptation à l'interaction est indépendante du nombre de mois passés dans l'affectation.

Globalement, le modèle des cadres français expatriés dénombre sept variables expliquant 52,3 % de la variation de l'adaptation à l'interaction. Les deux variables qui expliquent le plus l'adaptation à l'interaction de l'expatrié sont l'adaptation à l'interaction de son partenaire (bêta = 0,35 ; p<0,001) et le degré de réalisme avant le départ relatif aux contacts avec les membres de la culture d'accueil ou adaptation anticipée à l'interaction (bêta = 0,33 ; p<0,001).

L'adaptation à l'interaction favorise la performance au travail des expatriés (auto-évaluation dans la perspective organisationnelle). Elle favorise également la réalisation de la mission dans son intégralité (ne pas être rappelé par son organisation avant la fin prévue de la mission).

1.3. L'adaptation générale

Le modèle de l'adaptation générale des cadres français expatriés (figure 15.3) est le plus proche du modèle théorique au niveau de la partie gris clair.

Cette partie du modèle représente les antécédents de l'adaptation générale mis en évidence par Black et ses collègues[4].

L'adaptation anticipée générale a pour effet direct l'adaptation générale. En d'autres termes, plus une personne sera réaliste avant son départ quant aux conditions générales de vie qui l'attendent dans le pays d'affectation, plus elle s'y adaptera une fois dans le pays. Cette adaptation anticipée est elle-même expliquée par l'existence d'une expérience internationale antérieure. Les personnes qui ont déjà connu une mobilité internationale s'adaptent mieux aux conditions générales de vie comme la nourriture ou le logement.

Deux qualités individuelles facilitent l'adaptation générale. Il s'agit de la capacité de substitution (pouvoir remplacer ce que l'on apprécie dans son pays d'origine par ce qui est disponible dans le pays d'accueil) et de la qualité de non-retrait (ne pas se retirer dans des zones de stabilité).

Au niveau de l'organisation, l'aide logistique, autrement dit le soutien matériel apporté par l'organisation à l'expatrié, est associée positivement à l'adaptation générale. Aider les expatriés en ce qui concerne leur logement ou leurs formalités administratives, par exemple, favorise leur adaptation aux conditions générales de vie en réduisant l'incertitude à ce niveau.

En revanche, le support social organisationnel ne parvient pas à ce résultat.

En ce qui concerne l'environnement, la nouveauté de la culture du pays est associée négativement à l'adaptation générale comme le modèle théorique l'anticipe.

Cependant, la variable qui a le plus fort impact sur l'adaptation générale du cadre est l'adaptation générale du conjoint. Les études empiriques relatives à des expatriés anglo-saxons parviennent à des résultats similaires.

La partie gris foncé du modèle théorique représentant les variables de la décision est devenue très claire. En effet, les variables de la décision n'ont aucun pouvoir explicatif de l'adaptation générale pour les expatriés français. Finalement, plus une personne passe de temps dans un pays étranger, plus son adaptation générale augmente.

■ *Au total, les sept variables susmentionnées expliquent 63,5 % de la variation de l'adaptation générale. La variable qui explique le plus l'adaptation générale de l'expatrié est l'adaptation générale de son partenaire (bêta = 0,45 ; p<0,001).* ■

La dernier résultat concerne les conséquences de l'adaptation générale. Ni la performance au travail, ni la réalisation de la mission dans son intégralité n'apparaissent comme des conséquences directes de l'adaptation générale.

La présentation de ce modèle clôt la synthèse des déterminants et conséquences des trois facettes de l'adaptation.

**Figure 15.3. Modèle de l'adaptation générale
des cadres français expatriés**

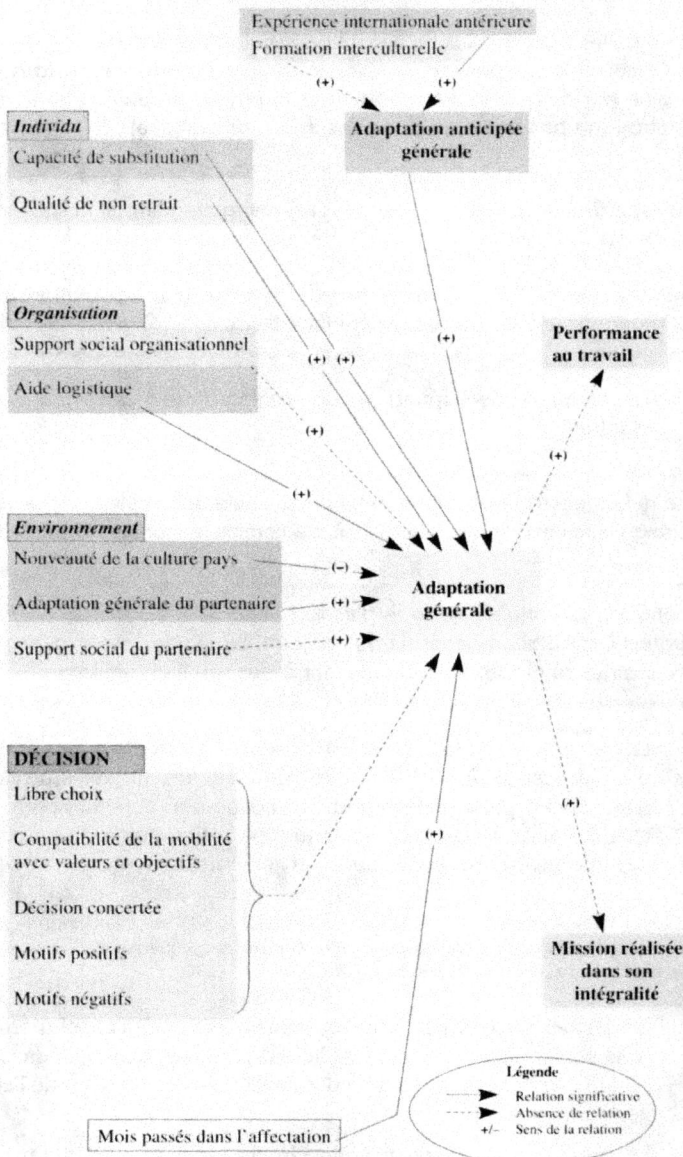

1.4. Lien entre les trois facettes de l'adaptation

Les résultats de la recherche sur les expatriés français s'inscrivent en continuité des travaux qui conceptualisent l'adaptation comme un « construit » tridimensionnel. Ils signifient que les expatriés peuvent présenter un degré d'adaptation différent selon ces trois dimensions. De futures recherches ouvriront peut-être la voie à d'autres dimensions. Pour l'instant, nous basons les recommandations pratiques en matière de gestion des expatriés sur les résultats concernant les trois facettes de l'adaptation étudiées à ce jour.

Il existe, semble-t-il, une relation entre certaines de ces facettes. L'adaptation générale d'un expatrié est reliée à son adaptation au travail ainsi qu'à son adaptation à l'interaction. Aucun lien direct n'existe entre l'adaptation à l'interaction et l'adaptation au travail.

Un expatrié responsable d'une mission en Indonésie, observateur privilégié de l'adaptation d'une trentaine de cadres, exprime ainsi le sens de la relation :
« *Ceux qui sont bien adaptés au pays n'ont pas de problèmes dans leur travail. Au contraire, une mauvaise adaptation dans le pays entraîne des difficultés au niveau du travail* ».

Déterminer le sens de la relation entre les différentes formes d'adaptation nécessite d'autres recherches.

La connaissance des déterminants et des conséquences des trois facettes de l'adaptation conduit à développer quelques implications pratiques aussi bien pour les entreprises que pour les futurs expatriés.

2. Les implications pratiques

Les résultats exposés dans les trois modèles de l'adaptation des cadres français expatriés permettent de suggérer des implications pratiques à la fois :

- aux entreprises soucieuses d'améliorer la gestion de leurs expatriés ;
- aux personnes qui envisagent une mobilité internationale.

2.1. Implications pour les entreprises

Les résultats de la recherche conduisent à proposer quelques recommandations en matière de gestion internationale des ressources humaines pour les entreprises. L'objet de cet exposé n'est pas de présenter un programme complet de gestion des expatriés mais plutôt de signaler plusieurs principes qui devraient conduire à une meilleure gestion. Les principes développés se focalisent principalement sur les points suivants :

- donner un aperçu réaliste de l'affectation ;
- mieux sélectionner les expatriés ;
- apporter un soutien aux expatriés.

Nous terminerons par une brève présentation de l'audit de l'expatriation.

2.1.1. APERÇU RÉALISTE DE L'AFFECTATION

Tout d'abord, l'importance de l'adaptation anticipée pour chacune des facettes de l'adaptation invite à donner aux expatriés un aperçu réaliste de l'affectation dans toutes ses dimensions avant le départ. La formation interculturelle peut remplir cet objectif si elle offre une rigueur suffisante.

En d'autres termes, la formation interculturelle devrait dépasser le stade documentaire pour inclure des programmes plus sophistiqués comme les programmes d'assimilation. Ces programmes exposent le stagiaire à des incidents critiques spécifiques rattachés au succès de l'interaction avec une autre culture. La complémentarité entre les différents programmes de formations, des programmes documentaires aux expériences de terrain, permettrait alors de transférer à l'international des expatriés réalistes. Ils seraient donc plus facilement adaptables à leur travail, aux conditions générales de vie et à l'interaction avec les membres de la culture d'accueil.

Une formation rigoureuse aurait également l'avantage d'amoindrir l'effet négatif de la nouveauté culturelle sur l'adaptation générale et l'adaptation à l'interaction.

Plus la culture du pays d'accueil est différente de celle du pays d'origine, plus la mise en place de programmes rigoureux s'avère nécessaire. Si l'organisation n'a pas de prise directe sur la culture, elle peut, par le biais d'une formation adéquate, en atténuer la « dureté » pour les expatriés.

Les conjoints devraient également bénéficier d'une formation, d'autant plus que leur mauvaise adaptation a une forte probabilité d'avoir une répercussion négative sur l'adaptation des expatriés. Le cadre et sa famille devraient être considérés comme une entité pour la formation.

L'enquête Ashridge[5] indique que la formation interculturelle pour la famille est un aspect négligé de la préparation des managers pour des postes internationaux.

L'organisation peut faire appel à ses propres ressources pour la formation interculturelle. Le recours aux anciens expatriés présente un avantage fondamental.

En effet, l'utilisation des nouvelles compétences des expatriés est souvent négligée lors de leur retour[6]. La formation est alors une occasion de réduire cette insuffisance tout en donnant aux futurs expatriés une source d'information réaliste. La préparation sera d'ailleurs d'autant plus réaliste que l'ancien expatrié intervient au sujet de son expatriation la plus récente. Cette intervention s'adressera à de futurs expatriés destinés à une affectation internationale similaire à celle du formateur, en termes de travail et surtout de destination. Les ressources extérieures à l'entreprise constituent une solution de formation, complémentaire aux ressources internes. L'entreprise recherche alors les compétences d'intervenants spécialisés dans le management interculturel et la préparation des expatriés. Ce choix est dicté notamment par la connaissance pratique de la zone particulière visée pour l'expatriation. Un formateur, ne connaissant l'Indonésie qu'au travers de Java, n'est peut-être pas la personne idoine pour assurer une formation pour des personnes affectées sur l'île de Sumatra.

Les préconisations d'une formation rigoureuse sont légions. Pourtant notre étude, à l'instar de celles sur les expatriés anglo-saxons mentionnées dans cet ouvrage, rapporte des taux très faibles de personnes formées. La bonne formation n'est pas forcément la plus chère. Ce coût peut être contrôlé par l'organisation alors que le coût de l'échec s'avère difficilement maîtrisable. La formation constitue alors une assurance que l'on ne peut cependant pas qualifier de « tous risques ». C'est une précaution complémentaire à l'étape de sélection développée ci-après. En effet, Munton et ses collègues[7] notent que la sélection n'est pas fiable à 100 %. Gertsen[8] observe aussi cette insuffisance.

2.1.2. SÉLECTION

L'importance des variables individuelles comme déterminants des trois facettes de l'adaptation inspire quelques remarques au niveau des critères utilisés dans les processus de sélection. Les différentes enquêtes sur les pratiques organisationnelles indiquent que les compétences techniques constituent un critère dominant. Par exemple, Miller[9], au début des années 1970, examine 53 décisions de sélection de managers pour une affectation internationale. Les connaissances techniques et les performances passées s'imposent comme les critères principaux. Stone[10], au début des années 1990, interrogeant 60 responsables des ressources humaines, parvient à un constat similaire : la sélection pour des affectations internationales repose sur des critères peu différents de ceux utilisés dans une sélection nationale. D'autres travaux[11] confirment ces pratiques. Les résultats de l'enquête Ashridge illustrent clairement l'importance accordée aux compétences professionnelles au détriment d'autres critères (tableau 15.1).

Tableau 15.1 : Sélection des managers pour des postes internationaux

Comment les managers sont sélectionnés pour des affectations internationales (% des répondants classant un facteur parmi les cinq critères de sélection les plus importants dans leur organisation)	
Expertise/qualification technique pour le travail	85
Potentiel du manager à se développer dans le rôle	69
Connaissance des systèmes, procédures de l'organisation	63
Compréhension du marché et des clients	48
Capacités (qualifications) linguistiques appropriées	46
Composant nécessaire du cheminement de carrière	46
Soutien du conjoint et de la famille	38
Connaissance/compréhension de la culture/normes du pays d'accueil	25
Bonne santé	13
Âge	8
Ancienneté	6
Sexe	2
Expérience d'expatrié	2

Source : d'après Barham & Devine, enquête Ashridge, 1991, p. 27.

L'adaptabilité devrait être un critère fondamental de toute sélection des personnes en vue d'une mobilité internationale.

> Notre recherche a montré le caractère incontournable des compétences techniques dans l'adaptation au travail appréciées par la confiance de l'individu en ses compétences professionnelles. Cette confiance constitue un premier indicateur de l'adaptabilité. Néanmoins, notre recherche a mis en exergue d'autres qualités de l'individu centrales pour les deux autres formes d'adaptation. La capacité de substitution (absence du « mal du pays ») facilite l'adaptation aux conditions générales de vie. La capacité d'ouverture (intérêt porté par l'individu aux cultures étrangères, et en particulier à leurs membres) s'avère nécessaire pour l'adaptation à l'interaction. Enfin, l'absence de disposition au retrait face à un environnement peu familier est favorable à ces deux dernières formes d'adaptation.

L'impact des variables de la décision conduit à suggérer à l'entreprise de les prendre en compte lors de la sélection des expatriés. L'organisation pourrait écarter les personnes qui présentent des motifs négatifs. Ces derniers sont associés à une mauvaise adaptation dans notre recherche alors que les motifs positifs sont plutôt favorables à l'adaptation au travail. Les situations de plafonnement subjectif sont également porteuses d'informations, tout comme les ancres de carrière. Ces éléments constituent une panoplie de critères utilisables qui dépasse l'aspect nécessaire mais insuffisant des compétences professionnelles.

> Les qualités propres à l'individu ne suffisent pas. La famille de l'expatrié ne vient qu'en septième position dans le tableau 15.1 issu de l'enquête Ashridge. Pourtant, le transfert international de l'employé entraîne le plus souvent le transfert de sa famille. Le partenaire, accompagnateur du cadre expatrié, est parfois ignoré par l'organisation sous le prétexte de ne pas vouloir s'immiscer dans la vie privée des individus. Notre recherche, dans la lignée des travaux antérieurs sur les expatriés anglo-saxons, montre le lien étroit qui existe entre l'adaptation du partenaire et l'adaptation de l'expatrié. L'adaptation du partenaire est d'autant plus difficile que ce dernier est peu disposé envers la mobilité internationale. La décision n'est pas toujours vraiment concertée entre les membres du couple.

Le recruteur doit s'assurer de l'adhésion du partenaire à la mobilité internationale. Un entretien avec le partenaire de l'expatrié potentiel, avec évidemment l'accord des intéressés, devrait permettre de détecter les réticences éventuelles et les risques encourus pour la réussite de l'expatrié. Cet exercice doit trouver un équilibre entre le respect de l'intimité des personnes et une meilleure connaissance des protagonistes de la mobilité internationale. Faire l'impasse sur le partenaire lors du processus de sélection reviendrait à sélectionner le cadre « à moitié »[12].

La prise en compte du partenaire dans le processus de sélection est recommandée par d'autres travaux récents[13]. Un entretien avec les enfants pourrait également permettre de sonder l'adhésion des membres accompagnateurs de l'expatrié lors de son affectation à l'étranger.

Ces recommandations, pour être suivies, impliquent que l'entreprise dispose de suffisamment de temps. Les futures affectations pourraient alors être anticipées par la constitution d'un vivier de personnes disposées favorablement envers la mobilité internationale et présentant les qualités nécessaires. Ne seraient retenues que les personnes dont la mobilité internationale serait compatible avec leurs objectifs relatifs ou non à leur travail.

Idéalement, ne seraient alors expatriées que des personnes qui acceptent la mobilité internationale par choix et non faute de pouvoir faire autrement.

Une fois l'expatrié recruté et sélectionné pour un poste, l'organisation devrait lui fournir le soutien nécessaire à la réussite de son affectation et de son retour.

2.1.3. SUPPORT ET RETOUR

Notre recherche montre que l'aide logistique facilite l'adaptation aux conditions générales de vie. L'entreprise ne peut faire l'économie d'une telle aide. Cette aide s'inscrit dans la rémunération globale. Elle soulage l'expatrié de contraintes matérielles. Si elle a un aspect au niveau de l'adaptation, elle pourrait également être favorable dans la prise de décision d'expatriation dans la perspective de l'individu.

Au côté du support matériel, le modèle théorique suppose une relation entre le support social organisationnel et les trois facettes de l'adaptation. Selon les résultats de notre recherche, le support de l'organisation d'origine n'apparaît pas jouer un rôle fondamental au niveau de l'adaptation dans le pays d'affectation. Seul le support apporté par le supérieur direct lors de l'affectation facilite l'adaptation à l'interaction de l'expatrié. Cette forme d'adaptation étant la plus difficile, il ne faudrait négliger aucun de ses déterminants.

Le supérieur direct peut très bien remplir le rôle de « tuteur » lors de l'affectation. Le tuteur ou parrain dans le pays d'origine ne semble pas être un déterminant de l'adaptation des expatriés français. Son rôle s'inscrit peut-être plus dans la phase du retour de l'expatriation.

La question du retour est évidemment centrale. Elle mobilise de plus en plus de chercheurs qui se concentrent uniquement sur cet aspect de l'expatriation parfois délaissé par les entreprises. La préparation au retour, l'adaptation du cadre au retour et l'utilisation de ses nouvelles compétences pourraient être l'objet d'une grande attention de la part des entreprises. Celles-ci pourraient, avant même le départ, anticiper le retour des expatriés. Par exemple, les problèmes de l'adaptation au retour proviennent souvent d'un décalage entre les attentes des personnes avant le départ et ce qu'elles vivent concrètement à leur retour[14].

Donner un aperçu réaliste du retour est alors aussi important que donner un aperçu réaliste de l'affectation. Cette démarche contribuerait à limiter les déceptions et les échecs lors du retour. Il est illusoire de promettre une promotion à la fin d'une expatriation alors que le contexte de l'organisation deux ou trois ans après aura changé.

Une étude sur l'adaptation au retour des expatriés japonais[15] propose la mise en place d'une formation comprenant un voyage dans le pays d'origine et des informations sur les changements fondamentaux de l'organisation. Le système de parrainage pourrait remplir cette fonction durant l'affectation. La préparation au retour exige du temps. L'entreprise pourrait la démarrer six à dix-huit mois avant la fin de la mission de l'expatrié[16]. Le travail, une fois l'expatrié de retour dans son entreprise d'origine, est alors planifié.

Un « compte rendu de fin de mission » donne l'occasion d'un échange entre l'expatrié et ses collègues. Un double objectif peut résulter de cette démarche :
1. Une meilleure connaissance des réalisations de l'expatrié, limitant peut-être les phénomènes de jalousie.
2. Une meilleure connaissance des changements survenus lors de l'absence de l'expatrié, facilitant son adaptation dans son pays d'origine.

Une dernière variable concernant le soutien à l'expatrié est celui apporté par son partenaire. Présent dans le modèle théorique, il ne se retrouve pas dans les différents modèles d'adaptation pour les cadres français expatriés. Ce résultat ne signifie peut-être pas que cette variable n'a pas d'impact sur l'adaptation. La recherche ne saisit peut-être pas l'aspect dynamique de ce soutien. La même remarque s'applique au soutien organisationnel.

Un support adéquat apparaît en effet particulièrement crucial en début de mission[17]. Les expatriés devraient alors pouvoir passer suffisamment de temps avec leur famille au commencement de l'expatriation. Les organisations ne devraient pas conseiller à leurs cadres de partir en éclaireur avant leur famille.

L'ensemble des recommandations formulées s'applique de manière générale à toutes les entreprises sans prendre en compte leur particularité. La mise en place d'un audit social de la mobilité internationale spécialisé sur les politiques d'expatriation peut être alors utile.

2.1.4. AUDIT DE L'EXPATRIATION

L'audit de l'expatriation revient à porter un jugement sur les principaux éléments de gestion de l'expatriation des personnes[18]. Cet audit couvre notamment les domaines exposés dans les sections précédentes. Les résultats des études sur l'expatriation, que notre recherche, à son niveau, complète, peuvent servir de référence au jugement de l'auditeur. Il s'agit principalement d'audits d'efficacité. Selon Couret et Igalens[19], « pour l'audit d'efficacité, (…) les techniques et procédures utilisées dans les firmes performantes, les modèles théoriques concernant la gestion du personnel sont des référentiels utilisables ». Les études qui s'appuient sur le modèle théorique de l'adaptation de Black, Mendenhall et Oddou contribuent au développement et à l'amélioration des référentiels. Pour les expatriés français, les trois modèles de l'adaptation constituent des grilles d'analyses minimales de leur politique. Ainsi, les déterminants des trois facettes de l'adaptation devraient être au centre de leur politique. Mais l'audit social des politiques de mobilité internationale dépasse ces modèles. Il peut alors inclure les politiques de rémunération dans son ensemble sans se limiter à l'aide logistique. L'étude des aspects légaux de l'expatriation (contrats, sécurité sociale par exemple) revient à conduire un audit de conformité.

L'audit social exige une méthodologie particulière qui prend en compte les spécificités des organisations. Le futur expatrié n'est pas en mesure d'auditer la politique d'expatriation de l'entreprise qui pourrait l'expatrier. Par contre, les trois modèles d'adaptation et l'ensemble des résultats mentionnés dans cet ouvrage pourraient lui servir de base sur au moins trois aspects, parallèles à ceux développés pour l'entreprise.

2.2. Implications pour les individus

Ces trois aspects, examinés successivement dans les sections suivantes, recouvrent :

- l'auto-formation ;
- l'auto-sélection ;
- la négociation.

2.2.1. AUTO-FORMATION

Une première recommandation s'impose : ne pas partir sans avoir au préalable une connaissance réaliste de l'affectation dans au moins trois de ses composantes, à savoir le travail, les conditions générales de vie et l'interaction avec les membres de la culture d'accueil.

Aussi, l'expatrié ne doit-il pas hésiter à compléter la formation qu'il reçoit de son organisation. Dans le cas où l'organisation négligerait la formation de ses futurs expatriés, ces derniers peuvent alors se former de manière indépendante. Néanmoins, l'inscription à un cours formel est très contraignante. L'individu, de manière isolée, peut difficilement trouver et suivre une formation rigoureuse comprenant par exemple des jeux de rôles. Il lui appartient de demander à son organisation de lui fournir une telle préparation. Cette démarche s'inscrit parfaitement dans la phase de négociation concernant les différents aspects d'une éventuelle mobilité. Par contre, les programmes documentaires et les formations en langues semblent plus accessibles pour une personne. C'est le minimum requis en deçà duquel l'expatrié prend des risques considérables vis-à-vis de son adaptation à venir.

2.2.2. AUTO-SÉLECTION

L'impact des variables de la décision, sur l'adaptation au travail et l'adaptation à l'interaction, invite les personnes intéressées par une mobilité internationale à examiner attentivement la décision qu'elles s'apprêtent à prendre. Cette démarche est d'autant plus importante que ces deux formes d'adaptation ont pour conséquence la réalisation de la mission dans son intégralité.

Une mauvaise adaptation est synonyme de retour précoce dans le pays d'origine. Aussi, vaut-il mieux prévenir que guérir.

La première étape pourrait consister à établir un bilan de compétences internationales. La personne examine alors si elle possède les qualités individuelles nécessaires à une bonne adaptation. Elle peut le réaliser seule ou se faire aider dans cet exercice par un conseiller en gestion des carrières. Elle jauge également l'ensemble de ses motifs. La présence d'un motif négatif aux côtés de motifs essentiellement positifs ne condamne pas la personne à rester dans son pays d'origine. Par contre, il serait préférable de renoncer à une mobilité internationale si sa seule justification revient à fuir des problèmes. Une meilleure connaissance de ses ancres de carrière peut aider la personne à déterminer dans quelle mesure l'orientation de ses choix de carrière est en accord avec une mobilité internationale.

L'expatrié potentiel pourrait aussi étudier dans quelle mesure la mobilité internationale est compatible avec ses objectifs au niveau des différents domaines que sont la famille, les amis, le travail et les loisirs. La mobilité internationale devrait plutôt être choisie que subie.

2.2.3. NÉGOCIATION

La négociation comprend tous les aspects de la mobilité internationale. La rémunération s'y inscrit naturellement. L'expatrié devrait mettre particulièrement l'accent sur l'aide logistique que peut lui apporter l'entreprise. Néanmoins, une bonne politique d'expatriation n'inclut pas seulement des récompenses monétaires. L'expatrié pourrait être particulièrement attentif à deux points :
1. Les systèmes de carrière proposés par son entreprise.
2. Les procédures concernant le retour.

Pour le premier point, il ne s'agit pas, rappelons-le, de se faire promettre une promotion au retour. Une telle approche est hasardeuse étant donné que la situation de l'organisation n'est pas figée. Par contre, l'entreprise doit être capable de présenter différentes alternatives possibles en termes de carrière à l'issue de l'expatriation. Il semble intéressant de la sonder à ce niveau. De plus, il est conseillé de comparer l'évolution des personnes qui ont été mobiles à celle des sédentaires dans l'entreprise.

Il peut alors s'avérer très judicieux de rencontrer d'anciens expatriés à ce sujet.

Les systèmes de carrière rejoignent d'ailleurs les procédures concernant le retour. Dès la négociation relative à la mobilité, il faut s'assurer qu'une personne tiendra le rôle de parrain. Un lien sera ainsi maintenu entre l'entité d'origine et celle de l'affectation. Un contact continu permet de suivre les changements dans l'entité d'origine. Une opportunité de carrière peut alors être visible. Aussi, le choix d'un mentor doit-il s'effectuer avec soin. Au moins quatre critères peuvent aider l'expatrié potentiel à déterminer dans quelle mesure son parrain ou mentor sera efficace dans la perspective du retour[20]. Le mentor doit en effet :

1. Avoir une position influente dans l'organisation, ce qui lui permet d'avoir une bonne connaissance des opportunités de carrières qui peuvent correspondre à l'expatrié lors de son retour.

2. Être si possible un ancien expatrié, ce qui lui permet de mieux comprendre les préoccupations de l'expatrié avec lequel il a une relation privilégiée.

3. Être prêt à investir du temps.

4. Avoir une compréhension de l'importance d'un vivier international pour son organisation.

Avoir un tel mentor permet de rester efficace lors des derniers mois de son affectation globale. En effet, l'incertitude autour de la question du retour étant moindre, l'expatrié peut conserver une bonne adaptation jusqu'à la fin de la mission. Avoir moins d'incertitude quant à sa carrière ne signifie pas « rester passif ».

Au-delà des précautions prises au moment de la négociation sur l'importance d'un lien étroit avec son organisation d'origine, l'expatrié a intérêt à se montrer très actif quant à la recherche de son poste à son retour. Cela ne suffit pas de se préoccuper de son retour avant le départ. Il faut y penser également pendant le séjour.

Tous les points de la négociation ne sont pas abordés dans cet ouvrage. Le principe pour l'expatrié potentiel est d'avoir le moins d'incertitude possible. Il repose sur la base théorique de l'adaptation.

▼ Points clés

- L'adaptation des expatriés français comporte des similarités et des spécificités par rapport aux expatriés anglo-saxons.

- Les similarités concernent principalement l'importance de l'adaptation du conjoint « accompagnateur » pour comprendre l'adaptation de l'expatrié.

- Les spécificités concernent notamment l'adaptation au travail expliquée par la décision d'expatriation des personnes. L'adaptation anticipée explique également fortement chacune des trois facettes de l'adaptation des expatriés.

- Les résultats pour les responsables de mobilité internationale s'expriment en termes d'aperçu réaliste de l'affectation avant le départ, d'une sélection prenant en compte l'adaptabilité de l'expatrié, ses motifs d'expatriation et sa famille et enfin le soutien de l'expatrié.

- Les implications pour les personnes intéressées par une mobilité internationale se focalisent sur l'auto-formation, l'auto-sélection et la négociation qui inclut les questions de la carrière et du retour d'expatriation.

▼ Fil d'Ariane

La mobilité internationale est un vaste champ de recherche qui est exploré depuis peu. Le modèle théorique de Black, Mendenhall et Oddou constitue un premier socle sur lequel se construit un courant de recherches. Il est centré sur l'examen des facteurs qui influencent l'adaptation interculturelle. Les auteurs contribuent fortement au domaine de l'expatriation en fournissant un cadre théorique, véritable dynamique pour des recherches empiriques robustes[21]. Ils invitent les chercheurs à tester leurs hypothèses pour des situations d'expatriations différentes. Le choix repose sur une combinaison de deux dimensions : la nationalité des expatriés et le lieu d'affectation. Pour notre part, notre contribution se focalise sur une nationalité (française) et sur de multiples pays (44). Les répondants à l'enquête sont 293 cadres expatriés. L'objectif de notre démarche est d'avancer quelques éléments de réponse à la question : pourquoi certaines personnes sont mieux adaptées que d'autres lors d'une affectation internationale ? Les premières seront considérées mobiles alors que les autres auront une mobilité moindre. Le fait de partir travailler à l'étranger n'est pas à lui seul synonyme de mobilité. Il faut franchir l'étape supplémentaire qu'est l'adaptation. Notre contribution revient à élargir le modèle d'adaptation internationale au processus de décision de l'expatrié concernant la mobilité internationale. Le modèle comprend également la réussite de l'expatriation en termes de conséquences de l'adaptation puisque nous définissons une personne mobile comme une personne qui accepte une mobilité internationale, qui s'adapte et réussit sa mission.

La recherche présentée dans cet ouvrage, construite à partir des travaux qui l'ont précédée, invite à poursuivre plus avant la quête de connaissance sur la mobilité internationale. Pour notre part, nous persévérons en recueillant des informations aussi bien qualitatives que quantitatives via Internet[22]. Une meilleure connaissance de l'adaptation et de la décision des expatriés devrait avoir pour ambition l'amélioration continue des politiques de mobilité internationale au profit de l'organisation, des familles, des femmes et des hommes internationalement mobiles. Le dernier chapitre de conclusion de cet ouvrage développe quelques politiques innovantes pour une expatriation réussie.

Notes

1. Black, Mendenhall et Oddou, 1991, Toward a Comprehensive Model of International Adjustment: An Integration of Multiple Theoretical Perspectives.

2. Beach, 1990, Image Theory: Decision Making in Personal and Organizational Contexts.

3. Feldman et Thomas, 1992, Career management issues facing expatriates.

4. Black, Mendenhall et Oddou, 1991, Toward a Comprehensive Model of International Adjustment: An Integration of Multiple Theoretical Perspectives.

5. Barham et Devine, 1991, The quest for the international manager: A survey of global human resources strategies.

6. Harris, 1989, Moving Managers Internationally: The Care and Feeding of Expatriates.

7. Munton et al., 1993, Job relocation: Managing people on the move.

8. Gertsen, 1990, Intercultural competence and expatriates.

9. Miller, 1973, The International Selection Decision: A study of Some Dimensions of Managerial Behavior in the Selection Process.

10. Stone, 1991, Expatriate selection and failure.

11. Gertsen, 1990, Intercultural competence and expatriates ; Barham et Devine, 1991, The quest for the international manager: A survey of global human resources strategies.

12. Cerdin, 1996b, Audit de la mobilité internationale : introduction au cas de l'expatriation.

13. Pol, 1995, La mobilité internationale du personnel dans les firmes multinationales : histoire, gestion, mesure et impact sur la carrière.

14. Forster, 1994, The forgotten employees ? The experiences of expatriate staff returning to the UK.

15. Black et Kaerinasai, 1994, Factors related to Japanese repatriation adjustment.

16. Ettorre, 1993, A brave new world: Managing international careers.

17. Munton et al., 1993, Job relocation: Managing people on the move.

18. Cerdin, 1996b, Audit de la mobilité internationale : introduction au cas de l'expatriation.

19. Couret et Igalens, 1988, p. 113, L'audit social.

20. Swaak, 1997, Repatriation: A Weak Link in Global HR.

21. De Cieri et Dowling, 1995, Cross-Cultural Issues in Organizational Behavior.

22. Le site de recherche se trouve à l'adresse suivante :
http://www. essec. fr/faculty/jl.cerdin

CONCLUSION

RÉUSSIR L'EXPATRIATION AVEC DES PRATIQUES INNOVANTES

▼ Repère

Le chapitre 15 a montré les implications pratiques, à la fois pour les entreprises et les expatriés, qui découlent directement de la compréhension de l'adaptation internationale.

Ce dernier chapitre de conclusion élargit les pratiques nécessaires à une gestion performante de la mobilité internationale.

Ce chapitre final élargit les pratiques de gestion de la mobilité internationale introduites précédemment.

Toute pratique innovante de gestion de la mobilité internationale exige de respecter quatre types de cohérence :

- cohérence stratégique ou externe.
  Les politiques de gestion de la mobilité internationale doivent être en adéquation avec la stratégie globale de l'entreprise.

- cohérence organisationnelle.
  La cohérence organisationnelle est atteinte quand les différentes entités d'une organisation, comme les départements ou les centres de profits, fondent leurs politiques sur les mêmes principes, en adéquation avec les politiques définies au niveau de la direction des ressources humaines. Cette dernière peut comprendre un pôle spécialisé de mobilité internationale ou s'incarner dans une direction internationale des ressources humaines.

- cohérence interne des politiques de mobilité internationale.
  Les politiques de mobilité internationale doivent être cohérentes entre elles. Par exemple, les messages envoyés en termes de rémunération renforcent ceux en termes d'évolution de carrière. Aussi est-il nécessaire d'aborder la mobilité internationale dans une optique holistique plutôt que de considérer chacune de ses facettes de manière isolée.

- cohérence avec la gestion des ressources humaines.
La mobilité internationale s'inscrit plus largement dans la gestion des ressources humaines de l'entreprise. Pour faciliter le passage entre la mobilité et la non-mobilité, la cohérence entre les politiques spécifiques de mobilité internationale et les politiques élargies de gestion des ressources humaines s'impose.

Ces cohérences sont particulièrement pertinentes pour une gestion efficace du retour des expatriés.

1. Penser le retour en amont de la mobilité

Réussir l'expatriation et la mobilité internationale des personnes est une entreprise de longue haleine qui commence avant le départ et se poursuit au retour d'expatriation.

La gestion du retour des expatriés s'inscrit dans la gestion des carrières. La réussite de la gestion de la mobilité internationale inclut la gestion du retour qui s'envisage dès le recrutement de l'expatrié.

Les enjeux de la gestion du retour varient en fonction des trois principaux objectifs de la mobilité internationale :

- un besoin spécifique de personnel.
Cette mobilité internationale peut ne pas faire partie d'un parcours de carrière planifié par l'organisation. Le retour de l'expatrié peut alors s'avérer difficile. Les programmes de parrainage et de suivi mentionnés dans le chapitre précédent s'imposent.

- le développement des managers.
Cette mobilité concerne les hauts potentiels. Elle constitue une étape dans un parcours qualifiant, dans le cadre d'une filière promotionnelle internationale (figure 16.1). Ces filières internationales prévoient un ou plusieurs passages à l'international, alternés avec des postes au siège (Pn), afin de pouvoir progresser dans l'entreprise. La réussite à chaque étape conditionne le passage à l'étape suivante. Le retour ne pose pas de problème pour ceux qui réussissent puisque leur carrière est « programmée » dans le cadre de parcours qualifiants.

- le développement de l'organisation.
Le développement de l'organisation met l'accent sur le contrôle et la coordination des activités de ses filiales à l'étranger. Il repose sur un flux d'informations entre le siège de l'organisation et ses différentes filiales. L'expatrié se trouve au centre de ce processus stratégique pour l'entreprise. En termes de retour, il se trouve dans une situation médiane entre la première et seconde justification exposée ci-dessus.

Figure 16.1 : Filière promotionnelle internationale

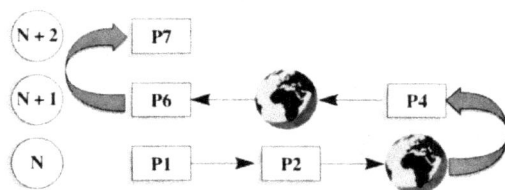

Source : Cerdin, 2000, Gérer les carrières, p. 34

Les conditions de retour apparaissent fortement liées aux objectifs mêmes de la mobilité internationale. Cependant, l'entreprise dispose d'une panoplie d'outils pour faciliter le retour des expatriés parmi lesquels[1] :

1. Briefing avant le départ du pays d'expatriation sur ce qu'il faut attendre au retour.

2. Réunion avant le retour avec un/des responsables des ressources humaines ou autres managers afin d'aborder les préoccupations concernant la carrière des expatriés.

3. Avant le départ, une garantie écrite ou un accord précisant dans les grandes lignes le type de poste au retour.

4. Programmes formels de parrainage pendant l'expatriation.

5. Programmes de réintégration immédiatement après le retour afin d'informer les expatriés des changements dans l'entreprise.

6. Séminaires de formation qui préparent les salariés à comprendre leurs éventuelles réactions psychologiques lors du retour (« contre-choc culturel »).

7. Séminaires de formation qui préparent les familles des expatriés à comprendre leurs éventuelles réactions psychologiques lors du retour (« contre-choc culturel »).

8. Aide financière et fiscale pour aider les expatriés à s'adapter à leur changement de situation financière.

9. Communication continue avec l'organisation du pays d'origine pendant l'expatriation.

10. Signes perceptibles que l'organisation valorise l'expérience internationale pour montrer que cette dernière est bénéfique à la carrière (par exemple en utilisant les compétences acquises à l'étranger et en faisant progresser la carrière des « rapatriés » dans l'organisation).

11. Communication avec l'organisation du pays d'origine pendant le processus du retour sur les détails de ce dernier.

Le suivi de la performance des expatriés durant l'affectation internationale constitue également une phase importante de la gestion des retours. Il facilite cette étape difficile en permettant d'anticiper en fonction des résultats des personnes à l'international le parcours lors du retour et d'envisager éventuellement d'autres mobilités.

Une expatriation réussie signifie la réussite à la fois dans le pays d'affectation, qui repose sur l'adaptation des expatriés, détaillée dans les chapitres précédents, et dans le pays d'origine une fois de retour. Les entreprises peuvent mesurer la réussite des expatriés lors d'un retour d'expatriation par les indicateurs suivants :

- la satisfaction ;
- le turnover ou l'intention de turnover ;
- la performance au travail.

La réussite du retour de l'expatrié dépend notamment de sa capacité à se réadapter à son pays d'origine. La courbe en U, présentée dans le chapitre sur l'adaptation, montre la difficulté d'adaptation lors d'une affectation internationale avec le choc culturel. Cette courbe en U peut prendre la forme d'un W lorsque l'étape du retour d'expatriation est prise en compte. L'individu peut, à son retour, subir un « contre-choc » culturel souvent décrit par les anciens expatriés comme plus violent que le choc culturel vécu à l'étranger. L'individu s'attend plus ou moins à vivre des moments difficiles lors d'une affectation internationale. Il ne s'attend pas ou peu à vivre le même phénomène lors du retour dans son pays d'origine, ce qui le rend plus douloureux. Aussi, la préparation au retour, mentionnée dans les onze politiques du retour, s'avère-t-elle fondamentale. La formation internationale s'impose à toutes les étapes de la mobilité internationale.

2. La formation interculturelle séquentielle

Dans notre approche de l'adaptation internationale, nous avons mis l'accent sur l'importance de la formation interculturelle avant le départ de l'expatrié. La courbe en U, décrivant le processus d'adaptation des expatriés, indique que la formation interculturelle des personnes en mobilité, devrait inclure les différentes étapes de la mobilité.

Au cours du temps, l'applicabilité des comportements habituels qui proviennent de la culture d'origine diminue alors que l'applicabilité des nouveaux comportements appris dans la culture d'accueil augmente[2]. Cette applicabilité correspond à la compatibilité du comportement d'une personne avec son environnement. Un second concept, la clarté du cadre de référence mental souligne la compatibilité entre les valeurs, les attitudes, les opinions, les idées et connaissances accumulées par une personne lors de ses multiples expériences et ses comportements[3].

Pour l'applicabilité et la clarté, ce qui compte, c'est l'évaluation subjective de la personne. La figure 16.2 indique quatre étapes distinctes dans le processus d'adaptation fondées sur la relation entre l'applicabilité et la clarté.

Ces quatre étapes sont :

- l'étape ethnocentrique avec une clarté élevée et une faible applicabilité ;
- le choc de culture avec une clarté et une applicabilité faibles ;
- l'étape conformiste avec une clarté faible et une applicabilité élevée ;
- l'adaptation avec une clarté et une applicabilité élevée.

Le niveau de simple adéquation correspond au niveau minimum d'applicabilité du comportement et de clarté cognitive qu'une personne considère être nécessaire pour son adaptation culturelle.

Figure 16.2. Clarté et applicabilité des comportements dans le processus d'adaptation

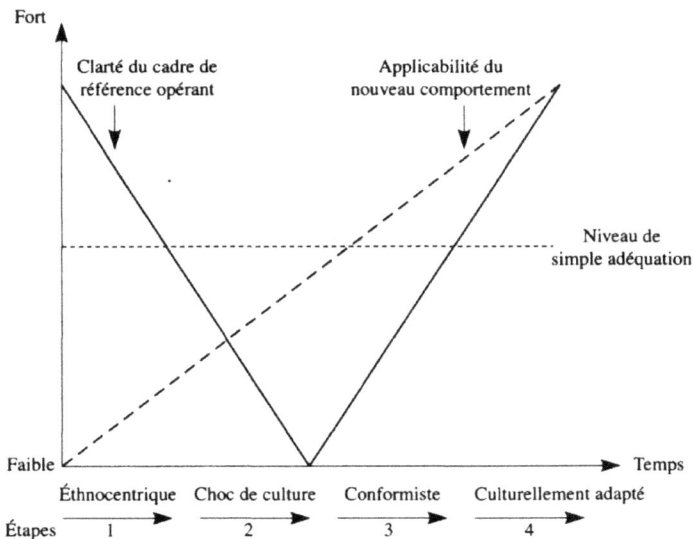

Source : adapté de Selmer, Torbiörn et Leon, 1998, p. 834

La formation interculturelle s'impose avant le départ jusqu'à la phase « conformiste ». Cependant, chacune de ces phases requiert un type de formation spécifique :

1. La formation avant le départ
    La prédisposition psychologique des individus limite leur compréhension en profondeur d'une culture qu'ils n'ont pas encore « expérimentée ».

2. La formation pendant la phase ethnocentrique
    Son objectif est de réduire l'ethnocentrisme de la personne. À ce stade, elle perçoit un plus grand besoin de formation puisqu'elle est actuellement confrontée à la nouvelle culture.

3. La formation pendant la phase du choc de culture
    Le besoin de formation de l'expatrié s'avère ici le plus important. Aussi, la formation interculturelle à ce stade permet de décoder les multiples expériences dans la culture du pays d'accueil à un moment où l'expatrié expérimente des difficultés de compréhension de son environnement. Le coaching international ou interculturel permet d'atteindre cet objectif.

4. La formation pendant la phase conformiste
    Le coaching interculturel se poursuit dans cette étape. Cette formation aurait un effet sur le long terme dû au caractère immédiat des applications. Elle accélère la restructuration du cadre de référence opérant.

Le coaching international ou interculturel peut être mobilisé dans toutes les étapes de la mobilité internationale. Dès la phase ethnocentrique, son efficacité peut s'avérer inestimable. Ce coaching de prise de fonction dans un nouvel environnement culturel constitue un accompagnement dès le début de la mobilité, qui peut éviter des erreurs importantes en aidant à décoder les situations interculturelles vécues par l'expatrié. Le choc de culture pourrait en être largement atténué. Les qualités du coach influencent les résultats obtenus. En principe, son efficacité dépend d'une bonne connaissance de la culture du pays d'origine et de celle du pays d'accueil.

Le coaching interculturel est également souhaitable lors du retour de l'expatrié. Dans la logique de la formation séquentielle, la phase du retour se prépare durant l'affectation, surtout dans sa dernière période, environ six mois avant la fin de la mission et pendant les premiers mois de réadaptation à l'environnement d'origine. Le coach interculturel s'avère important pour la personne en situation de réadaptation, surtout au creux de la courbe en W.

Le retour s'accompagne par un changement de statut et de logique de rémunération. Préparer les personnes à la mobilité passe par une explication claire des mécanismes de la rémunération. Ces mécanismes sont parfois incompris des expatriés, qui perçoivent une somme globale attractive sans en comprendre la logique sous-jacente, et des non-mobiles qui peuvent n'y voir qu'avantages injustifiés sans contreparties réelles.

3. La rémunération des expatriés

Le modèle d'adaptation internationale inclut certains aspects de la rémunération avec l'aide logistique comme le logement. Cependant, la mise en place d'une politique de rémunération demande d'arbitrer entre différentes méthodes et composantes afin d'atteindre les objectifs poursuivis en gestion des ressources humaines.

La figure 16.3 expose de manière synoptique les éléments intervenant dans la mise en place d'une politique de rémunération des expatriés. Le modèle regroupe les différentes méthodes et les composantes de la rémunération des expatriés.

Cinq principales méthodes de rémunération peuvent être mises en œuvre :

* la méthode du pays d'origine.
  La rémunération est ancrée sur le système de rémunération du pays d'origine. Elle repose sur le principe du « non perte » et « non gain » connu sous le nom de « balance sheet ». La méthode du pays d'origine est la méthode la plus utilisée, aussi bien par les entreprises nord-américaines qu'en Europe ;

* la méthode du pays d'accueil.
  Cette méthode ancre la rémunération sur celle du pays d'accueil. Elle revient à placer l'expatrié dans la structure salariale d'un « local » occupant un poste équivalent ;

* la méthode mixte.
  La méthode mixte est généralement une combinaison des approches pays d'origine et pays d'accueil ;

* la méthode pays tiers.
  Cette méthode est ancrée sur un pays qui n'est ni le pays d'origine, ni le pays d'accueil. Un pays tiers peut être choisi, en particulier pour ses possibilités d'optimisation sociale et fiscale ;

* la méthode internationale.
  Cette méthode n'est pas ancrée par rapport à un pays particulier. Elle définit pour les salariés mobiles internationalement un système de rémunération propre.

**Figure 16.3 : Modèle explicatif de la politique de rémunération
des expatriés**

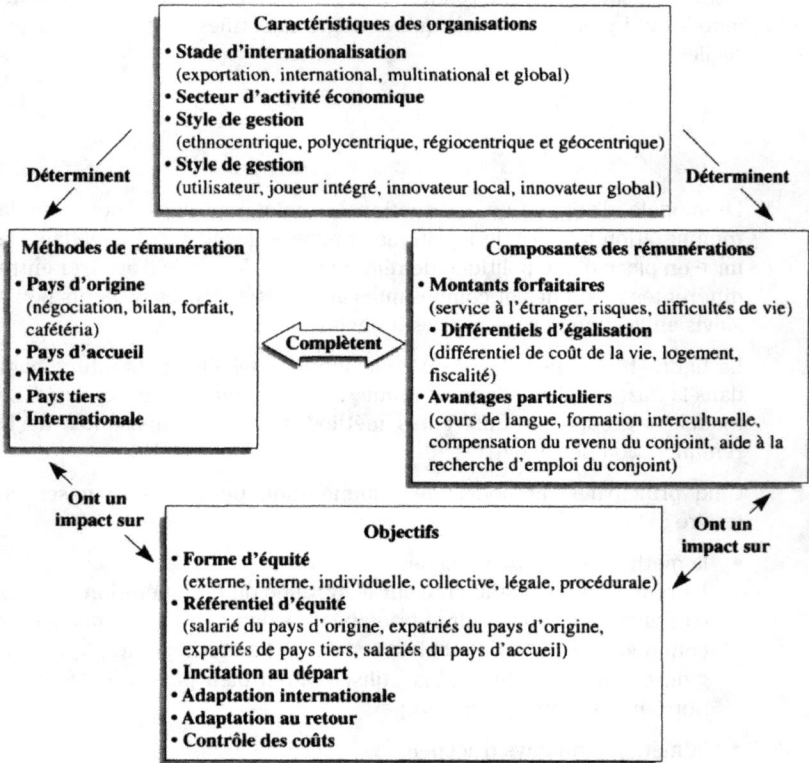

Caractéristiques des organisations
* **Stade d'internationalisation**
  (exportation, international, multinational et global)
* **Secteur d'activité économique**
* **Style de gestion**
  (ethnocentrique, polycentrique, régiocentrique et géocentrique)
* **Style de gestion**
  (utilisateur, joueur intégré, innovateur local, innovateur global)

Déterminent   **Déterminent**

Méthodes de rémunération
* **Pays d'origine**
  (négociation, bilan, forfait, cafétéria)
* **Pays d'accueil**
* **Mixte**
* **Pays tiers**
* **Internationale**

Complètent

Composantes des rémunérations
* **Montants forfaitaires**
  (service à l'étranger, risques, difficultés de vie)
* **Différentiels d'égalisation**
  (différentiel de coût de la vie, logement, fiscalité)
* **Avantages particuliers**
  (cours de langue, formation interculturelle, compensation du revenu du conjoint, aide à la recherche d'emploi du conjoint)

**Ont un
impact sur**

**Ont un
impact sur**

Objectifs
* **Forme d'équité**
  (externe, interne, individuelle, collective, légale, procédurale)
* **Référentiel d'équité**
  (salarié du pays d'origine, expatriés du pays d'origine, expatriés de pays tiers, salariés du pays d'accueil)
* **Incitation au départ**
* **Adaptation internationale**
* **Adaptation au retour**
* **Contrôle des coûts**

Source : adaptée de Cerdin, Saint-Onge et Savigny, 2000, p. 308.

Les quatre premières méthodes sont caractérisées par leur ancrage particulier à un ou des pays alors que la dernière méthode se distingue par son absence d'ancrage à une zone géographique. Aussi, la méthode internationale s'avère surtout efficace dans le cas de mobilités fréquentes car il est très difficile de passer du système de rémunération internationale, réservé aux personnes mobiles, à celui retenu pour les personnes en situation de non-mobilité, le premier étant largement avantageux par rapport au second.

La composition d'une rémunération comprend également trois types d'indemnités ou de primes regroupées sous le terme générique d'éléments fondamentaux d'une rémunération[4] :

- les montants forfaitaires.

  Il s'agit de montants incitatifs qui comprennent les primes d'expatriation, les primes de risques et de difficulté de vie. Ces montants sont de plus en plus rares pour des mobilités en Europe, ce qui conduit parfois à affirmer qu'une mobilité européenne ne peut plus être considérée comme une expatriation. Cependant, les problématiques d'adaptation conservent leur actualité pour ces mobilités. Le second type d'indemnité s'avère incontournable, pour toute mobilité internationale ;

- les différentiels d'égalisation.

  Ils s'inscrivent dans l'approche « balance sheet » dans laquelle les expatriés ne sont « ni gagnant, ni perdant ». Ils regroupent trois types de différentiels :
  – le différentiel coûts de la vie » ;
  – le différentiel logement ;
  – le différentiel fiscal ;

- les avantages particuliers.

  Il peut s'agir de primes d'accompagnement afin d'aider le conjoint à trouver une activité à l'étranger ou encore de primes de substitution ou de compensation de perte de revenu lorsque le conjoint abandonne son activité, source de revenu, pour suivre l'expatrié salarié.

Ce modèle montre que le choix des différentes méthodes de rémunération et de ses composantes est influencé par différentes caractéristiques de l'organisation, comme le niveau d'internationalisation de l'organisation ou son approche de l'international, que nous avons détaillés précédemment. Ce choix, à son tour, a un impact sur la poursuite de certains objectifs en matière de gestion internationale des ressources humaines. Par exemple, en ce qui concerne la recherche de l'équité, quatre types de populations interviennent, à savoir les nationaux sédentaires du pays d'origine, les nationaux expatriés du pays d'origine, les expatriés de pays tiers et les nationaux du pays d'accueil (les locaux)[5]. Choisir une méthode de rémunération a des conséquences sur l'équité entre ces différentes populations. À titre d'illustration, l'approche internationale conduit à une équité entre les « mobiles ». En revanche, elle peut conduire à un sentiment d'iniquité entre les mobiles et les « non-mobiles » du pays d'origine ou du pays d'accueil. Ces méthodes ne sont pas neutres également pour l'adaptation des expatriés lors de leur affectation ou de leur retour.

4. L'anticipation des mobilités

Anticiper les mobilités requiert de connaître la disposition des personnes envers la mobilité internationale. Cette disposition aujourd'hui se heurte au phénomène des doubles carrières en plein développement.

4.1. Disposition des personnes

La connaissance de la disposition des personnes envers la mobilité internationale permet de mettre en place un « vivier » de personnes mobiles. Ces personnes sont rapidement mobilisables dans le cadre de développements internationaux qui exigent de mettre en place très rapidement les personnes nécessaires. Ces viviers atténueraient la sélection de type « machine à café »[6] où un seul candidat potentiel ressort de discussions devant une machine à café sans aucune mise en compétition avec d'autres. Ils permettraient une plus grande formalisation des processus.

Les salariés peuvent se répartir selon trois types[7] :

- les non mobiles inconditionnels, quelles que soient les circonstances ;
- les mobiles conditionnels, en fonction des caractéristiques de la destination ou du moment où pourrait être vécue la mobilité ;
- les mobiles inconditionnels, quelles que soient les circonstances.

La connaissance de la disposition des personnes envers la mobilité internationale exige un travail continu de la part des organisations car cette disposition est caractérisée par une possible instabilité dans le temps. Ce suivi pourrait être entrepris dès le recrutement des personnes et jaugé régulièrement lors des entretiens traditionnels d'évaluation ou d'entretiens de carrière.

Dans la prise en compte de la disposition des personnes, la famille ne peut être ignorée. Nous avons souligné dans cet ouvrage l'importance du conjoint dans le processus d'adaptation. L'appréciation des questions relatives à la famille devrait être considérée avant de retenir un candidat pour la mobilité et non une fois que la décision d'expatriation a été prise[8]. Six aspects de la famille devraient être considérés[9] :

- l'étape du cycle de vie familial ;
- le nombre d'enfants et leur niveau scolaire ;
- les considérations familiales telles que les besoins d'éducation pour les enfants, les questions de santé des membres de la famille, que ces derniers soient ou non en situation de mobilité comme des parents âgés ;

- les expériences antérieures de mobilité de la famille ;
- l'étape de la carrière ou de la vie professionnelle du conjoint ;
- le potentiel d'employabilité du conjoint.

Les deux derniers points sont reliés à la question des doubles carrières.

4.2. Les doubles carrières

La question des doubles carrières constitue un des défis majeurs à relever aujourd'hui. Ce phénomène augmente notamment à cause de l'évolution de l'homogamie, c'est-à-dire le mariage ou la vie en commun de personnes de statuts similaires, souvent en termes de niveau d'études[10].

Pour faire face à ce phénomène, et faciliter la mobilité des personnes, les entreprises peuvent mobiliser un ensemble de politiques pour accompagner le conjoint dans la mobilité. Nous avons souligné l'importance de ce conjoint dans le processus d'adaptation. Ces politiques s'inscrivent sur un continuum où à une extrémité, les entreprises ignorent le problème, et à l'extrémité opposée, les entreprises prennent complètement cette situation en compte, allant parfois jusqu'à embaucher le conjoint lorsqu'il possède des compétences recherchées. Des approches intermédiaires peuvent inclure une aide logistique ou une formation interculturelle et l'apprentissage de la langue du pays de destination, avant le départ et pendant les débuts de la mobilité internationale. Des politiques un peu plus poussées aident les conjoints à trouver une activité à l'étranger. Elles incluent du conseil en carrière ou de l'outplacement où le conjoint peut clarifier ses projets professionnels ou non sur la base d'un bilan de compétences. Ils permettent de prendre en compte les spécificités et les aspirations personnelles des personnes. Les besoins des conjoints apparaissent varier selon[11] :

- le sexe ;
- leurs caractéristiques personnelles ;
- leurs expériences antérieures ;
- leur connaissance d'une destination particulière ;
- leurs attentes en fonction du travail.

La mobilité internationale peut constituer une opportunité pour le conjoint de faire une pause dans sa carrière. Elle peut être l'occasion de réaliser des activités bénévoles, bienvenues dans les situations où le travail salarié du conjoint n'est pas autorisé par la législation du pays d'accueil, ou de poursuivre des études, par exemple un MBA dans des pays propices à ces choix. Un projet de création d'entreprise peut être concrétisé grâce à des conseils financiers et à une aide à la création d'entreprise. Dans la situation où le conjoint souhaite poursuivre sa carrière, il peut compter sur des réseaux d'entreprises à l'international dans la mesure où l'entreprise de l'expatrié s'est inscrite dans cette approche. Ces structures présentent l'avantage d'offrir des bourses d'emplois destinées aux conjoints des salariés expatriés. À l'extrême du continuum, l'entreprise embauche le conjoint. Cependant, cette prise en compte complète de la carrière du conjoint dépend de l'adéquation des compétences qu'il apporte et des besoins de l'entreprise.

Le choix de l'option proposée par l'entreprise dépend de plusieurs facteurs :

- la valeur accordée au salarié, avec un investissement de l'entreprise d'autant plus important que le salarié est considéré comme un haut potentiel ;
- le contexte légal du pays d'accueil ;
- le contexte économique du pays d'accueil.

La question du conjoint se pose dès le processus de recrutement et de sélection de l'expatrié.

4.3. Recrutement et sélection

Nous avons dégagé quatre qualités principales associées à l'adaptation des expatriés et à leur réussite à l'international. Cette adaptabilité regroupe la confiance en ses compétences techniques, le non-retrait dans des zones de stabilité qui revient à faire face aux difficultés rencontrées dans un nouvel environnement, l'ouverture interculturelle où l'expatrié montre une volonté de comprendre la culture du pays d'accueil et la capacité de substitution qui consiste à pouvoir remplacer ce qui était disponible dans le pays d'origine et ne l'est plus dans le pays d'accueil.

D'autres travaux[12] ont testé les cinq grandes caractéristiques de la personnalité sur la réussite d'une expatriation mesurée en termes du désir de l'expatrié de réaliser dans la totalité son affectation internationale et de l'évaluation des performances par les supérieurs. Ces cinq caractéristiques définies comme des « mécanismes d'adaptation universels » sont[13] :

- l'extraversion ;
- le fait d'être agréable, avec une attitude de collaboration envers les autres ;
- la conscience professionnelle, qui renforce la réputation de l'individu et la confiance accordée par l'entreprise ;

- la stabilité émotionnelle, qui permet de faire face au stress ;
- l'intellect où les personnes possèdent la sensibilité pour évaluer correctement leurs environnements sociaux.

L'extraversion, le fait d'être agréable, la stabilité émotionnelle et la conscience professionnelle ont une validité pour prédire la réussite des expatriés et devraient surtout être utilisés par l'expatrié pour s'auto-sélectionner[14].

Au-delà de l'adaptabilité, les réflexions sur les qualités des managers à l'international incluent l'utilisation de multiples quotients intellectuels, regroupant[15] :

- l'intelligence analytique avec :
  - le quotient cognitif (mesure des capacités à raisonner, apprendre et penser de manière analytique) ;
  - le quotient émotionnel (capacité à montrer un état émotionnel adéquat pour répondre aux émotions des autres d'une manière efficace) ;

- l'intelligence pratique avec :
  - le quotient politique (capacité à utiliser habilement le pouvoir dans l'entreprise) ;
  - le quotient social (capacité à comprendre la culture dans différents cadres) ;
  - le quotient organisationnel (connaissance précise de la façon de réaliser les différentes activités de l'entreprise) ;
  - le quotient réseau (capacité à gérer les relations inter-entre-prises) ;

- l'intelligence créative avec :
  - le quotient innovation (capacité à apporter de nouvelles idées et solutions aux problèmes) ;
  - le quotient intuition (capacité à résoudre des situations nouvelles).

L'orientation à l'apprentissage pour le succès des expatriés s'avère fondamentale[16]. Quatre thèmes, sous-jacents aux capacités des managers de tirer profit de leurs expériences, ont été identifiés[17] :

- être enclin à l'action ;
- tirer des leçons de ses erreurs ;
- être flexible ;
- rechercher un feedback.

Ces qualités sont recherchées pour toutes les populations en mobilité. Chacune des populations salariées potentielles pour une organisation qui développe des activités à l'international, présente des avantages et inconvénients comme le résume le tableau 1.

Tableau 1. Comparaison de trois populations pour un recrutement

	Avantages	Inconvénients
Expatriés (Nationaux pays d'origine – NPO)	• Contrôle et coordination organisationnels maintenus et facilités. • Développement des managers prometteurs via une expérience internationale. • Compétences techniques et managériales parfois supérieures aux locaux et NPT.	• Diminution des opportunités de promotion des « locaux » • L'adaptation au pays d'accueil peut être longue. • Style de management pas toujours adapté. • Coût élevé de l'expatriation.
Locaux (Nationaux pays d'accueil – NPA)	• Coûts d'embauche réduits et pas besoin de permis de travail. • Amélioration dans la continuité du management puisque les nationaux du pays d'accueil restent plus longtemps en poste. • Embauche de locaux dictée parfois par le gouvernement • Opportunités de carrière comme source de motivation	• Problèmes de contrôle et de coordination de la société mère • Opportunités de carrière limitées à l'extérieur de la filiale. • Opportunités limitées pour les nationaux du pays d'origine d'obtenir une expérience internationale. • Risque d'encourager une fédération de nationaux plutôt que d'unités globales.
Tiers (Nationaux pays tiers – NPT)	• Rémunération souvent plus faible que pour les expatriés • Meilleure connaissance de l'environnement du pays d'accueil que les expatriés	• Animosités nationales possibles (Inde et Pakistan par exemple). • Embauche de nationaux d'un pays tiers limitée ou interdite par le gouvernement du pays d'accueil. • Réticence éventuelle à rentrer dans leur pays après l'affectation.

Source : adapté de Cerdin, 2000, p. 88.

Les nationaux du pays d'accueil à des postes de management sont de plus en plus des locaux internationaux par contraste avec les locaux nationaux. Les locaux internationaux sont des nationaux du pays d'accueil souvent confrontés à une autre culture durant leurs études. Avant de prendre des responsabilités dans leur pays pour la filiale d'une entreprise étrangère, ils sont impatriés dans l'entreprise mère afin d'en connaître le fonctionnement et la culture organisationnelle. Les locaux nationaux sont les « sédentaires » du pays d'accueil.

L'expatriation et l'impatriation placent le management interculturel au centre de la mobilité internationale. Le mixage des trois populations demande à chacune la compréhension des autres. La mobilité internationale concerne aussi bien les « mobiles » que les « non mobiles » car ils sont amenés à travailler sur des projets communs. Aussi, les problématiques d'adaptation développées dans cet ouvrage s'appliquent-elles à ces deux catégories.

5. Vers une gestion à la carte

La gestion des ressources humaines s'oriente de plus en plus vers une gestion individualisée des salariés (GIS). Elle prend en compte la particularité des valeurs et des aspirations des personnes. Cette approche individualisée s'impose dans la gestion de la mobilité internationale. Afin de recruter les meilleurs sur des postes internationaux, du pays d'origine, ou d'un pays tiers, les entreprises s'orientent vers des modes de mobilité adaptés. Des mobilités pendulaires du type « Eurocommuting » présentent l'avantage de ne déplacer que le salarié. Cependant elles ne conviennent pas à toutes les personnes, pouvant les conduire à quitter l'entreprise afin de préserver l'équilibre dans leur vie personnelle. La durée de la mobilité est un autre levier d'action.

Une orientation actuelle est d'examiner comment tirer profit d'expériences internationales courtes dans le cadre du développement des managers. Même les voyages d'affaires de courte durée pourraient être mieux utilisés pour inculquer un état d'esprit international aux cadres[19]. Aussi, est-il recommandé aux entreprises de ne pas « protéger » les cadres de l'environnement international pour qu'ils puissent développer des compétences comme la compréhension de différents points de vue, la gestion de l'incertitude, montrer de la curiosité pour les personnes différentes d'eux et être sensibles aux différences culturelles. La palette de compétences fournies par ces courtes expositions est plus étroite que celle fournie par une expatriation classique. Cependant, les mobilités longues, dans une perspective de développement des compétences, ne peuvent être offertes à tous les cadres. Aussi, améliorer la qualité des voyages d'affaires et autres missions de courte durée, par une meilleure exposition aux difficultés des affaires locales et à la culture du pays visité, contribue au développement des compétences interculturelles[20]. Ces compétences sont indispensables dans un environnement de plus en plus international où le management interculturel devient crucial à la réussite des organisations et des personnes qui les animent.

La gestion individualisée des expatriés s'inscrit dans un cadre collectif qui fixe les grandes lignes de la politique de mobilité. Elle introduit de la flexibilité en tenant compte de la diversité des besoins et des valeurs individuelles. Elle crée une gestion à la carte où les options comprennent les destinations, les durées et les types de mobilité sans jamais perdre de vue la stratégie organisationnelle de développement international.

▼ Points clés

Toute pratique innovante respecte quatre types de cohérence, à savoir la cohérence stratégique, la cohérence organisationnelle, la cohérence interne des politiques de mobilité internationale et la cohérence avec la gestion des ressources humaines.

Les pratiques innovantes de gestion de la mobilité internationale envisagent le retour avant le départ des expatriés.

La formation interculturelle ne se limite plus à une préparation avant le départ. Elle est séquentielle, c'est-à-dire tout au long de la mobilité, y compris après, avec la phase du retour. Elle recourt notamment au coaching interculturel.

La rémunération des expatriés s'articule autour de cinq méthodes selon leur ancrage pays, et trois composantes afin de poursuivre les objectifs d'incitation au départ, d'adaptation ou d'équité. Le choix de la politique de rémunération des expatriés n'est pas sans conséquences sur la gestion du retour.

Innover en gestion de la mobilité consiste aussi à anticiper par une meilleure connaissance de la disposition des personnes et de la question des doubles carrières. C'est également dans l'optique du recrutement et de la sélection élargir l'éventail des qualités nécessaires pour réussir à l'international. Le management interculturel pourrait inclure les « non-mobiles ».

La gestion de la mobilité internationale s'inscrit dans la gestion individualisée des salariés ou gestion des personnes. Les pratiques innovantes reposent sur une gestion à la carte qui prend en compte la différence des aspirations individuelles pour atteindre les objectifs organisationnels.

Notes

1. Caligiuri et Lazarova, 2001, Strategic repatriation policies to enhance global leadership development.

2. Selmer, Torbiörn, et de Leon, 1998, Sequential cross-cultural training for expatriate business managers: pre-departure and post-arrival.

3. Selmer, Torbiörn, et de Leon, 1998, Sequential cross-cultural training for expatriate business managers: pre-departure and post-arrival.

4. Cerdin, 1999, Audit de la rémunération.

5. Cerdin, 1999, Audit de la rémunération.

6. Harris et Brewster, 1999, The coffee-machine system: how international selection really works.

7. Cerdin, 2000, Recrutement et sélection des expatriés.

8. Elkins et Philipps, 2000, Job context, selecting decision outcome, and the perceived fairness of selection tests: biodata as an illustration core.

9. Harvey et Novicevic, 2001, Selecting expatriates for increasingly complex global assignment.

10. Forsé et Chauvel, 1995, L'évolution de l'homogamie en France.

11. Punnett, 1997, Towards Effective Management of Expatriate Spouses.

12. Caligiuri, 2000, The five big personality characteristics as predictors of expatriates' desire to terminate the assignment and supervisor-rated performance.

13. Buss, 1991, Evolutionary personality psychology, cité par Caligiuri, 2000.

14. Caligiuri, 2000, The five big personality characteristics as predictors of expatriates' desire to terminate the assignment and supervisor-rated performance.

15. Harvey et Novicevic, 2001, Selecting expatriates for increasingly complex global assignment.

16. Porter et Tansky, 1999, Expatriate success may depend on a « learning orientation »: Considerations for selection and training ».

17. Spreitzer, McCall, et Mahoney, 1997, « Early Identification of International Executive Potential ».

18. Construit à partir des travaux de Dowling, Schuler, et Welch, 1994, International dimensions of human resources management, et de Borg et Harzing, 1995, Composing an international staff.

19. Oddou, Mendenhall, et Ritchie, 2000, Leveraging travel as a tool for global leadership development.

20. Oddou, Mendenhall, et Ritchie, 2000, Leveraging travel as a tool for global leadership development.

RÉFÉRENCES BIBLIOGRAPHIQUES

Abe, M., & Wiseman, R.(1983). A cross-cultural confirmation of the dimensions of intercultural effectiveness. *International Journal of Intercultural Relations, 7*, 53-69.

Adler, N. J. & Bartholomew, S. (1992). Managing globally competent people. *Academy of Management Executive, 6(3)*, 52-65.

Adler, N. J. (1986). *International Dimensions of Organizational Behavior*. Belmont, California: Kent.

Adler, N. J. (1987). Pacific Basin Managers: A Gaijin, Not a Woman. *Human Resource Management, 26(2)*, 169-191.

Adler, P. S. (1975). The Transitional Experience: An Alternative View of Culture-shock. *Journal of Humanistic Psychology, 15(4)*, 13-23.

Anderson, J. C., Milkovich, G. T. & Tsui, A. (1981). A model of intra-organizational mobility. *Academy of Management Review, 6*, 529-538.

Angle, H. & Manz, C. (1988). Member mobility when organizations relocate. *Annual Meeting of the Academy of Management* in Anaheim.

Arthur, M. B., Hall, D. T. & Lawrence, B. S. (1993). *Handbook of career theory*. Cambridge, Cambridge University Press, (First published, 1989).

Arthur, W. Jr. & Bennett, W. Jr. (1995). The international assignee: The relative importance of factors perceived to contribute to success. *Personnel Psychology, 48(1)*, 99-114.

Aryee, S. & Debrah, Y. (1993) A cross-cultural application of a career planning model. *Journal of Organizational Behavior, 14*, 119-127.

Aryee, S. & Stone, R. J. (1996). Work experiences, work adjustment and psychological well-being of expatriate employees in Hong Kong. *The International Journal of Human Resource Management, 7(1)*, 150-164.

Aryee, S., Wah Chay, Y. & Hoon Tan, H. (1994). An examination of the antecedents of subjective career success among a managerial sample in Singapore. *Human Relations, 47(5)*, 487-509.

Ashford, S. J., & Taylor, M. S. (1990). Understanding individual adaptation : An integrative approach. In Rowland, K. & Ferris, J. (Eds.), *Research in personnel and human resource management*. Greenwich, CT: JAI Press, *8*, 1-41.

Audibert, J. & Parlant, C. (1990). *Gestion du personnel expatrié*, Nouvelles Éditions Fiduciaires.

Bandura, A (1986). *Social foundations of thought and action*. Englewood Cliffs : Prentice-Hall.

Bandura, A. (1977). *Social learning theory*. Englewood Cliffs : Prentice-Hall.

Bardwick, J. M. (1986). *The Plateauing Trap*. American Management Association, New York.

Barham, K. & Devine, M. (1991). *The quest for the international manager: A survey of global human resources strategies*. Special Report n° 2098, London: Ashridge Management Research Group / The Economist Intelligence Unit.

Barley, S. R. (1993). Careers, Identities and Institutions: The Legacy of The Chicago School of Sociology. In M. B. Arthur, D. T. Hall & B. S. Lawrence, *Handbook of career theory*. Cambridge, Cambridge University Press, 41-65, (première édition, 1989).

Bartlett, C. A. & Ghoshal, S. (1989). *Managing Across Borders: The Transnational Solution*. Cambridge, MA: Harvard University Press.

Beach, L. R. & Mitchell, T. R. (1987). Image theory: Principles, goals, and plans in decision making. *Acta Psychologica, 66*, 201-220.

Beach, L. R. (1990). *Image Theory: Decision Making in Personal and Organizational Contexts*. Chichester, England: Wiley.

Beach, L. R. (1993a). Four revolutions in behavioral decision theory. *Leadership theory and Research: Perspectives and Directions*, 271-292.

Beach, L. R. (1993b). *Making the right decision*. Englewood Cliffs, NJ. Prentice-Hall.

Bernard, R. (1994). Le plafonnement de carrière chez les ingénieurs (n=900). *Document présenté à M. Tremblay et T. Wils*.

Berry, J. W. (1980). Acculturation as varieties of adaptation. In A. M. Padilla (Ed.), *Acculturation: Theory, models and some new findings*. Boulder, CO: Westview Press, 9-25.

Besseyre des Horts, C-H. (1991). La gestion internationale des carrières dans le contexte européen. *Revue Française de Gestion*, 84-88.

Black, J. S. (1994). O Kaerinasai : Factors related to Japanese repatriation adjustment. *Human Relations, 47(12)*, 1489-1508.

Black, J. S. & Gregersen, H. B. (1991). Antecedents to Cross-Cultural Adjustment for Expatriates in Pacific Rim Assignments. *Human Relations, 44(5)*, 497-515.

Black, J. S. & Mendenhall, M. (1991). The U-Curve adjustment hypothesis revisited: A review and theoretical framework. *Journal of International Business Studies*, *22*, 225-247.

Black, J. S. & Stephens, G. K. (1989). The influence of the spouse on American expatriate adjustment in overseas assignments. *Journal of Management*, *15*, 529-544.

Black, J. S. (1988). Workrole transition: A study of American expatriate managers in Japan. *Journal of International Business Studies*, *19*, 274-291.

Black, J. S. (1990). The relationship of Personal Characteristics with the Adjustment of Japanese Expatriate Managers. *Management International Review*, *30*, 119-134.

Black, J. S. (1992). Coming Home: The Relationship of Expatriate Expectations with Repatriations Adjustment and Job Performance. *Human Relations*, *45(2)*, 177-192.

Black, J. S., & Gregersen, H. B. (1992). Serving two masters: Managing the dual allegiance of expatriate employees. *Sloan Management Review*, 61-71.

Black, J. S., & Mendenhall, M. (1990). Cross-cultural training effectiveness: A review and theoretical framework for future research. *Academy of Management Review*, *15*, 113-136.

Black, J. S., Gregersen, H. B. & Mendenhall M. (1992). *Global Assignments*. San Francisco: Jossey Bass.

Black, J. S., Mendenhall, M. & Oddou, G. (1991). Toward a Comprehensive Model of International Adjustment: An Integration of Multiple Theoretical Perspectives. *Academy of Management Review*, *16(2)*, 291-317.

Blake, R. & Mouton, J. (1964). *The managerial grid*. Houston, TX: Gulf.

Bochner, S. (1981). *The Mediating Person: Bridges Between Culture*. Schenkman, Cambridge, MA.

Borg, M. (1988). *International Transfers of Managers in Multinational Corporations*. Acta Universitatis Upsaliensis, Studia Oeconomiae Negotorium, *27*, Uppsala.

Borg, M., Harzing, A. W. (1995), Composing an international staff. In A.W.Harzing & J. Van Ruysseveld (eds), *International Human Resource Management*, Sage Publications.

Bournois, F. (1991). *La gestion des cadres en Europe*. Eyrolles, Paris.

Breaugh, J. A. & Colihan, J. P. (1994). Measuring facets of job ambiguity: Construct validity evidence. *Journal of Applied Psychology*, *79(2)*, 191-202.

Brémond, J. & Gélédan, A. (1990). *Dictionnaire économique et social.* 5e édition, Hatier.

Brett, J. M. & Reilly, A. H. (1988). On the road again: Predicting the job transfer decision. *Journal of Applied Psychology, 73*, 614-620.

Brett, J. M. & Stroh, L. K. (1993). Willingness to relocate internationally. *Working Paper*, Northwestern University, J. L. Kellog Graduate School of Management, Evanston.

Brett, J. M. & Stroh, L. K. (1995). Willingness to relocate internationally. *Human Resource Management, 34(3)*, 405-424.

Brett, J. M. & Werbel, J. D. (1980). *The effect of job transfer on employees and their families.* Employee Relocation Council, Washington D.C.

Brett, J. M. (1980). The effect of transfer on employees and their families. In C. Cooper & R. Payne (eds.), *Current concerns in occupational stress.* Chichester: Wiley.

Brett, J. M. (1982). Job transfer and well-being. *Journal of Applied Psychology, 67*, 450-463.

Brett, J. M., Stroh, L. K. & Reilly, A. H. (1992). What is it like being a dual-career manager in the 1990s? In S. Zedeck, *Work, Families, and Organizations.* San Francisco, Jossey-Bass Publishers, 138-167.

Brett, J. M., Stroh, L. K. & Reilly, A. H. (1993). Pulling up roots in the 1990s: Who's willing to relocate? *Journal of Organizational Behavior, 14*, 49-60.

Briody, E. K, & Chrisman, J. B. (1991). Cultural Adaptation on Overseas Assignments. *Human Organization, 50(3)*, 264-282.

Brislin, R. W. (1981). *Cross-cultural encounters.* New York: Pergamon Press.

Bryman, A. & Cramer, D. (1994). *Quantitative data analysis for social scientists.* New York : Routledge.

Burns, T. & Stalker, M. (1961). *The management of innovation.* London: Tavistock.

Buss, D. M. (1991). Evolutionary personality psychology. In Rosenzweig MR, Porter LW (Eds). Annual Review of Psychology, 42, 459-492. Palo Alto, CA: Annual Review Inc.

Caldwell, D. F. & O'Reilly, C. A. (1990). Measuring person-job fit with a profile comparison process. *Journal of Applied Psychology, 75*, 648-657.

Caligiuri, P. & Lazarova, M. (2001). Strategic repatriation policies to enhance global leadership development. In M. Mendenhall, T.

Kuehlmann, & G. Stahl (Eds.). *Developing Global Business Leaders: Policies, Processes and Innovations.* Quorum Books, 243-256.

Caligiuri, P. (2000). The five big personality characteristics as predictors of expatriates' desire to terminate the assignment and supervisor-rated performance. *Personnel Psychology,* 53(1), 67-88.

Caplan, R. D., Cobb, S., French, J. R. P., Van Herrison, R. & Pinneau, S. R. (1975). *Job Demands and Worker Health.* Washington. DC: National Institute for Occupational Safety and Health.

Cardinal, L. & Lamoureux C. (1992). Le plateau de carrière chez les gestionnaires: diagnostic et intervention. *Gestion, 17(3),* 83-90.

Cassan, C. (1992*). La mesure de l'effet de l'ordre d'entrée sur la formation de la part de marché des marques.* Thèse de Doctorat en Sciences de Gestion, Tome 2.

Cazal, D., Peretti, J-M. & Quicandon, F. (1991). *Vers le management international des ressources humaines.* Paris, Liaisons Sociales.

Cerdin, J-L. (1996a). *Mobilité internationale des cadres : Adaptation et décision d'expatriation.* Thèse de doctorat en sciences de gestion, Université Toulouse 1.

Cerdin, J-L. (1996b). Audit de la mobilité internationale : introduction au cas de l'expatriation. *Actes de la 14ᵉ Université d'Eté de l'IAS,* symposium 7, 1-15.

Cerdin, J-L. (1999), Audit de la rémunération. In Actes IAS-ARFORGHE : *Audit social et compétitivité de l'entreprise,* Tunisie, p. 23-32.

Cerdin, J-L. (2000), *Gérer les carrières : Vade Mecum.* Éditions Management & Société.

Cerdin, J-L. (2000). Recrutement et sélection des expatriés. *Gestion 2000,* 4, 87-101.

Cerdin, J-L., Saint-Onge, S., & Savigny, X. (2000). La rémunération des expatriés : défis et pratiques de gestion. In J.M. Peretti et P. Roussel (eds), *Les rémunérations, politiques et pratiques pour les années 2000,* Éditions Vuibert, 293-309.

Chao, G. T. (1990). Exploration of the conceptualization and measurement of career plateau: A comparative analysis. *Journal of Management,* 16(1), 181-193.

Church, A. T. (1982). Sojourner adjustment. *Psychological Bulletin, 9,* 540-572.

Cohen, S. & Wills, T. A. (1985). Stress, social support and the buffering hypothesis. *Psychological Bulletin, 92,* 257-310.

Copeland, L. & Griggs, L. (1985). *Going International.* New York: Random House.

Copeland, L., & Griggs, L. (1988). The internationable employee. *Management Review*, 77, 52-53.

Couret, A. & Igalens, J. (1988). *L'audit social*. Collection Que sais-je, P.U.F.

Courpasson, D. (1990). Pour un renouvellement de la notion de carrière: L'entreprise bancaire face à ses métiers. *AGRH*, Bordeaux, 491-506.

Cox, T., & Finley-Nicholson, J. (1991). Models of acculturation for intra-organizational cultural diversity. *Canadian Journal of Administrative Sciences*, 8(2), 90-100.

Crozier, F. & Friedberg, E. (1977). *L'acteur et le système*. Éditions du Seuil.

Dalton, G. W. (1993). Developmental views of careers in organizations. In M. B. Arthur, D. T. Hall & B. S. Lawrence, *Handbook of career theory*. Cambridge, Cambridge University Press, (première édition, 1989), 41-65.

Dany, F., Livian, Y-F. & Sarnin, P. (1991). La gestion des carrières des cadres en France, vue par les cadres. *2ème Congrès de l' AGRH*, 497-501.

David, K. H. (1976). The use of social learning theory in preventing intercultural adjustment problems. In P. Pedersen, W. J. Lonner & J. Draguns (Eds.), *Counselling across cultures*. Honolulu: University of Hawaii Press, 123-137.

Dawis, R. V. & Lofquist, L. H. (1984). *A psychological theory of work adjustment*. Minneapolis, University of Minnesota Press.

Dawson, S. & Dickinson D. (1988). Conducting international mail surveys: The effect of incentives on response rates within an industrial population. *Journal of International Business Studies*, 19, 491-496.

De Cieri, H. & Dowling, P. J. (1995). Cross-Cultural Issues in Organizational Behavior. *Trends in Organizational Behavior*, 2, 127-145.

Dean, R., Ferris, K. & Konstan, C. (1988). Occupational reality shock and organizational commitment: Evidence from the accounting profession. *Accounting, Organizations and Society*, 13(3), 235-250.

Delong, T. J. (1982). Re-examining the Career Anchor Model. *Personnel*, 59, 50-61.

Deroure, F. (1992). *Mobilité professionnelle en Europe: Dimension familiale et pratiques d'entreprise*. Commission des Communautés Européennes.

Derr, C. B. & Laurent, A. (1993). The internal and external career: a theoretical and cross-cultural perspective. In M. B. Arthur, D. T. Hall &

B. S. Lawrence, *Handbook of career theory*. Cambridge, Cambridge University Press, (First published, 1989), 454-471.

Derr, C. B. & Oddou, G. (1993). Internationalizing Managers: Speeding Up the Process. *European Management Journal, 11(4)*, 435-442.

Derr, C. B. (1986). *Managing the New Careerists*. Jossey Bass Publisher, San Francisco.

Deshpande, S. P. & Viswesvaran, C. (1992). Is cross-cultural training of expatriate managers effective: a meta analysis. *International Journal of Intercultural Relations, 16*, 295-310.

Domsch, M. & Lichtenberger, B. (1991). Managing the global manager: Predeparture training and development for German expatriates in China and Brazil. *Journal of Management Development, 10(7)*, 41-52.

Dowling, P. J., Schuler, R. S., & Welch, D. E. (1994). *International dimensions of human resources management*. 2nd edition, Boston, MA: PWS kent, (1st edition: 1990).

Dunbar, E. (1992). Adjustment and satisfaction of expatriate U.S. personnel. *International Journal of Intercultural Relations, 16*, 1-16.

Dunnette, M. D. (1993). My Hammer or Your Hammer? *Human Resource Management, 32(2 & 3)*, 373-384.

Earley, P. C. (1987). Intercultural training for managers: A comparison of documentary and interpersonal methods. *Academy of Management Journal, 30*, 685-698.

Edstrom, A. & Galbraith, J. (1977). Transfer of managers as a coordination and control strategy in multinational firms. *Administrative Science Quarterly, 22*, 248-263.

Elkins, T. & Philipps, J. (2000). Job context, selecting decision outcome, and the perceived fairness of selection tests: biodata as an illustration core. *Journal of Applied Psychology*, 85(3), 479-494.

Enderwick, P. & Hodgson, D. (1993). Expatriate management practices of New Zealand business. *The International Journal of Human Resource Management, 4(2)*, 407-423.

Erikson, E. (1950). *Childhood and Society*. Norton, New York.

Ettorre, B. (1993). A brave new world: Managing international careers. *Management Review, 82*, 10-15.

Evans, P., Lank, E. & Farquhar, A. (1989). Managing Human Resources in the International Firm: Lessons From Practice. In P. Evans, Y. Doz, & A. Laurent, *Human Resource Management in International Firms: Change, Globalization, Innovation*. London: Macmillan.

Evrard, Y., Pras, B. & Roux, E. (1993). *MARKET : Études et recherches en marketing - Fondements Méthodes*. Nathan.

Farh, J., & Werbel, J. D. (1986). Effects of purpose of the appraisal and expectation of validation on self-appraisal leniency. *Journal of Applied Psychology*, *71*, 527-529.

Feldman, D. (1976). A contingency theory of socialization. *Administrative Science Quarterly*, *21*, 433-452.

Feldman, D. C. & Thomas, D. C. (1992). Career management issues facing expatriates. *Journal of International Business Studies*, *23*, 271-293.

Feldman, D. C., & Weitz, B. A. (1988). Career Plateaus Reconsidered. *Journal of Management*, *14(1)*, 69-80.

Fenlason, K. J. & Beehr, T. A. (1994). Social support and occupational stress: Effects of talking to others. *Journal of Organizational Behavior*, *15*, 157-175.

Ference, T. P., Stoner, J. A. & Warren, E. K. (1977). Managing the Career Plateau. *Academy of Management Review*, *2(4)*, 602-612.

Festinger, L. (1957). *A theory of cognitive dissonance*. Stanford, Stanford University Press.

Fisher, C. D., & Shaw, J. B. (1994). Relocation attitudes and adjustment: A longitudinal study. *Journal of Organizational Behavior*, *15*, 209-224.

Forsé, M. & Chauvel, L. (1995). L'évolution de l'homogamie en France. *Revue Française de Sociologie*, 36, 123-142.

Forster, N. (1992). International managers and mobile families: the professional and personal dynamics of trans-national career pathing and job mobility in the 1990s. *The International Journal of Human Resource Management*, *3(3)*, 605-623.

Forster, N. (1994). The forgotten employees? The experiences of expatriate staff returning to the UK. *The International Journal of Human Resource Management*, *5(2)*, 405-425.

Foucher, R. & Hogue, A. (1992). La planification de carrière lors d'une réaffectation. *Gestion*, *17*, 18-25.

Gao, G., & Gudykunst, W. (1990). Uncertainty, anxiety, and adaptation. *International Journal of Intercultural Relations*, *14*, 301-317.

Gattiker, U. E., & Larwood, L. (1988). Predictors for manager's career mobility, success and satisfaction. *Human Relation*, *41*, 569-591.

Gertsen, M. (1990). Intercultural competence and expatriates. *The International Journal of Human Resource Management*, *1(3)*, 341-362.

Godet, M. (1985). *Prospective et planification stratégique*. Economica.

Godet, M. (1993). La maladie du diplôme. *Futurible*, 23-46.

Gonyea, J. G. & Googins, B. K. (1992). Linking the world of work and family: Beyond the productivity trap. *Human Resource Management*, *31(3)*, 209-226.

Goodenough, W. H. (1971). *Culture, Language and Society*. Modula Publications, Addison-Wesley Publishing Cy.

Gorsuch, R. L. (1983). *Factor Analysis*. Hillsdale, NJ: Lawrence Erlbaum.

Gosselin, A. & Murphy, K. R. (1994). L'échec de l'évaluation de la performance. *Gestion*, 17-28.

Gosselin, A. & St-Onge S. (1994). Gestion et évaluation de la performance: un enjeu stratégique. *Gestion*, 14-16.

Gould, S. & Penley, L. E. (1985). A study of the correlates of willingness to relocate. *Academy of Management Journal, 28*, 472-478.

Gowler, D. & Legge, K. (1993). Rhetoric in bureaucratic careers: managing the meaning of management success. In M. B. Arthur, D. T. Hall & B. S. Lawrence, *Handbook of career theory*. Cambridge, Cambridge University Press, (première édition, 1989), 437-453.

Grand Robert, CD-ROM.

Gray, A. (1991). Foreign Assignments: Why the High Failure Rate. *Business Horizons, 34*, 11-12.

Gregersen, H. B., & Black, J. S. (1992). Antecedents to commitment to a parent company and a foreign operation. *Academy of Management Journal, 35(1)*, 65-90.

Gudykunst, W. B. & Ting-Toomey, S. (1988). *Culture and Interpersonal Communication*. Newbury Park, CA: Sage.

Gudykunst, W. B., & Hammer, M. R. (1988). Strangers and Hosts: An Uncertainty Reduction Based Theory of Intercultural Adaptation. In Y.Y. Kim & W.B. Gudykunst (Eds.), *Cross-Cultural adaptation*. Newbury Park, CA: Sage, 106-139.

Gullahorn, J. T. & Gullahorn, J. E. (1963). An Extension of the U-Curve Hypothethis. *Journal of Social Sciences, 19(3)*, 33-47.

Hall, D. T. (1976). *Careers in Organizations*. Santa Monica, Goodyear.

Hall, D. T. (1986). An overview of Current Career Development Theory, Research, and Practice. In D. T. Hall, *Career Development in Organizations*. San Francisco, Jossey-Bass, 1-20.

Hall, E. T. (1959). *The silent language*. New York, Doubleday & Company, (traduction française, *Le langage silencieux*, Paris, Le Seuil, 1984).

Hammer, M. R. & Martin, J. N. (1992). The effects of cross-cultural training on American managers in a Japanese-American joint-venture. *Journal of Applied Communication Research, 20,* 161-182.

Harris, H. & Brewster, C. (1999). « The coffee-machine system: how international selection really works ». *The International Journal of Human Resource Management,* 10(3), pp. 488-500.

Harris, J. E. (1989). Moving Managers Internationally: The Care and Feeding of Expatriates. *Human Resource Planning, 12(1),* 49-53.

Harris, M. M. (1991). Role conflict and Role ambiguity as substance versus artifact: A confirmatory factor analysis of House, Schuler and Levanoni's (1983) scales. *Journal of Applied Psychology,* 76(1), 122-126.

Harris, M. M. & Schaubroeck, J. (1988). A meta-analysis of self-supervisor, self-peer, and peer-supervisor ratings. *Personnel Psychology, 41,* 43-62.

Harvey, M. & Novicevic, M. M. (2001). Selecting expatriates for increasingly complex global assignment. *Career Development International,* 6(2), 69-86.

Hawes, F. & Kealey, D.J. (1981). An empirical study of Canadian technical assistance. *International Journal of Intercultural Relations, 5,* 239-258.

Hays, R. D. (1974). Expatriate selection: Insuring success and avoiding failure. *Journal of International Business Studies, 5,* 40-46.

Heller, J. (1980). Criteria for selecting an international manager. *Personnel, 57(3),* 47-55.

Hermel, Ph. (1991). Développement international et management des ressources humaines. *AGRH,* Cergy, Symposium n° 12, 373-381.

Hermel, Ph. (1993). *Management européen et international.* (sous la direction), Economica.

Hofstede, G. & Bond, M. H. (1988). The Confucius connection: From cultural roots to economic growth. *Organizational Dynamics, 16(4),* 4-21.

Hofstede, G. (1967). *The Game of Budget Control.* Assen, Neth. and London: Van Gorcum / Tavistock.

Hofstede, G. (1980). *Culture's Consequences: International Differences in Work Related Values.* Beverley-Hills, CA: Sage.

Hofstede, G. (1983). National Cultures in Four Dimensions: A Research-Based Theory of Cultural Differences Among Nations. *International Studies of Management and Organization, 12(1-2),* 46-74.

Hofstede, G., Neuijen, B., Daval Ohayv, D. & Sanders, G. (1990). Measuring Organizational Cultures: A Qualitative and Quantitative Study across Twenty Cases. *Administrative Science Quarterly, 35*, 286-316.

Holmes, W. F. & Piker, F. K. (1980). Expatriate failure - prevention rather than cure. *Personnel Management*, December, *12(12)*, 30-32.

Hosmer, D. W. & Lemeshow, S. (1989). *Applied Logistic Regression*. New York, John Wiley.

House, R. J., Schuler, R. S., & Levanoni, E. (1983). Role ambiguity and ambiguity scales: Reality or artifacts. *Journal of Applied Psychology, 68*, 334-337.

Howard, C. G. (1992). Profile of the 21st-century expatriate manager. *HRMagazine, 37*, 93-100.

Igalens, J. (1991) *Audit des ressources humaines*. Éditions Liaisons.

Igalens, J. (1995). *Les cadres de la recherche en GRH*. Note 193 LIRHE.

Janssens, M. (1995). Intercultural interaction: A burden on international managers? *Journal of Organizational Behavior, 16*, 155-167.

Janssens, M., & Brett, J. M. (1994). Coordinating Global Companies: The effects of Electronic Communication, Organisational Commitment, and a Multi-Cultural Managerial Workforce. *Trend in Organizational Behavior, 1*, 31-46.

Jick, T. D.(1979). Mixing qualitative and quantitative methods: Triangulation in action. *Administrative Science Quarterly, 24*, 602-610.

Jobber, D. & Saunders, J. (1988). An experimental investigation into cross-national mail survey response rates. *Journal of International Business Studies, 19*, 483-489.

Kanter, R. M. (1977). *Work and family in the United States: A critical review and agenda for research and policy*. New York, Russel Sage Foundation.

Kaufmann, G. M. & Beehr, T. A. (1986) Interaction between job stressors and social support: Some counterintuitive results. *Journal of Applied Psychology, 71*, 522-526.

Kealey, D. & Ruben, B. (1983). Cross-cultural personnel selection criteria, issues and methods. In D. Landis & R. Brislin(Eds.), *Handbook of intercultural training: Vol. 1. Issues in theory and design*. New York: Pergamon, 155-175.

Kealey, D. J. (1989). A study of cross-cultural effectiveness: Theoretical issues, practical applications. *International Journal of Intercultural Relations, 13*, 387-428.

Kobrin, S. J. (1984). *International expertise in American Business*. New York: Institute of International Education.

Kobrin, S. J. (1988). Expatriate reduction and strategic control in American Multinational Corporations. *Human Resource Management, 27(1)*, 63-75.

Kopp, R. (1994). International Human Resource Policies and Practices in Japanese, European, and United States Multinationals. *Human Resource Management, 33(4)*, 581-599.

Kroeber, A. & Kluckhohn, C. (1952). Culture: A critical Review of Concepts and Definitions. *Papers of the Peabody Museum, 47.*

Kuhl, J. (1983). *Motivation, Konflikt und Handlungskontrolle*. Heidelberg: Springer.

Lambert, S. (1990). Processes linking work and family: A critical review and research agenda. *Human Relations, 43(3)*, 239-257.

Langer, E. J. (1989). *Mindfulness*. Reading, MA: Addison-Wesley Publishing.

Laroche, H. & Nioche, J-P. (1994). L'approche cognitive de la stratégie d'entreprise. *Revue Française de Gestion, (99)*, 64-78.

Latack, J. L. (1993). Work, stress, and careers : A preventive approach to maintaining organizational health. In M. B. Arthur, D. T. Hall & B. S. Lawrence, *Handbook of career theory*. Cambridge, Cambridge University Press, (first edition, 1989), 252-274.

Laurent, A. (1986). The Cross-Cultural Puzzle of International Human Resource Management. *Human Resource Management, 25(1)*, 91-102.

Lawson, M. B. & Angle, H. L. (1994). When organizational relocation means family relocation: An emerging issue for strategic human resource management. *Human Resource Management, 33(1)*, 33-54.

Lee, T. W. & Mitchell, T. R. (1994). An Alternative Approach: The Unfolding Model of Voluntary Employee Turnover. *Academy of Management Review, 19(1)*, 51-89.

Lewin, K. (1951). *Field theory in social science*. New York: Harper and Row.

Livian, Y-F. (1990). La gestion des carrières des cadres dans les grandes entreprises françaises. *1er Congrès de l'AGRH*, 443-455.

Louis, M. R. (1980a). Surprise and sense making: What newcomers experience in entering in unfamiliar organizational settings. *Administrative Science Quarterly, 25*, 226-251.

Louis, M. R. (1980b). Career Transitions: Varieties and Commonalities. *Academy of Management Review, 5(3)*, 329-340.

Lu, L. & Cooper, C. L. (1995). The Impact of Job Relocation: Future Research. *Trends in Organizational Behavior, 2*, 51-63.

Lysgaard, S. (1955). Adjustment in a foreign society: Norwegian Fullbright grantees visiting the U.S. *International Social Science Bulletin, 7*, 45-51.

Mansfield, R. (1973). Career and individual strategies. In John Child (editor), *Man and organization*. London, George Allen and Unwin, 107-132.

Markham, W. T. & Pleck, J. H. (1986). Sex and willingness to move for occupational advancement: Some national sample results. *Sociological Quarterly, 26*, 121-143.

Markham, W. T., Macken, P., Bonjean, C. M. & Corder, J. (1983). A note on sex, geographic mobility, and career advancement. *Social Forces, 61*, 1138-1146.

Martin, L. (1994). *Analyse et traitement de données avec SPSS*. Les éditions SMG, Trois-Rivières, Québec.

Mendenhall, M. & Oddou, G. (1985). The Dimensions of Expatriate Acculturation: A Review. *Academy of Management Review, 10(1)*, 39-47.

Mendenhall, M. & Oddou, G. (1986). Acculturation Profiles of Expatriate Managers: Implications for Cross-Cultural Training Programs. *Columbia Journal of World Business, 21*, 73-79.

Mendenhall, M., Dunbar, E. & Oddou, G. (1987). Expatriate Selection, Training and Career-Pathing: A Review and Critique. *Human Resource Management, 26(3)*, 331-345.

Merton, R. (1968). *Social theory and social structure*. New York : Free Press.

Meyer, J. P. & Allen, N. J. (1984). Testing the « side-bet theory » of organizational commitment: Some methodological considerations. *Journal of Applied Psychology, 69*, 372-378.

Miller, E. L. (1973). The International Selection Decision: A study of Some Dimensions of Managerial Behavior in the Selection Process. *Academy of Management Journal, 16(2)*, 239-252.

Mitchell, T. R. & Beach, L. R. (1990). « Do I love three? Let me count » toward an understanding of intuitive and automatic decision making. *Organizational Behavior and Human Decision Processes, 47*, 1-20.

Montesquieu, C. (1748). *De l'esprit des lois*. Paris, Larousse (édition 1971).

Moses, J., Hollenbeck, G. P., & Sorcher, M. (1993). Other People's Expectation. *Human Resource Management, 32(2 & 3)*, 211-219.

Munton, A. G. (1990). Job relocation, stress and the family. *Journal of Organisational Behavior*, *11*, 401-406.

Munton, A., Forster, N., Altman, Y. & Greenbury, L. (1993). *Job relocation: Managing people on the move.* London: Wiley.

Nahavandi, A. & Malekzadeh, A. R. (1988). Acculturation in Mergers and Acquisitions. *Academy of Management Review*, *13(1)*, 79-90.

Nicholson, N. (1984). A theory of work role transitions. *Administrative Science Quarterly*, *29*, 172-191.

Nilsen, D., & Campbell, D. P. (1993). Self-Observer Rating Discrepancies: Once an Overrater, Always an Overrater? *Human Resource Management*, *32(2 & 3)*, 265-281.

Noe, R. A., Barber, A. E. (1993). Willingness to accept mobility opportunities: Destination makes a difference. *Journal of Organizational Behavior*, *14*, 159-175.

Noe, R. A., Steffy, B. S. & Barber, A.E. (1988). An investigation of the factors influencing employee's willingness to accept mobility opportunities. *Personnel Psychology*, *41*, 559-580.

Norusis, M. & SPSS Inc. (1994). *SPSS Advanced Statistics, version 6.1.* Chicago, IL : SPSS Inc.

Nunnally, J. C. (1967). *Psychometric Theory.* McGraw Hill.

Oberg, K. (1960). Culture shock: adjustment to new cultural environment. *Practical Anthropologist*, *7*, 177-182.

Oddou, G. R. (1991). Managing your expatriates: What the successful firms do. *Human Resource Planning*, *14(4)*, 301-308.

Oddou, G., Mendenhall, M. E., & Ritchie, J. B. (2000). Leveraging travel as a tool for global leadership development. *Human Resource Management*, 39(2&3), 159-172.

OMI Expatriation Actualité, (1989). *(37)*, 2-3.

OMI Expatriation Actualité, (1991). *(53)*, 7-11.

Ondrack, D. A. (1985). International Transfers in North American and European MNEs. *Journal of International Business Studies*, *16(3)*, 1-19.

Ongaretti-Bastrentaz, N. (1991). Le management des équipes dirigeantes pratiqué par les grands groupes français. *2ème Congrès de l' AGRH*, 369-372.

Parker, B., & McEvoy, G. M. (1993). Initial examination of a model of intercultural adjustment. *International Journal of Intercultural Relations*, *17*, 355-379.

Payne, R. (1991). Taking stock of corporate culture. *Personnel Management*, 26-29.

Peretti, J-M. (1991). Recrutement et carrière des cadres en Europe. *AGRH*, Cergy, Symposium n° 12, 361-364.

Perlmutter, H. & Heenan, D. (1979). *Multinational organization development*. Reading, MA: Addison-Wesley.

Perlmutter, H. (1969). The tortuous evolution of the multinational corporation. *Columbia Journal of World Business*, 9-18.

Peters, T. J. & Waterman, R. H. (1982). *In search of excellence: Lessons from America's best-run companies*. New York: Harper & Row.

Peterson, M. F., & al. (1995). Role conflict, ambiguity, and overload: A 21-Nation study. *Academy of Management Journal, 38(2)*, 429-452.

Petit, A. & Haines, V. (1994). Trois instruments d'évaluation du rendement. *Gestion*, 59-68.

Phatak, A. V. (1989). *International Dimensions of Management*. Boston, Mass: PWS-Kent Publishing Company, second edition, (first edition, 1983).

Pierre, J. (1994). La carrière dans la tourmente de la crise. *Gestion 2000, 10(6)*, 41-57.

Pinder, C. C. & Schroeder, K. G. (1987). Time to proficiency following transfers. *Academy of Management Journal, 30(2)*, 336-353.

Pinder, C. C. (1977). Multiple predictors of post transfer satisfaction: The role of urban factors. *Personnel Psychology, 30*, 336-356.

Pinder, C. C. (1989) The dark side of executive relocation. *Organizational Dynamics, 17(4)*, 48-58.

Pol, P. (1995). *La mobilité internationale du personnel dans les firmes multinationales : histoire, gestion, mesure et impact sur la carrière*. Thèse en vue du doctorat de sciences de gestion.

Poole, M. S. (1985). Communication and organizational climates: Review, critique, and a new perspective. In R. D. McPhee and P. K. (Eds.), *Organizational Communication*. Beverly Hills, CA: Sage, 79-108.

Porter, G., Tansky, J. W. (1999). Expatriate success may depend on a « learning orientation »: Considerations for selection and training, *Human Resource Management*, 38 (1), 47-60.

Prahalad, C. K. & Doz, Y. L. (1987). *The Multinational Mission: Balancing Local Demands and Global Vision*. New York: The Free Press.

Pruegger, V. J. & Rogers, T. B. (1994). Cross-cultural sensitivity training: Methods and assessment. *International Journal of Intercultural Relations*, *18(3)*, 369-387.

Pulatie, D., Kruse, T., Bennett, G. & Nadler, N. (1985). How Do You Ensure the Success of Managers Going Abroad? *Training and Development Journal*, *39(12)*, 22-24.

Punnett, B. J. (1997). Towards Effective Management of Expatriate Spouses. *Journal of World Business*, 32(3), 243-257.

Pylyshyn, Z. W. (1981). The imagery debate: Analogue media versus tacit knowledge. *Psychological Review*, *88*, 16-45.

Quivy, R. & Van Campenhoudt, L. (1988). *Manuel de recherche en sciences sociales*. Dunod.

Ratiu, I. (1983). Thinking Internationally: A Comparison of How International Executives Learn. *International Studies of Management and Organization*, *XIII(1-2)*, 139-150.

Ratiu, I., Gauthey, F., Rodgers, I & Xardel D. (1988). Leaders sans frontières: le management interculturel. *Harvard-L'Expansion*, 86-96.

Rehfuss, J. (1983). Management Development and the Selection of Overseas Executives. *Personnel Administrator*, *27(7)*, 35-43.

Reynolds C. & Bennett, R. (1991). The Career Couple Challenge. *Personnel Journal*, 46-48.

Rieger, F. & Wong-Rieger, D. (1991). The application of acculturation theory to structuring and strategy formulation in the international firm. *Paper presented at the Strategic Management Society Annual Meeting*, Toronto.

Rivoal, Y. (1992). *Le guide de l'emploi à l'étranger*. Dunod.

Rizzo, J. R., House, R. J & Lirtzman, S. I. (1970). Role conflict and ambiguity in complex organizations. *Administrative Science Quarterly*, *15*, 150-163.

Rodman, H. (1972). Marital power and the theory of resources in cultural context. *Journal of Comparative Family Studies*, *3*, 50-69.

Ronen, S. (1989). Training the international assignee. In Goldstein IL (Ed.), *Training and development in organizations*. San Francisco: Jossey-Bass, 417-453.

Sakakibara, K., Kusunoki, K., & Koda, A. (1993). Effects of Diversification of Career Orientations on Management Systems in Japan. *Human Resource Management*, *32(4)*, 525-543.

Sarason, I. G., Levine, H. M., Basham, R. B., & Sarason, B. R. (1983). Assessing social support: The social support questionnaire. *Journal of Personality and Social Psychology*, *44(1)*, 127-139.

Schein, E. H. (1971). The Individual, the Organization, and the Career: A Conceptual Scheme. *Journal of Applied Behavioral Science*, 7, 401-426.

Schein, E. H. (1978). *Career dynamics: matching individual and organisational needs*. Reading: Addison-Wesley.

Schein, E. H. (1985). *Organisational culture and leadership*. Jossey Bass.

Schein, E. H. (1986). A Critical Look at Current Career Development Theory and Research. In D. T. Hall, *Career Development in Organizations*. San Francisco, Jossey-Bass, 310-331.

Schein, E. H. (1990a). *Career Anchors: Discovering Your Real Values*. Pfeiffer & Company, San Diego, California.

Schein, E. H. (1990b). *Career Anchors: Trainer's Manual*. Pfeiffer & Company, San Diego, California.

Schneider, S. C. & Asakawa, K. (1995). American and Japanese Expatriate Adjustment: A Psychoanalytic Perspective. *Human Relations, 48(10)*, 1109-1127.

Sekaran, U. (1992). Relations travail-famille, dynamique du couple et design organisationnel. *Gestion, 17(3)*, 27-35.

Selmer, J., Torbiörn, I, & de Leon, C. (1998). Sequential cross-cultural training for expatriate business managers: pre-departure and post-arrival. *The International Journal of Human Resource Management*, 9(5), 831-840.

Sheehy, G. (1978). *Passages: les crises prévisibles de l'âge adulte*. Montréal, Presses Sélect.Ltée.

Simon, H. A. (1955). A behavioral model of rational choice. *Quarterly Journal of Economics, 69*, 99-118.

Sire, B. (1993). *Gestion stratégique des rémunérations*, Éditions Liaisons.

Speare, A., Jr. (1974). Residential satisfaction as an intervening variable in residential mobility. *Demography, 11*, 173-188.

Spreitzer, G. M., McCall, M. W., Mahoney, J. D. (1997), Early Identification of International Executive Potential, *Journal of Applied Psychology*, 82(1), 6-29.

Stening, B. W. (1979). Problems of cross-cultural contact: a literature review. *International Journal of Intercultural Relations, 3*, 269-313.

Stewart, R. (1982). A model for understanding managerial jobs and behaviors. *Academy of Management Review, 7*, 7-14.

Stilwell, D., Liden, R. C. & Parsons, C. K. (1989). Transfer decision making: Different decision models depending on the transfer condition? *Working Paper*, Georgia Tech.

Stone, R. J. (1991). Expatriate selection and failure. *Human Resource Planning, 14(1)*, 9-18.

Swaak, R. R. (1997). Repatriation: A Weak Link in Global HR. *HRfocus, April*, 29-30.

Swanson, L. E., Luloff, A. E. & Warland, R. H. (1979). Factors influencing willingness to move: An examination of non-metropolitan residents. *Rural Sociology, 44*, 719-735.

Swenson, L. (1980). *Theories of learning.* Belmont : Wadsworth.

Tenenhaus, M. (1994). *Méthodes statistiques en gestion.* Dunod.

Thévenet, M. (1991). Une gestion des ressources humaines européennes est-elle possible? *Revue Française de Gestion*, 62-67.

Thévenet, M. (1993). *La culture d'entreprise.* Que sais-je ?, Presses Universitaires de France.

Tomassone, R., Audrain, S., Lesquoy-de Turckheim, E. & Millier, C. (1992). *La régression : nouveaux regards sur une ancienne méthode statistique.* Masson, 2ᵉ édition.

Torbiörn, I. (1976). *Att leva utomlands - En studie av utlandssvenskars anpassning, trivsel och levnadsvanor* (Living Abroad - A Study of the Adjustment of Swedish Overseas Personnel). Stockholm: SNS.

Torbiörn, I. (1982). *Living Abroad: Personal Adjustment and Personnel Policy in the Overseas Setting.* New York: Wiley.

Tornow, W. W. (1993a). Editor's Note: Introduction to Special Issue on 360-Degree Feedback. *Human Resource Management, 32(2 & 3)*, 283-297.

Tornow, W. W. (1993b). Perceptions or Reality: Is Multi-Perspective Measurement a Means or an End? *Human Resource Management, 32(2 & 3)*, 283-297.

Tremblay, M. (1990). Plafonnement de carrière et attitudes au travail des cadres. *AGRH*, Bordeaux, 457-471.

Tremblay, M. (1992). Comment gérer le blocage des carrières. *Gestion, 17(3)*, 73-82.

Tremblay, M., Roger, A. & Toulouse, J. M. (1995). Career Plateau and Work Attitudes: An empirical Study of Managers. *Human Relations, 48(3)*, 221-237.

Tremblay, M., Wils, T. & Lacombe, M. (1995a). Structural, content and salary plateaus : Their influence on engineers' attitude. *Paper submitted for presentation at the Academy of Management Conference*, Vancouver, August 1995.

Tremblay, M., Wils, T., & Proulx, C. (1995b). Etude des déterminants de l'orientation de carrière et du désir de changement de voie de carrière chez une population d'ingénieurs. *AGRH*, 6ème congrès, Poitiers, Novembre 1995.

Tu, H. & Sullivan, S. E. (1994). Preparing yourself for an international assignment. *Business Horizons, 37*, 67-70.

Tucker, M. (1978). *The measurement and prediction of overseas adjustment in the Navy.* Denver, CO: Center for Research and Education.

Tung, R. (1987). Expatriate Assignments: Enhancing Success and Minimizing Failure. *Academy of Management Executive, 1(2)*, 117-126.

Tung, R. (1988). Career issues in international assignments. *Academy of Management Executive, 2*, 241-244.

Tung, R. L. (1981). Selection and Training of Personnel for Overseas Assignments. *Columbia Journal of World Business, 16(1)*, 68-78.

Tung, R. L. (1982). Selection and training procedures of U.S., European, and Japanese multinationals. *California Management Review, 25(1)*, 57-71.

Tung, R. L. (1993). Managing Cross-National and Intra-National Diversity. *Human Resource Management, 32(4)*, 461-477.

Tylor, E. B. (1924). *Primitive Culture.* Gloucester, MA: Smith, (first edition, 1871).

Usunier, J.-C. & Belle, F. (1994). Plaisir Oral et Expatriation. *Gestion 2000, 10(1)*, 97-118.

Usunier, J.-C. (1992). *Commerce entre cultures : Une approche culturelle du marketing international.* Tome I, Presses Universitaires de France.

Usunier, J.-C., Easterby-Smith, M. & Thorpe, R. (1993). *Introduction à la recherche en gestion.* Economica.

Van Maanen, J. & Schein, E. (1979). Toward a theory of organizational socialization. In B. M. Staw (Ed.), *Research in organizational behavior, vol. 1.* Greenwich, CT: JAI Press, 209-264.

Van Zee, E. H., Paluchowski, T. F., & Beach, L. R. (1992). The effects of screening and task partitioning upon evaluations of decision options. *Journal of Behavioral Decision Making, 5*, 1-23.

Veiga, J. F. (1981). Plateaued vs. Non-Plateaued Managers: Career Patterns, Attitudes and Path Potential. *Academy of Management Journal, 26(1)*, 566-578.

Veiga, J. F., (1983). Mobility influences during managerial career stages. *Academy of Management Journal, 26*, 64-85.

Walton, S. J. (1990). Stress management training for overseas effectiveness. *International Journal of Intercultural Relations, 14*, 507-527.

Wanous, J.P. (1980). *Organizational entry: Recruitment, selection and socialization of newcomers*. Reading, MA: Addison Wesley, (2nd edition, 1992).

Wederspahn, G. M. (1992). Costing failures in Expatriate Human Resource Management. *Human Resource Planning, 15(3)*, 27-35.

Weeks, D. (1993). Reluctant Expatriates. *Across the Board, 30*, 47.

Weiss, D. (1990). Recherche sur la fonction de la recherche en GRH. *AGRH*, Bordeaux, 27-28.

Weissman, D. & Furnham, A. (1987). The expectations and experiences of a sojourning temporary resident abroad: A preliminary study. *Human Relations, 40(5)*, 313-326.

Welch, D., Fenwick, M. & De Cieri, H. (1994). Staff transfers as a control strategy: an exploratory study of two Australian organizations. *The International Journal of Human Resource Management, 05(2)*, 473-489.

Werner, J. M. (1994). Que sait-on de la rétroaction à 360 degrés ? *Gestion*, 69-77.

Winkin, Y. (1981). *La nouvelle communication*. Éditions du Seuil.

Zedeck, S. (1992). *Work, Families, and Organizations*. San Francisco, Jossey-Bass Publishers.

Zeira, Y. & Banai, M. (1985). Selection of Expatriate Managers in MNCs: The Host-Environment Point of View. *International Studies of Management and Organisation, 15(1)*, 33-51.

www.ingramcontent.com/pod-product-compliance
Lightning Source LLC
Chambersburg PA
CBHW061128220326
41599CB00024B/4205